JN426448

지역사회영양학

COMMUNITY NUTRITION

머리말

평균 수명 연장과 이로 인한 의료비 지출 증가는 전 세계적 현상이며 우리나라도 예외가 아니다. 코로나19와 같은 팬데믹으로 인해 개인의 건강관리 역량과 기본적인 면역력, 그리고 지역사회 안에서 자신뿐만 아닌 공동체의 전반적인 안녕을 생각해야 하는 시민의식 역시 중요함을 알게 되었다. 그러나 안타깝게도 현실을 보면 비만율의 증가, 만성질환 유병률의 증가, 소득격차에 따른 건강수준과 영양상태의 격차가 더욱 커지고 있으며, 개인의 건강관리 역량을 높이고 지역사회의 공동체 의식을 높일 수 있는 건강증진 사업의 발전은 더디다.

지역사회 기반의 건강증진 사업으로서 영양사업이 구성원들의 건강증진과 삶의 질 향상에 중요한 영향을 미침에 따라 지역사회영양학의 필요성과 역할에 대한 요구는 매우 크다. 저자들은 '식품영양학을 전공하는 학부생 및 대학원생, 더 나아가서 지역사회 현장에서 일하고 있는 영양사들이 「지역사회영양학」 과목을 통해 무엇을 배우는 것이 필요할까?'에 대해 오랜 시간 함께 고민하고 상의하였다. 수강생들이 다소 어렵게 느끼는 이 과목에 보다 흥미롭게 접근하면서 실제적인 정보를 얻기를 바라는 마음으로 이 책을 집필하였다.

지역사회영양학은 역학적 근거를 기반으로 공적 영역과 사적 영역에서 지역사회의 건강증진을 위해 학제적으로 접근하는 실천적 학문이다. 특히 현대사회에서는 개인의 건강에 물리적·사회적 환경이 미치는 영향이 지대하기 때문에 공적 영역에서의 정책적 접근이 중요하다. 지역사회영양 전문가로서 현재의 상황을 이해하고 개선해 가기 위한 역량이 필요하다는 점에서 2장과 3장에서는 영양 관련 정책과 실제 사례를 포괄적으로 다루었으며, 행정체계와 법령체계의 이해를 돕고자 하였다. 4장에서는 우리나라의 현재 영양상태를 진단할 수 있는 기초적인 영양역학 자료를 다양하게 소개하여 지역사회영양의 프로그램과 정책을 고민하는 시작점으로서 문제를 공유하고자 하였다.

지역사회의 문제를 진단하는 과정은 지역사회 영양사업 기획의 근간을 이루는 부분임에도 실제 현장에서는 생략하거나 끼워맞추기식의 진단에 그치기도 한다. 이에 5장에서는 현장에서 문제 진단에 직접 적용할 수 있는 여러 이차 자료들을 소개하고, 양적조사뿐만 아니라 질적조사까지 다양한 문제 진단방법을 소개하는 데 책의 많은 부분을 할애하였다.

건강증진을 위한 사람들의 행동변화를 효과적으로 이끌어내기 위해서는 이와 관련된 검증된 요인들을 다룰 수 있도록 문제 진단단계부터 고려하는 것이 필요하다. 이를 위해서 6장에서는 사람들의 건강행동변화를 다루는 이론과 모델을 학습하는데, 개인, 사회적 관계, 정치적·제도적 맥락에서 전략적으로 이용할 수 있도록 기존의 교재와는 다른 관점에서 분류하여 설명하였다.

7장에서는 앞 장에서 지역사회 건강 및 영양 문제의 진단과정에서 발견된 여러 문제와 이에 관련된 요인들 중 우선적으로 해결해야 할 것을 선별하여 문제 해결을 위한 영양프로그램을 계획하는 과정을 포함하고 있다. 지역사회 영양프로그램을 계획하는 단계로 문제해결 중심의 목적과 목표를 설정하고 사업의 내용과 방법을 구체화하는 과정을 설명하였다.

8장에서는 지역사회 영양프로그램을 평가하기 위해 이를 계획하고 실행하는 과정에 대한 자세한 정보를 다루었다. 특별히 지역사회 영양사업의 평가 사례를 수록하여 평가에 대한 중요성을 설명하고 이해도를 높이고자 하였다.

9장에서는 국제 영양 문제와 국제기구 및 민간단체의 영양 중재 활동을 소개하였다. 이를 통해 코로나19 이후 나타나는 새로운 영양문제들을 파악하고 이를 해결하는 식품영양 전문가로서의 시야 및 활동 범위를 넓히고자 하였다.

영양사가 국가가 관리하는 면허의 대상이 된 지도 60년이 지났다. 급식관리 중심으로 시작된 영양사의 직무는 사회 곳곳의 현장에서 지역사회의 영양개선과 건강증진을 위한 다양한 직무로 확대되어 가고 있다. 식품영양 전문가로서 활동하는 그 현장에서 공동체로서의 의미와 가치를 이해하고 건강증진을 위한 영양개선활동 수행의 역량을 높이는 데 이 책이 조금이나마 도움이 되기를 희망한다.

차례

5장 지역사회 진단 및 요구 조사

6장 이론과 모델을 이용한 지역사회 영양사업의 개발

7장 지역사회 영양사업의 목표 설정과 설계

8장 지역사회 영양사업의 실행과 평가

9장 국제 영양 문제와 국제기구의 영양 활동

지역사회 및 지역사회영양학 소개

Chapter 1

Chapter 1

학습목표

1. 지역사회와 지역사회영양학의 개념을 설명할 수 있다.
2. 지역사회영양학과 관련된 학문에 대해 설명할 수 있다.
3. 개인의 영양상태와 건강에 영향을 미치는 다양한 환경적 요인을 설명할 수 있다.

1. 지역사회와 공동체

지역사회영양학을 공부하기 전에 지역사회라는 개념에 대해 배워보자. 지역사회 community란 우리가 생활하는 물리적 공간일 수도 있고, 사회적 연대를 가지고 있는 환경일 수도 있다. 일반적으로 지역사회의 의미에는 지리와 지역을 포함하는 지리적 지역사회와 기능적 지역사회로 구분할 수 있다. 먼저, 지리적 지역사회는 지리적인 특성을 강조할 수 있으며, 지리적 공간을 공유하며 다양한 상호작용을 하는 집단을 의미한다. 예로, 우리가 살고 있는 행정구역일 수도 있고, 그보다는 더 작은 마을일 수도 있고, 도시에 살고 있다면 내가 거주하는 아파트 단지일 수도 있다. 두 번째로 기능적 지역사회는 지리적인 구분과 상관없이 특정한 공동의 관심과 기능을 공유하는 사람들의 집단을 의미한다. 예를 들면, 우리의 주거지는 아니지만 우리가 많은 시간을 보내고 다양한 인간관계를 맺으며 가치관을 공유하는 공동체로서 학교나 직장, 종교기관 역시 지역사회의 단위가 될 수도 있다. 최근에는 온라인에서 비슷한 취미와 관심으로 공동체가 형성되기도 한다.

조금 더 구체적으로 설명하면, 지역사회란 특정한 장소에서 생활하는 사람들의 집합으로 다양한 일상생활을 공유하고 사회적인 구조를 통해 서로 연결되어 있는 공동체를 생각할 수 있다. 지역사회를 이루는 총 4가지 요소가 있는데 사람, 장소, 사회적 교류social interaction, 공유하는 가치가 바로 그것이다.

이번 장에서는 지역사회, 그리고 그와 비슷한 의미로 사용되는 공동체에 대한 기본 개념을 바탕으로 지역사회영양학이 무엇이며, 지역사회영양학에서 공동체와 지역사회의 중요성에 대해 학습하고자 한다. 또한 지역사회영양학의 역할과 앞으로의 전망에 대해 살펴본다.

2. 지역사회영양학이란?

1) 지역사회영양학의 의미와 예시

지역사회영양학은 영양학의 한 분야로서 지역사회에서 일어나는 모든 영양관련 문제에 대해 다루는 응용학문이다. 지역사회에 있는 개인과 집단의 영양과 건강 상태, 더 나아가 웰빙well-being을 증진시키기 위한 학문으로, 지역사회 주민들의 영양문제를 모두 다룬다. 구체적으로 한 지역사회의 영양문제를 진단하고, 개인의 식습관 및 지역사회의 환경 개선을 통해 영양상태를 향상시키고, 이를 통해 구성원들의 건강증진을 달성하기 위한 목적으로 다양한 프로그램과 정책을 활용한다.

지역사회영양학의 가장 중요한 요소로는 사람, 정책, 사업, 프로그램이 있다. 지역사회영양 정책이나 사업, 프로그램을 통해 도움을 받는 수혜자가 첫 번째 요소인 사람이다. 정책, 사업, 프로그램은 조금씩 차이가 있는데, **정책**은 시나 도, 국가 단위에서 법이나 계획 등을 통해 정부가 나아가고자 하는 방향이나 입장을 말한다. 영양 분야에서는 「국민영양관리법」에 따라 5년마다 국민의 영양관리를 위해 필요한 계획과 대책 등을 종합한 「국민영양관리기본계획」을 수립하고 시행하는데 이런 것이 정책에 해당한다. 보건 분야에서는 국민건강증진종합계획 2030Health Plan 2030과 같은 정책이 있다. **사업**은 위의 정책목표를 달성하기 위해 시행하는 전략 모형으로, 제도나 예산을 사용하여 다양한 사업을 수행할 수 있다. 예를 들어, 임신과 출산을 경험하는 여성과 영유아 및 아동의 영양과 건강증진을 위한 모자영양사업 같은 것이 지역사회영양 분야의 사업에 해당한다. 마지막으로 **프로그램**은 위의 사업을 구성하는 구체적인 활동인데 모자영양사업의 일환으로 시행하는 보건소 영양플러스 프로그램을 예로 들 수 있다. 지역사회영양에서는 위에 설명한 정부기관뿐만 아니라 종교단체나 복지재단과 같은 단체가 지역 주민들의 영양상태 개선을 위해 프로그램을 수행하는 경우도 있다.

지역사회영양학은 다양한 분야의 전문가들이 만나 협업을 해야 더 좋은 결과가 나오는 학문 분야이다. 〈더 알아보기 1-1〉에서 소개한 지역사회의 다양한 영양문

국민영양관리기본계획
국민영양관리법이 2010년 3월에 제정되면서 5년마다 국민의 영양관리를 위해 필요한 계획과 대책을 종합한 기본계획을 수립하고 시행한다. 향후 5년간 우리나라의 영양관리 목표와 정책 방향을 설정하고 이를 달성하기 위한 범정부적 정책과제를 제시한다. 가장 최근에 발표된 기본계획은 제3차 국민영양관리기본계획으로 2022~2026년에 관계 정부기관들이 어떤 비전과 목표를 가지고 정책을 할 것인지, 이를 달성하기 위해 어떤 추진과제를 주로 시행할 것인지를 제시하고 있다.

영양플러스 프로그램
시·군·구 보건소에서 진행하는 영양플러스 프로그램은 현장에서는 영양플러스 사업이라고 많이 칭하지만, 본문에 제시한 정책, 사업, 프로그램의 구분에 따르면 프로그램이 좀 더 적절하다. 프로그램의 참여 기준은 중위소득 80% 이하의 임산부, 수유부 및 만 6세 미만 영유아 중 빈혈, 저체중, 성장부진, 영양섭취 상태 불량과 같은 영양 위험요인을 가진 사람이다. 구체적인 프로그램 내용은 영양평가를 통해 영양 위험요인이 발견된 대상자에게 월 1회 이상의 영양 교육과 상담을 실시하고, 보충식품 패키지를 제공한다.

더 알아보기 1-1

지역사회영양학에서 다루는 다양한 분야 예시

지역사회영양학에서 다루는 내용은 지역사회에서 나타날 수 있는 모든 식품 수급에 관한 문제부터 공동체의 특정 구성원의 영양문제까지 포함할 수 있다. 예를 들어, 대중교통이 부족한 외진 마을에 자가용이 없는 어르신들이 계시는데, 마을에는 마트가 없다. 그렇다면, 이 분은 식품 구매와 섭취가 원활하지 못할 수 있다. 이런 경우, 정부나 지역사회의 유관기관은 어르신의 식품 접근성을 높이기 위한 다양한 정책을 수립할 수 있다. 마을과 마트 간의 셔틀버스 운행, 트럭 등을 이용한 이동 슈퍼마켓 운영 등이 중재안이 될 수 있다. 또 다른 예로, 한 초등학교에서 학생들의 편식이 너무 심해 채소 섭취율이 떨어진다면, 영양사(교사)는 이 구성원들의 다양한 식품 섭취를 위해 편식 예방 교육과 채소 섭취 증진을 위한 급식 개선 프로그램 등을 진행할 수 있다. 마지막으로 특정 대학생들의 배달음식 이용이 높고 과일과 채소의 섭취가 부족하다면 캠퍼스를 중심으로, 혹은 더 작은 단위인 기숙사를 중심으로 대학생들의 식생활 개선을 위한 다양한 전략을 시행할 수 있다. 이와 같은 모든 인구 구성원의 영양문제와 관련된 문제 진단과 개선안 마련이 지역사회영양학의 주요 분야이다.

제 예시는 영양 전문가 혼자서 해결하기 어려운 문제가 많음을 보여준다. 지역사회의 영양문제가 하나의 원인에 의해 생기지 않기 때문에 이를 영양 전문가들만이 해결하기도 어렵다. 다양한 학문에서 전문가들이 만나 창의적인 해결책을 모색할 때 더 좋은 결과로 이어질 수 있다. 식품영양 전문가뿐만 아니라 행정 전문가, 교통수단 전문가, 유통 전문가, 사회복지 전문가, 데이터분석 전문가, 보건의료 전문가 등이 함께 협업하고 문제 해결을 위해 노력할 때 우리가 바라는 지역사회 주민들의 영양상태 개선과 건강증진이라는 목표를 달성할 수 있다. 따라서, 지역사회영양학을 공부하는 학생들 또한 영양학적 지식에만 국한하지 않고, 다양한 학문 영역을 적극적으로 공부하고 활용하는 다학제적인 접근을 할 때 지역사회영양사의 역할을 더 잘 수행할 수 있다.

더 알아보기 1-2

음식과 관련한 다양한 학문과 다학제적 접근의 올바른 방향

자연과학과 사회과학에 속하는 다양한 학문들이 음식과 관련된 연구를 하고 있다. 영양학 분야는 이러한 다양한 학문 중에 한 분야임을 아래 그림에서 볼 수 있다.

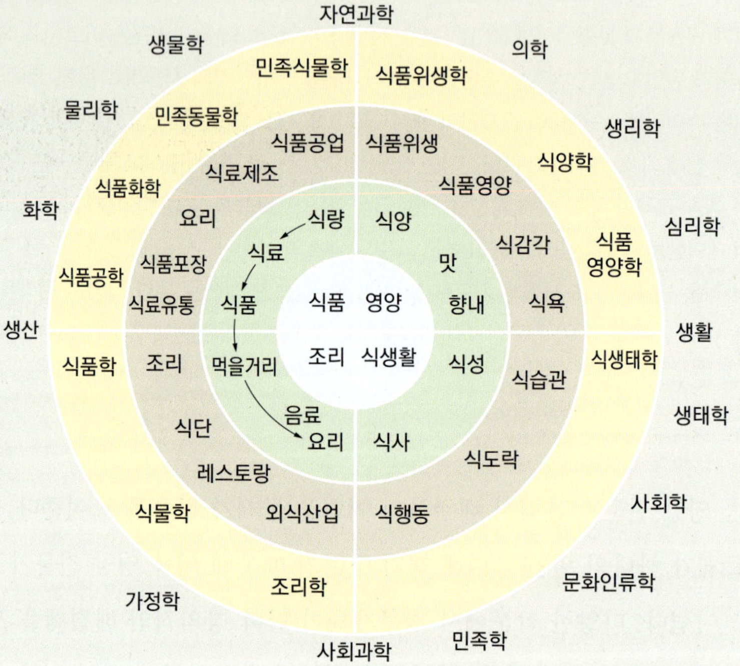

지역사회영양학은 기존 학문 분야에서 다루고 있는 다양한 이론과 방법론을 종합하여 실제 지역 주민들의 영양문제를 해결하기 위한 바람직한 학제적 연구를 하도록 노력해야 한다.

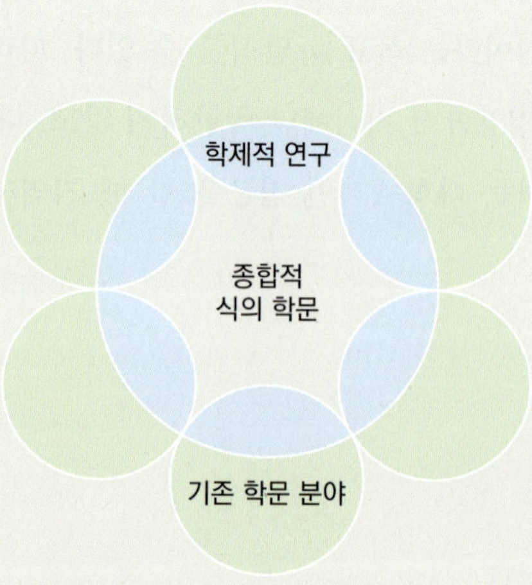

출처: 이시게 나오미치, 2017

2) 지역사회영양학에서 공동체와 지역사회의 중요성

공동체 의식sense of community이란 공동체를 이루는 구성원들과의 사회적 결속, 집단 의식 혹은 그 집단 구성원의 공통된 의식을 말한다. 연구자들은 다양한 연구를 통해 공동체 의식을 구성하는 주요 요소를 정리했는데, 가장 많이 사용되는 공동체 의식 지수sense of community index는 소속감membership, 소속된 사람들끼리 서로 주고받는 영향력influence, 구성원들의 욕구 충족reinforcement: meeting needs, 정서적 교감shared emotional connection과 같은 4가지 요소를 포함한다. 쉽게 말해, 자신이 공동사회의 한 구성원이라는 소속감을 가지고 서로서로 영향을 주고받으며, 함께 다양한 요구를 만족시키고 정서적인 교감을 하는 사람들의 집단이 '공동체'라는 의미이다. 기존의 다양한 연구에서 이러한 공동체 의식이 개인과 지역사회의 건강 및 안전과 연관이 있음을 밝혔다. 지역사회영양학에서 역시 공동체 혹은 공동체 의식이 중요한 이유는, 공동체 의식이 지역사회의 영양문제 원인과 해결점에 매우 밀접하게 관련되어 있기 때문이다.

실제 지역사회는 다양한 개인과 조직의 연결망으로 구성되어 있으며, 개인의 영양문제는 한 개인에게만 국한되기가 어렵다. 예를 들어, 〈더 알아보기 1-1〉에 나온 예시처럼 대학생들의 식사의 질이 문제라면 이는 한두 사람의 영양학적 지식 부족만으로는 설명하기 어려운 구조적 문제가 있을 수 있다. 대학생들이 주로 생활하는 기숙사에 편하고 안전하게 이용할 수 있는 냉장시설이나 조리시설이 없다면, 당연히 기숙사에 거주하는 대학생들의 식사의 질은 모두 영향을 받을 수밖에 없다. 그리고 이러한 문제를 해결하기 위해 공동체 구성원 당사자들이 공통된 소속감을 가지고 이 문제를 함께 해결하기 위해 노력한다면, 지역사회의 영양문제는 개인이 노력할 때보다 더 크고 빠른 해결방안을 가지고 올 수 있다.

또 다른 예로, 외진 농촌지역 노인들의 영양상태 개선을 포함하는 건강증진 방안을 연구한 결과, 마을 구성원의 공동체 의식, 응집력이 떨어지는 경우, 실제 마을 주민들을 대상으로 하는 건강증진 프로그램(예: 심뇌혈관질환 예방사업, 치매 예방사업, 영양교육 등)을 시행하는 빈도가 낮고, 실제 구성원들의 건강 행태나 우울감, 비만도 등의 건강지표가 더 나빴다. 건강증진사업이나 영양사업은 개인을 대상으로 진행한다면 효율과 효과가 떨어지기 때문에 공동체 의식이 높아 연대가 잘 형성된 지역사회를 중심으로 더 활발하게 이루어질 수 있다. 지역사회영양 분야는 아니지만 오랜 기간 공동체 의식을 연구한 바에 따르면, 공동체 의식이 높을수록 지역사회의 범죄율이 낮고 주민들의 행복감, 삶의 질이 높다는 다양한 결과가 있다.

따라서 지역사회영양학을 잘 이해하기 위해서는 지역사회를 구성하는 공동체 구성원의 응집력, 결속력, 공동체 의식을 잘 살펴보고 활용할 필요가 있다. 성공적인 지역사회영양 프로그램의 개발과 실행을 위해서도 지역사회의 이러한 기본적인 요소를 이해하는 것이 중요하다.

응집력(cohesiveness) 집단구성원들 간의 친밀도. 집단구성원들이 집단에 계속 소속해 있도록 작용하는 힘을 말한다. 응집력은 결국 집단구성원들이 얼마나 욕구충족을 하고 있는가를 나타낸다. 결속력과 비슷한 뜻으로 쓸 수 있다.

공동체 의식(sense of community) 생활이나 행동 또는 목적 따위를 같이하는 집단에 속해 있다는 의식. 가장 많이 사용되는 공동체 의식 측정 지표에서는 소속감, 영향력, 욕구충족, 정서적 교감을 주된 요소로 꼽는다.

사회적 자본(social capital) 특정한 목적을 달성하도록 도와주는 사회적 관계나 사회적 구조. 인간관계와 같은 사회적 연결망을 통해서 발생되어 사람들의 상호작용과 협력방식에 영향을 미침으로써 개인 혹은 집단에게 이익을 주는 무형의 자산. 개인의 높은 사회적 자본은 종종 좋은 건강지표로 이어진다는 연구 결과들이 많다.

더 알아보기 1-3

건강의 사회적 결정요인social determinants of health

영양학에서 지역사회의 중요성을 더 잘 이해하기 위해서는 건강의 사회적 결정요인에 대해 알아볼 필요가 있다. 전 생애에 걸쳐 개인의 건강에 영향을 미치는 포괄적인 사회적 · 경제적 요인을 건강의 사회적 결정요인이라 한다. 경제적으로 취약한 저소득층 가정에서 자라는 아동의 경우에 성장과정에서 더 많은 박탈을 경험하고 어려움을 겪을 수 있다. 이는 성장과정에서 경제적 수준이 더 좋거나 사회적 자본이 더 풍부한 가정과 공동체에서 자라난 아동에 비해 교육 성취와 정서적 발달이 떨어지는 결과로 이어질 수 있고, 성인기에 이르러서는 취업의 불평등으로 이어질 수 있다.

이렇듯 오랜 시간 축적된 성장배경과 생활환경의 취약은 만성질환과 같은 질병이 시작되는 시기에는 건강지표의 악화로 연결될 수 있다. 국내 연구에서든 국외 연구에서든 대부분 저소득층의 건강지표가 나쁘게 나오며, 더 나아가서 주거 지역의 소득수준과 지역 내 다양한 자원의 유무는 개인의 교육과 경제적 수준에 관계없이 지역 주민들의 건강지표에 영향을 미친다는 연구 결과들이 많다. 이 연구 결과의 의미는 다음 페이지(19쪽)에 나온 '건강의 사회적 결정요인 모식도'에서 더 자세히 볼 수 있다. 이 모식도에서는 건강에 영향을 미치는 개인적 요인들(나이, 성별, 개인의 생활습관 요인)이 있지만, 더 큰 의미에서 다양한 사회적, 지역공동체의 자본, 그것을 둘러싸고 있는 사회경제적 환경, 문화적 요인, 환경적 요인들이 개인의 건강에 중요하다는 것을 나타내고 있다.

더 알아보기 1-4

건강의 사회적 결정요인 모식도

건강의 사회적 결정요인 : 인구집단 건강에 영향을 미치는 넓은 의미의 사회적 · 경제적 배경 요인

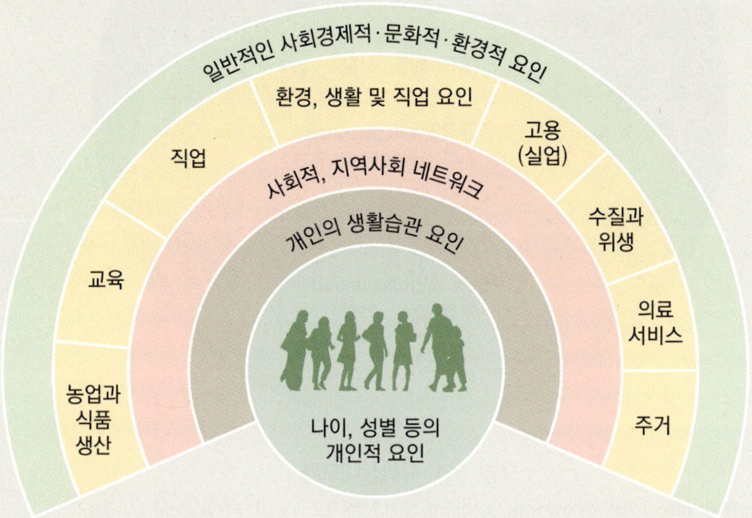

출처 : https://www.gov.uk/government/publications/health-profile-for-england/chapter-6-social-determinants-of-health

비슷한 맥락에서 **사회생태모델**social ecological model은 다양한 수준에서 개인의 건강에 영향을 미칠 수 있는 요인을 보여준다 그림 1-1. 개인의 건강에 영향을 미치는 요인에는 개인의 지식, 태도, 기술이 있다. 이러한 개인 요인을 둘러싸고 있는 관계적 요인들에는 가족, 친구, 사회적 네트워크가 포함될 수 있다. 그러한 사회적 관계들은 기관이나 기구에 속해 있으며, 이는 더 나아가 지역사회나 국가 등에 포함되어 있다. 따라서 개인의 건강 결정요인, 영양문제의 핵심을 파악하고 개선하기 위해 개인의 수준에서 더 확장한 수준의 다양한 환경적·사회적·제도적 요인을 고민하고 연구하는 학문이 지역사회영양학이다. 그림 1-2는 이러한 사회생태학적 관점에서 개인을 둘러싼 환경의 중재를 통하여 건강증진을 도모하는 전략을 보여주고 있다.

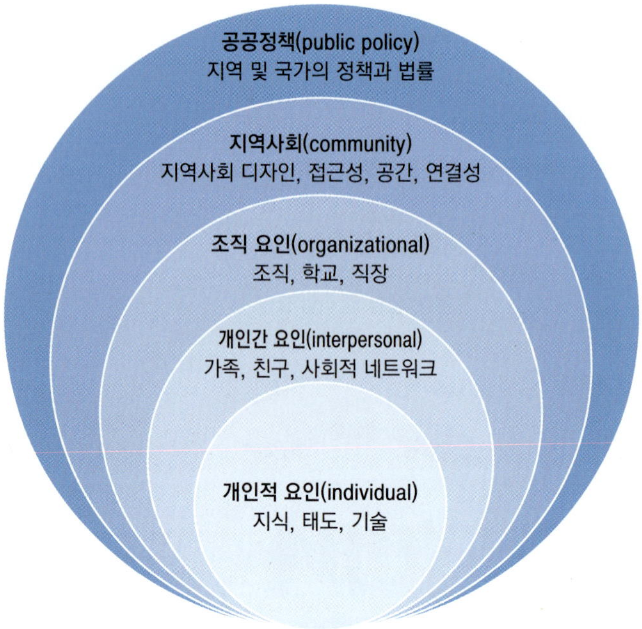

그림 1-1 사회생태모델

출처: https://blogs.uw.edu/somehm/2017/08/12/social-ecological-model/

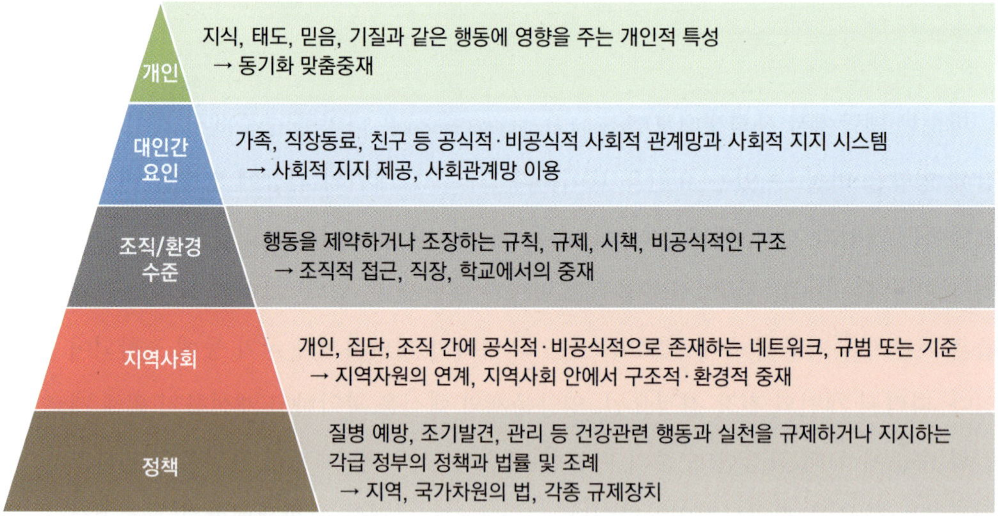

그림 1-2 사회생태학적 관점을 이용한 건강증진 전략: 환경중재

개인의 식품 섭취나 건강문제는 개인적 요인뿐만 아니라 대인간 요인, 조직 요인, 지역사회 요인, 정책 요인들이 모두 관련 있다. 따라서 이를 해결하기 위해서는 다양한 수준에서 중재 전략을 짜는 것이 중요하다.

그림 1-3은 유니세프United Nations International Children's Emergency Fund, UNICEF에서 모성과 아동의 영양 결정요인에 대한 개념을 구체화한 모식도이다. 표면적으로 나타나는 모성과 아동의 영양문제 결과를 이해하고 중재하기 위해서 가깝게는 식사와 돌봄care을 생각해야 하지만, 더 나아가서 식사와 돌봄에 영향을 미치는 다양한 결정요인underlying determinants을 고려해야 한다. 여기에는 가구의 식품안정성이나 다양한 식품 섭취와 관련된 식사습관과 실천, 유용 가능한 서비스 등이 포함된다. 그리고 이러한 요인에 영향을 미치는 더 근본적인 자원의 문제, 문화적 요인, 정부의 정책 등이 있다.

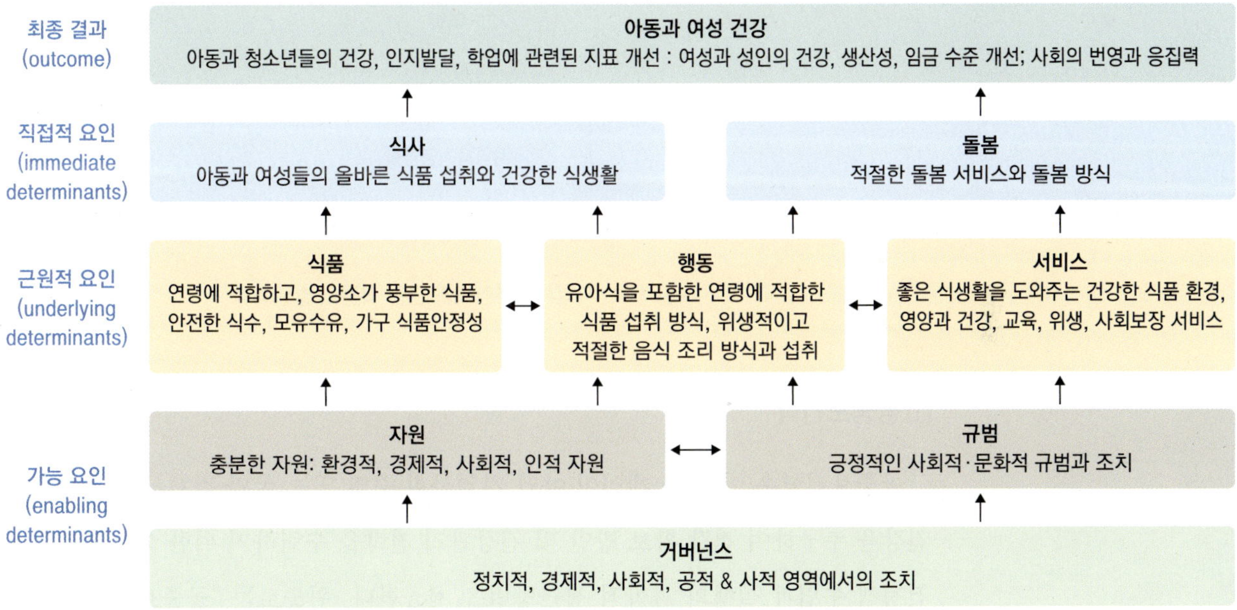

그림 1-3 UNICEF 모성과 아동 영양 결정요인에 대한 개념도

출처: https://www.unicef.org/media/113291/file/UNICEF%20Conceptual%20Framework.pdf

3) 지역사회영양학과 관련 학문

지역사회영양학community nutrition은 집단의 노력으로 건강증진을 추구하는 공중보건학public health과 공중보건 활동을 과학적으로 뒷받침하는 역학을 기반으로 하여 발달해 왔다. 1917년 미국의 메사추세츠주에서 영양교육 매체를 개발하고 교육을 실행하는 영양 전문가를 채용하면서 보건정책의 한 분야로 보건영양public health nutrition이 발전하였는데, 2차 세계대전 후 빈곤과 영양불량문제 해결을 위해 시작된 응용영양사업이 보건영양 정책의 한 부분으로 자리잡고 민간의 활동으로까지 확대되면서 지역사회영양학이 확립되었다. 영양역학nutritional epidemiology은 이러한 지역사회영양학의 수행에 중요한 도구와 과학적 근거를 제시하는 학문으로서 중요하다.

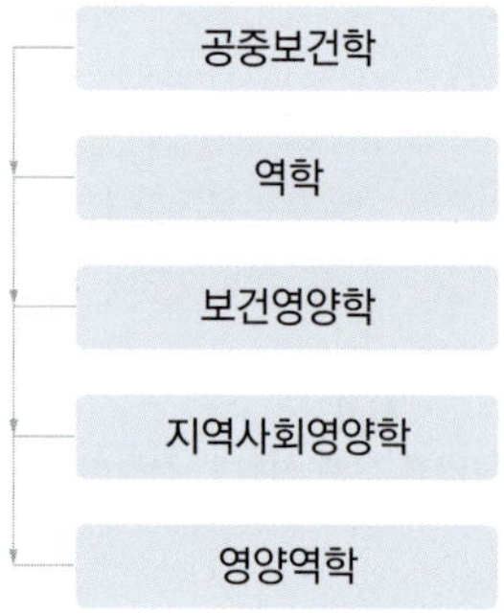

그림 1-4 지역사회영양학과 관련 학문의 발달과정

(1) 공중보건학

공중보건학은 어느 한 개인이 아닌 지역사회 주민 또는 국민 전체를 대상으로 한 건강을 추구하여 건강 확보 방안 및 건강관리 전략을 수립하기 위한 학문으로서 보건정책 수립과 실행의 과학적 접근방법을 제공한다. 윈슬로는 "공중보건학이란 조직화된 지역사회의 노력을 통하여 질병을 예방하고 수명을 연장시키며, 신체적·정신적 효율을 증진시키는 기술이며 과학"이라고 정의한 바 있다.

(2) 역학

역학epidemiology은 그 어원으로 살펴볼 때 인간집단의 연구라는 의미를 가지고 있는데, 질병의 발생 분포와 원인을 연구하여 치료와 예방을 위한 방안을 제시한다. 감염성질환의 발생원인 연구로 시작되었으나, 최근 만성질병의 발생 증가에 따라 이에 대한 연구가 활발하다. 만성질환은 여러 요인에 의해 발생하며 요인 간의 복잡한 관련성을 가지는 경우도 많고, 발생원인에 노출된 시기를 명확히 알기 어려운데다가 질병 발생에 이르는 노출기간도 다양하여 다루기가 어려운 경향이 있다.

(3) 영양역학

개인의 식생활은 만성질병의 중요한 환경요인으로 만성질병 역학연구에 중요하다. 영양역학은 질병 발생의 주요 결정요인determinant으로서의 식사를 탐색하는 학문이다. 과거에는 필수 영양소 부족과 관련된 질환(예: 괴혈병, 각기병 등)에 관심을 두었으나, 최근에는 만성질환과 식사나 식행동 간의 관련성 규명(예: 암, 심혈관계 질환)을 위한 연구가 많이 수행되고 있다. 영양역학은 지역사회영양사업의 수행에 있어서 근거 기반의 의사결정이라는 과학적 접근방법을 제공하는데, 이는 사업의 요구진단을 위한 조사 설계와 근거 자료의 분석 및 해석 방법을 말한다. 영양역학 연구를 통해 만성질환의 위험요인과 예방에 기여하는 요인에 대한 연구가 충분히 축적되면 만성질환의 예방과 치료를 위한 전략을 제공할 수 있다.

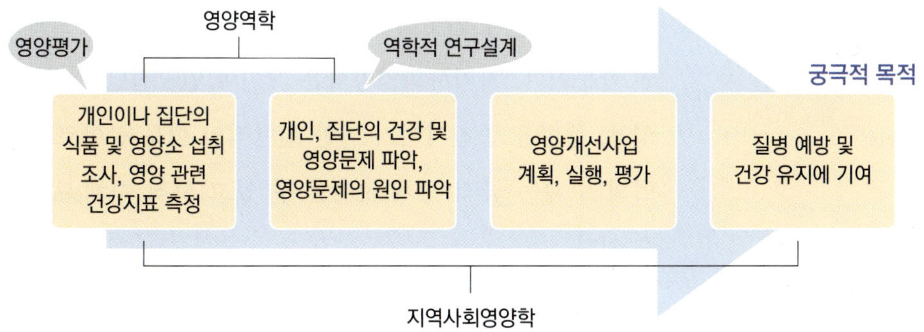

그림 1-5 지역사회영양학과 영양역학

영양역학 연구를 통해 주요 만성질환의 위험요인과 예방요인으로 확립된 근거들의 예를 들자면, 비만의 위험을 증가시키는 요인으로는 에너지 밀도가 높고 미량영양소의 밀도가 낮은 식사가 있다. 그리고 식품 자체의 에너지 밀도가 높은 고지방식품과 가당음료 등이 있고, 이와 반대되는 고섬유식 식사는 비만의 위험을 낮출 수 있다. 이밖에 모유수유는 영아가 자신의 에너지밸런스에 맞는 섭취를 도울 수 있는 등 여러 가지 측면에서 비만 예방의 가능성이 높은 요인으로 알려져 있다.

(4) 보건영양학

보건영양public health nutrition 분야에서는 공중보건 활동에 영양학을 연계하여 건강의 중요한 결정요인인 식생활관리를 통해 질병을 예방하고 건강을 증진하는 방법을 연구한다. 보건영양학은 기존 영양학의 생물학적 관점에 사회생태학적 관점을 더하여 식생활관리를 위한 정책에 영양학을 활용하는 방안을 제시하고 있다.

지역사회영양학과 보건영양학의 영역에 관해 연구자들마다 보는 관점이 조금 다를 수 있다. 이 책에서는 보건영양학을 지역사회영양학에 포함되는 분야로 정리하였다. 두 학문 모두 식품과 영양 분야의 지속적인 개선을 통해 인구집단의 건강수준을 향상시키는 학문이라는 궁극적 목적은 비슷하지만, 보건영양학에서는 보다 공적 영역에서의 활동을 다룬다. 예를 들어, 보건영양학은 중앙정부나 시 또는 군 수준에서 교육, 정책, 조직, 제도 등의 개선방안을 마련한다. 지역사회영양학은 이러한 주체의 제한 없이 개인과 인구집단의 영양문제를 다루는 더 포괄적인 학문이다. 지역사회영양학은 개인과 인구집단의 건강과 영양, 웰빙을 증진시키기 위한 전반적인 학문 분야로서 사업의 주체는 공적 주체public일 수 있고 사적 주체private일 수 있다.

그림 1-6 지역사회영양사의 업무 영역

그렇지만 국내 지역사회 현장에서는 지역사회영양 전문가와 보건영양 전문가를 크게 구분 짓지 않고 다양한 인구집단의 건강증진을 위해 식품영양관련 연구와 사업을 진행하고 있다. 특히 이 책에서 정의하는 것처럼 지역사회영양사는 인구집단의 다양한 영양문제를 진단하고 개선하는 포괄적인 역할을 수행해야 하기 때문에 다양한 지역사회의 현장에서 공동체의 영양상태 개선을 위한 역할을 수행하고 있다 그림 1-6.

4) 지역사회영양사의 역할

지역사회영양사는 영양사로서 다양한 기관에 속해 개인과 공동체의 영양증진 업무를 수행할 수 있다. 학교 내에서는 영양사나 영양교사가 학생과 교사 등 학교 구성원들의 영양증진을 위해 급식과 영양 상담과 교육 업무를 담당한다. 지방자치단체나 보건소에서는 해당 행정지역의 주민들의 영양상태를 개선시키기 위한 다양한 예산업무와 정책, 사업, 프로그램을 진행할 수 있다. 질병관리청이나 보건복지부와 같은 중앙정부에 소속되어서 국민들의 영양 개선 관련 업무도 수행할 수 있고, 국회와 같은 입법기관에 속해 국민들의 영양 개선을 위해 일을 할 수도 있다. 기업에 소속된 영양사는 기업 내 임직원의 급식 업무나 영양 개선 업무를 담당할 수 있다. 마지막으로 병의원 내에 속해 있는 영양사나 임상영양사 역시 해당하는 공동체의 영양 치료 및 관리 업무를 수행하기에 지역사회영양사의 업무 영역은 포괄적이다. 표 1-1에 다양한 영양사의 업무가 나열되어 있다. 급식관리를 제외한 영양사 역할의 대부분은 지역사회영양사의 역할과 같다. 따라서 이 '지역사회영양학' 교과를 통해 다양한 인구집단과 공동체의 영양관련 업무를 하기 위해 필요한 지역사회 진단, 영양프로그램의 개발과 평가 방법을 배우는 것은 영양사의 역할 수행에 매우 중요하다.

표 1-1 영양사의 역할 및 업무

세부 직종	주요 업무
산업체 영양사	급식관리 피급식자의 영양교육 및 상담 직업병 및 생활습관병 예방을 위한 연구 조사 품질관리TQC 활동
학교 영양사	급식관리 영양 및 식생활 개선에 관한 학생 지도와 학부모 상담 및 교육 효율적인 학교급식을 실행하기 위한 교직원 교육 영양교육 자료 개발, 연구 및 업무능률 향상 활동
보건소 영양사	영양지도의 기획, 분석, 평가 및 영양상담 지역주민의 영양 지도 및 상담 영양조사 및 지역주민의 영양평가 실시 영양교육 자료의 개발, 홍보 및 영양교육 집단급식시설에 대한 현황 파악 및 급식업무 지도
사회복지시설 영양사	급식관리 재활능력 증진을 위한 피급식자의 기초 식습관 교육 및 식생활 지도 피급식자의 직능훈련 및 기능회복훈련을 위한 체력유지 대책 연구
기타	대학, 연구기관, 국가 및 지방자치단체, 식품회사, 요리학원, 스포츠헬스센터, 매스컴관련업, 약국, 다이어트 전문 회사, 영양정보센터 등에서 제품 개발, 홍보, 상담, 교육 등의 역할 담당

출처: (사)대한영양사협회 홈페이지 '영양사의 역할 및 업무' 참조

5) 지역사회영양학의 역할과 전망

2019년 말 시작하여 전 세계적으로 유행한 코로나19와 같은 신종 감염병 상황은 우리 생활의 모든 방면에 큰 변화를 가지고 왔다. 지역사회영양 분야도 예외는 아니다. 더 나아가 기후위기나 전쟁으로 인해 전 세계 식품 수급이 원활하지 못하거나 식품 생산을 위한 원자재 가격의 상승으로 밥상 물가에도 많은 변화가 일어나고 있다. 미국의 경우에도 코로나19로 인해 직장을 잃은 많은 사람들이 무료 식품 나눔을 하는 푸드뱅크food bank를 비대면으로 이용하기 위해 긴 줄을 서기도 했다. 국내에서도 코로나19 시기 취약계층을 위해 간편식이나 가공식품을 제공하기도 했고, 학령기 아동이 있는 가정에는 급식이 모두 중단되면서 지방자치단체에 따라 식품 꾸러미가 제공되기도 했다. 또한 기존에 모두 대면으로 진행되었던 지역사회영양

사업영역	보건소명	사업명	페이지
신체활동	고양시 덕양구	코로나19 극복 안심프로젝트 통합건강증진사업	11
	김천시	1560 건강걷기 캠페인 및 건강생활실천 동영상 제작	33
	양주시	비대면 온라인 건강증진사업 "양주On-Health"	97
	완주군	건강생활실천 릴레이 챌린지 운영	105
	진천군	따로 또 같이 뚜벅뚜벅(Do Walk, Do Walk)	149
	태백시	2020년 비대면 건강서비스(신체활동) 운영	155
	파주시	"슬기로운 집콕생활" 운동법	159
	홍천군	따로 또 같이 홍천을 걷다	175
영양	괴산군	임산부·영유아 영양플러스 사업	29
	부산 해운대구	영양플러스	63
	완주군	영양플러스사업 보충식품활용 건강한 밥상 콘테스트	109
비만예방관리	보은군	Diet에서 Sports로! 맞춤형 운동처방 교실	57
	양주시	비대면 온라인 건강증진사업 "양주On-Health"	97
구강보건	세종시	슬기로운 구강건강 프렌즈 대여사업	81
	울진군	"코로나19 전쟁 속, 3살 습관으로 세계 평화를!	127
	하동군	영유아 건강생활실천	167
심뇌혈관 질환예방 관리	광명시	비대면 '당뇨 자가 혈당 관리' 프로그램	17
	남양주시	남양주시 고혈압·당뇨병 등록관리사업 - 이해하기 쉬운 고혈압·당뇨병 이야기	39
	무안군	모바일 고고당 타파교실	49
	양주시	비대면 온라인 건강증진사업 "양주On-Health"	97
	울진군	"코로나19 전쟁 속, 3살 습관으로 세계 평화를!	127
	홍천군	홍천군 고혈압·당뇨병 등록 교육센터 YouTube '혈관이 알고 싶다' 채널 개설	181

그림 1-7 변화하는 지역사회영양 환경 : 비대면으로 다양한 영양 및 건강 증진사업을 시도한 사례집

교육과 서비스가 많은 경우 비대면으로 전환되어 진행되었다 그림 1-7. 코로나19가 가속화시킨 생활환경의 변화에 따라 향후 지역사회영양 전문가에게는 더욱 다양하고 새로운 접근방식의 사업 시도가 요구될 것이다.

생각해 보기

1. 내가 속한 지역사회 혹은 공동체는 어디일까?
2. 옆의 친구들과 함께 각자가 속한 지역사회와 그 안에서 생각할 수 있는 영양문제에 대해 이야기해 보자.
3. 나의 건강행동(수면, 식생활, 운동 등)에 영향을 미치는 지역사회 요인은 어떤 것이 있을까?

활동해 보기

[1] 지역사회의 영양문제 알아보기

내가 속하지 않았지만, 현재 가장 중요하게 생각되는 지역사회 영양문제에 대해 신문기사나 인터넷 정보를 찾아보고 함께 이야기를 나눠봅시다.

[2] 지역사회(공동체)의 의미에 대해 생각해 보기 [29쪽 활동지 참고]

건강을 결정짓는 유전적 요인과 사회적 요인 중 어떤 것이 중요한지 토론해 봅시다.

활동지 지역사회(공동체)의 의미에 대해 생각해 보기

내가 속한 지역사회(공동체)는 어디이며, 어떤 특징이 있는지 생각해 본다. 건강한 공동체는 어떤 공동체일까요?

건강을 결정짓는 유전적 요인과 사회적 요인. 어떤 것이 더 중요한가요?		
참고자료	유전적 요인보다는 사회적 요인이 건강을 결정합니다 (http://newspeppermint.com/2015/04/19/genes-dont-cause-racial-health-disparities-society-does/)	
	로제토 이야기, 당신의 공동체는 안녕하신지요 (http://scienceon.hani.co.kr/269902)	
나의 생각 (토의 전)		
조원들의 생각 (토의 중)		
토의를 마친 후 나의 생각		

영양정책과 행정체계

Chapter 2

1. 영양정책 | 2. 행정체계 | 3. 식품영양 법령체계

Chapter

2

학습목표

1. 영양정책의 개념과 입안과정을 설명할 수 있다.
2. 영양감시체계의 개념과 목표를 설명할 수 있다.
3. 법령체계를 토대로 식품영양관련 법령을 분류하고 설명할 수 있다.
4. 영양정책 입안과정의 참여방법을 알고 수행할 수 있다.

1. 영양정책

1) 영양정책의 개념

정책이란 공공문제를 해결하고자 정부 또는 공공기관에 의해 마련된 기본방침이다. 공적 목표와 이를 달성하기 위해 필요한 정책수단을 공식적으로 수립하는데 법률·정부방침·사업계획·사업지침 등 여러 형태로 표현된다.

정책의 3요소는 정책목표, 정책수단, 정책의 대상자이며, 정책은 기본적으로 목

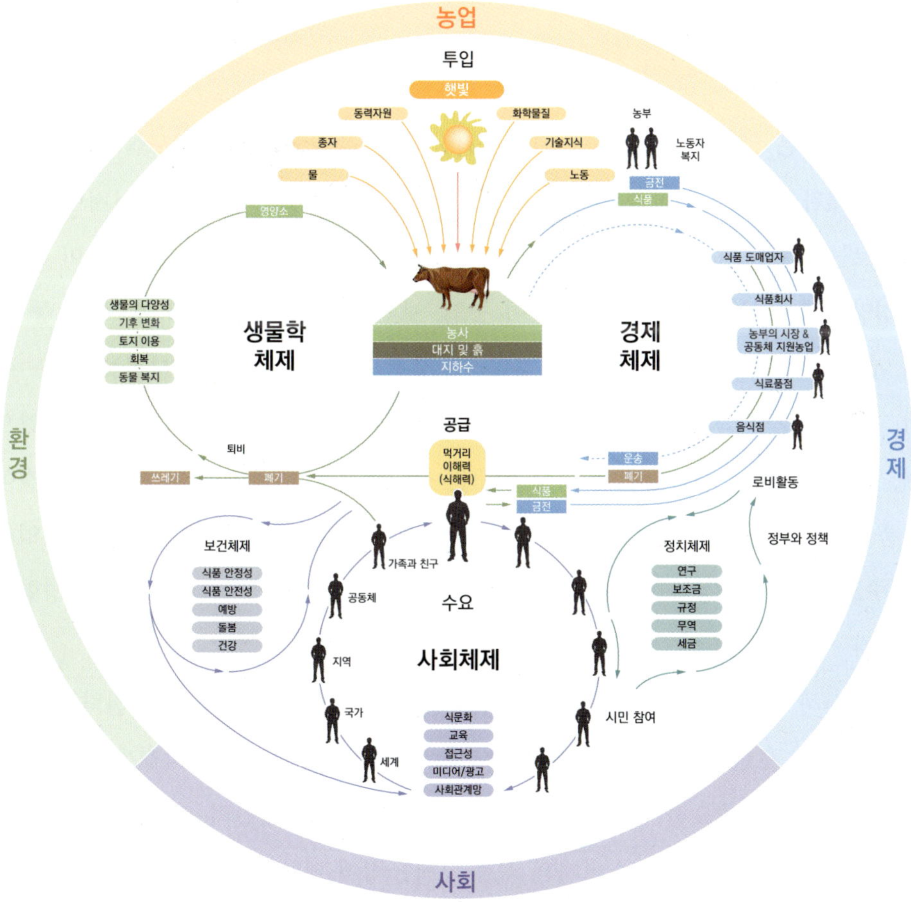

그림 2-1 영양정책의 구성영역

출처: Nourish Food System(https://www.nourishlife.org/teach/food-system-tools/)

적과 목표를 가지고 정부, 지자체, 지역사회, 다양한 기관이 무엇을 어떻게 사업을 추진해야 할지에 대한 기본구조를 제공한다. 그리고 정책이 산출되고 실행되는 데 거쳐야 할 일정한 단계적 절차를 정책과정이라고 한다.

영양정책은 국민의 기본적인 영양요구량과 식량 공급을 충족시키고, 식품·보건·경제·사회·농업, 교육·문화 등 다양한 분야를 통합하고 조정하는 계획을 말하며, 각각의 분야와 연결되어 있다. 무엇보다 영양정책은 그 존재 여부가 국가의 질병 패턴에 영향을 미치며, 영양적으로 취약한 계층을 대상으로 한다는 데 또한 의의가 있다.

2) 영양정책 구성요소 및 프로그램 유형

영양정책은 국민이 좋은 영양상태로 건강이 잘 유지되고 증진되도록 해야 한다. 영양상태가 좋으면 질병을 예방하고 개인적으로 의료비의 지출이 적어지며, 국가적으로는 의료보험의 재정 지출도 줄어 국민의 행복과 국가 경제에 큰 도움이 된다.

영양정책은 앞서 언급한 바와 같이 농업, 보건의료, 사회경제, 교육·환경 등 여러 부문의 정책과 연결되어야 한다. 영양정책의 구성영역을 제시한 그림 2-1에서 '투입'은 식품의 양과 질에 영향을 주는 농업과 환경정책이 크게 관련이 있으며, '공급'은 식품 공급방법에 영향을 주는 상황들을 의미하는데 가장 중요한 것이 식품 '소비'이다. 식품 소비는 개인의 건강상태와 바람직한 식품 환경 조성에 영향을 주고, 보건의료정책 및 농업정책은 많은 사업을 통해 실제 식품 소비에 영향을 미친다.

보건정책 중 특히 건강증진과 질병예방을 다루는 보건의료영역은 전략적 차원에서 영양을 포함하며, 사회경제영역은 식품 보조 프로그램에서 적절한 기준을 마련하는 데 매우 중요한 역할을 하고, 교육·환경영역은 개인의 먹거리 이해력food literacy에 영향을 줌으로써 소비자의 식품 선택능력에 영향을 미친다.

영양정책에서 고려해야 할 정책 범위에는 식품 공급, 식품 품질, 식품 소비, 식품 섭취, 영양소 이용, 건강증진, 근거 기반 영양관리 등이 포함되어야 한다.

국가에 따라 다양한 내용의 영양정책과 프로그램이 개발되어 실시되고 있으며, 정책을 프로그램에 적용 시 정책 한 가지만 수행하기보다 영양문제 해결을 위한 다양한 여러 프로그램을 조합하여 수행하는 것이 효율적이다. 따라서 정책 개발 및 실행자는 각 영양 프로그램의 장단점을 연구하여 현장에 적용해야 한다.

국내외에서 수행되고 있는 영양정책을 구분하면 다음과 같다 표 2-1.

표 2-1 영양정책 구성요소

구성요소	필요정책 ※관련 부처	적용 프로그램 유형	
식품 공급	• 농업정책, 농업 연관 환경정책 • 식품 수입 관련 경제정책 • 가공식품 생산 및 외식산업 관련 산업정책 • 식품분배 관련 사회복지정책과 경제정책 • 식량 안보 확보 관련 정책 ※농림축산식품부, 환경부, 보건복지부, 여성가족부, 경제 관련 부처	식량 가격보조 food subsidy	식량 수급이 어려운 저소득층을 위해 식품에 대해 가격보조를 실시하여 구매력을 높여 섭취할 수 있도록 하여 영양상태를 증진하는 프로그램 (예시) 양곡법에 근거한 이중곡가제는 정부가 양곡을 수매하여 곡식의 수급을 조절해 가격을 안정시키고, 농가 소득 보장과 주식량 안정을 도모함
		소득증대정책 income generating program	저소득층의 영양문제는 소득과 직결되므로 일시적인 프로그램보다 구매력을 키워줄 수 있는 일자리 제공 등 근본적인 정책 제안으로 운영하는 프로그램 (예시) 도로를 확충하고 공장을 유치하여 가내 부업을 유도하거나 고소득 농산물을 재배하도록 지도하는 프로그램(아프리카의 커피 재배산업으로 주민 소득 증가, 개발도상국의 공장 유치로 주민 소득 증대시키기 등)
		신소재 식품 개발 및 합성 new material food development	세계적인 식량난에 장기적으로 대처하거나 기후위기에 대처하는 새로운 식품을 개발하는 프로그램 (예시) 바다의 플랑크톤을 단백질원으로 이용하는 방법 연구, 다양한 소재로 새로운 가공식품을 합성하거나 개발하는 활동, 채식을 하는 사람들을 위하여 식물성 단백질을 이용한 고기의 맛과 질감을 내는 식품 개발하기, 제로웨이스트 산업에서 사과 껍질을 활용하여 가방 만드는 섬유 개발 등

(계속)

<table>
<tr><th>구성요소</th><th>필요정책
※관련 부처</th><th colspan="2">적용 프로그램 유형</th></tr>
<tr><td>식품 품질</td><td>• 식품안전, 식품첨가물, 위생감시 등 식품안전 정책
• 영양소 강화, 질환 예방 식품, 대체식품, 건강증진식품 공급 등 식품의 질 보장을 위한 식품 정책

※식품의약품안전처, 농림축산식품부, 보건복지부</td><td>식품의 영양소 강화
food fortification</td><td>국민의 건강에 치명적인 영향을 미치는 결핍 영양소를 상용 식품들에 강화시켜 영양결핍을 방지하는 형태이며, 강화영양소 안내하는 영양표시도 시행
(예시) 요오드화소금 개발, 곡류 식품에 비타민 B_1 · 비타민 B_2 · 니아신 · 엽산 등 첨가, 우유 및 유제품에 비타민 A · 비타민 D 강화 등(펠라그라, 갑상샘종 예방)</td></tr>
<tr><td rowspan="3">식품 소비</td><td rowspan="3">• 식품 보장 정책
• 식품 가격과 식품 구입 등 경제정책
• 정보 제공 홍보 및 교육 관련 정책

※농림축산식품부, 보건복지부, 여성가족부, 경제 관련 부처</td><td>보충 급식
supplementary feeding</td><td>고위험군을 대상으로 영양소를 충족시키는 한도 내에서 급식을 제공하거나 식품을 보조하는 형태
(예시) 저소득층을 위한 푸드뱅크 운영, 결식아동 급식비 지원, 영양플러스 사업, 경로식당 노인급식 지원, 개발도상국 아동 식량 원조 등 프로그램</td></tr>
<tr><td>조제 식품
formulated food</td><td>심각한 영양결핍과 취약한 환경에 처한 이유기 아동에게 영양소를 공급하고자 먹기 쉬운 형태로 식품을 조제하여 배급하는 프로그램
(예시) 국제기구 영양정책의 식량원조 프로그램에서 주로 이용</td></tr>
<tr><td>식량 원조
food aids</td><td>식량난에 처한 위급한 상황의 국가에 식량을 원조하는 정책
(예시) 세계식량계획United Nations World Food Programme, WFP, 유니세프 등 UN 산하 국제기관 및 다양한 종교단체의 아프리카나 동남아시아 원조</td></tr>
<tr><td>식품 섭취
영양소 이용</td><td>• 국민의 적절한 영양소 이용 영양정책
• 영양 및 식생활 교육 정책
• 농식품 및 외식산업 정책

※보건복지부, 농림축산식품부, 질병관리청</td><td>영양교육 및
영양상담 프로그램
nutrition education and counseling program</td><td>모든 계층과 대상의 영양불균형 및 질병예방, 식생활관리능력 향상을 위한 다양한 교육 및 상담 프로그램
(예시) 비만 예방 캠페인, 질환별 식사, 저염식 실천 운동, 영양표시제 등</td></tr>
</table>

(계속)

구성요소	필요정책 ※관련 부처	적용 프로그램 유형	
건강증진	• 질병 치료와 예방 관련 보건정책 및 의료정책 • 의료 중재 및 재활에 영양서비스 통합하는 건강정책 • 건강증진을 위한 보건서비스를 제공하는 보건정책 • 근로자의 건강증진을 위한 근로복지 정책 ※보건복지부, 고용노동부, 질병관리청	영양 재활 nutrition rehabilitation	병원 등 의료진이 시급한 영양실조가 발생한 환자를 위해 급식보조 프로그램을 실시하여 영양상태를 회복시키는 프로그램 (예시) 영양보조제, 경장영양, 연하보조식, 치료식 등 임상영양 프로그램
근거 기반 영양관리	• 한국인 영양소 섭취기준KDRIs 설정, 영양감시(모니터링) 등 영양정책	영양 연구지원 프로그램 nutrition research	지역사회의 영양문제 해결을 위한 연구 · 개발 사업에 지원하는 정책으로 식품 보조 프로그램, 식품표시와 식사지침과 같은 정책 결정에 과학적인 기초 제공 및 연구 결과는 사업의 타당성 근거 제공 (예시) 영양권장량 설정, 영양감시 모니터링, 식사지침 개발

3) 영양 감시체계

(1) 영양 감시체계의 개념

국가는 국민의 삶의 질을 높이기 위하여 국민의 건강 및 영양 상태를 관리한다. 식품을 통한 적절한 영양 섭취는 신체의 건강을 유지하는 데 중요하며, 건강과 영양 상태 사이에는 여러 요인이 관련되어 있다. 인구집단에서 식품과 건강 사이의 요인 변화는 국가별 관심사이고, 체계적인 측정을 통해 얻은 정보는 건강과 영양의 관계를 이해하는 기초적인 기반을 제공할 뿐만 아니라 국민의 건강증진을 위한 적절한 중재활동을 하는 데 중요한 자료로 활용할 수 있다.

영양 감시체계nutrition monitoring/surveillance system는 인구집단의 영양문제 이해뿐만 아니라 식품 소비와 영양상태의 변화요인에 대한 정보를 파악하고, 식생활과 영양상태를 주기적으로 조사하고 판정하는 일이다. 영양 감시체계는 영양정책 강화 전략 중 하나로서 영양문제가 생겼을 경우 그 근거 자료를 제공하고 결정권자들이 해결방안을 찾을 수 있도록 정보를 만드는 데 도움을 줄 수 있다. 영양 감시체계는 영양평가, 영양검색, 영양변화 추이 관찰, 영양 중재와 감시 등의 방법을 통하여 정보를 얻으며, 이들을 합해서 영양 모니터링 또는 영양감시라고 한다. 일반적으로 생활습관병 문제와 영양 위험인자의 변화 추이 관찰은 모니터링monitoring으로, 식품부족 상황을 대비하기 위한 추이 관찰은 감시surveillance로 구분할 수 있다.

① 영양평가

영양평가nutrition assessment는 건강과 관련된 영양상태와 식이 섭취 상태를 나타내는 지표를 측정하는 것으로, 영양부족부터 영양과잉까지 영양불량 문제의 발생 빈도, 특성, 수준 등을 나타낸다.

② 영양검색

영양검색nutrition screening은 주로 지역사회에서 영양사업이나 보건사업을 실시할 때 대상집단을 결정하기 위해 특정한 개인을 규명하는 체계이다.

③ 영양 모니터링nutrtion monitoring/영양감시nutrition surveillance

인구집단의 영양상태나 식사 섭취상태의 변화를 알아내기 위하여 주기적으로 조사하고 평가하는 것이다. 인구집단의 영양상태 변화 추이를 통해 중재 개입을 위한 영양상태 증진 행동을 결정하고자 지속적으로 영양상태를 관찰한다.

(2) 영양 감시체계의 목적 및 목표

영양 감시체계의 목적은 인구집단의 적절한 영양상태에 영향을 주는 결정요인 정보를 주기적으로 모으고 해석하여 널리 알리는 것이다. 수집된 데이터는 국가와 지역의 건강계획과 정책 제안, 영양사업 관리와 평가, 연구활동에 쓰이며, 영양보조 프로그램이나 영양표시 및 교육 등의 다양한 정책 결정의 근거 기반으로 사용한다. 영양 감시체계는 수집된 정보는 그 시기의 영양문제를 파악할 수 있어야 하며, 누구나 쉽게 접근이 가능한 형태로 전달하여 효과적인 커뮤니케이션을 해야 하는 특성을 가진다.

국가차원의 영양 감시체계는 나라마다 영양과 관련된 문제가 다르고, 그 목적과 내용이 다르므로 국가별로 조금씩 다른 형태로 구성되어 실시하고 있다. 일반적으로 영양상태 및 건강관련 영양문제 측정, 식품과 영양소 섭취량 조사, 식품성분과 영양소 함량 데이터베이스 구축, 지식·태도 및 행동 진단, 식품 생산량 조사 등이 있다. 국내의 대표적인 영양 감시체계는 「건강증진법」에 의한 국민건강영양조사로 매년 실시하고 그 결과 발표를 하고 있으며, 10년마다 수립하는 국민건강증진종합계획의 근거로 적용하고 있다.

영양 감시체계의 목표는 다음과 같다.

① 인구집단의 건강과 영양상태를 측정하고, 특히 위험집단에 대하여 측정한다.
② 시기별 건강과 영양 상태의 변화를 모니터링한다.
③ 질병과 영양 요인분석에 필요한 정보를 제공하고 예방과 해결 가능한 방법을 지도한다.
④ 각 인구집단 내에서 건강과 영양 변수들 간의 관련성에 대한 정보를 제공한다.
⑤ 영양 프로그램을 모니터링하고 효과성을 평가한다.

4) 정책과정

기본적인 정책과정은 문제(의제 설정), 결정, 집행, 평가의 과정을 통하여 이루어지며, 평가 및 환류의 과정을 거친다 그림 2-2. 정책과정은 변화하는 환경을 파악하면서 예측하여 수립하며, 다양한 이해관계자와 의사결정자가 관계되어 있어 매우 복잡하고 유동적이다. 따라서 정책과정의 혁신을 도모하고자 한다면 정책과정의 개선이 있어야 한다.

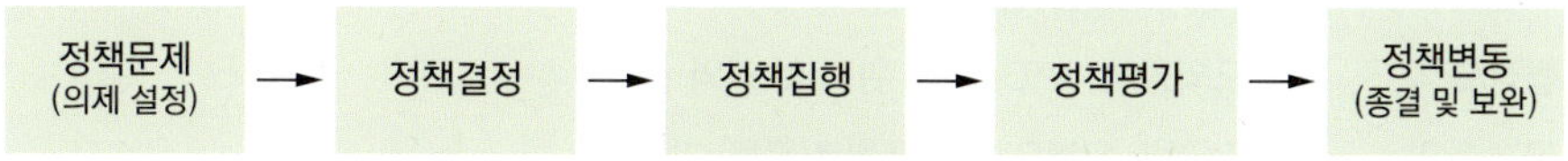

그림 2-2 정책과정

(1) 정책문제

정책문제는 정부가 해결하기로 결정한 문제이며, 문제의 결정을 위해서는 정책 대안을 마련하고 각 대안이 가져올 영향(장단점)을 여러 기법(비용편익분석, 선형기획법 등)을 이용하여 미리 예측하고 식별·검토하는 정책분석이 필요하다. 그림 2-3은 정책문제가 될 정부의제의 설정과정을, 표 2-2에는 다양한 사회문제가 제기되는 경로를 보여준다. 이러한 다양한 문제들 중에서 문제의 중요성은 정부의제로 채택 가능성을 높인다. 피해자의 숫자가 많거나 피해의 규모가 크거나 피해의 사회적 의미가 중대한 것이면 사회적으로 중요한social significance 문제라고 볼 수 있다. 또한 장기적으로 지속될 문제이면 일시적인 문제보다 정부의제로 채택될 가능성이 높지만, 장기적이고 근본적인 문제라고 할지라도 해결방안이 쉽게 마련되기 어려운 문제는 정부의제로 채택될 가능성이 적어진다.

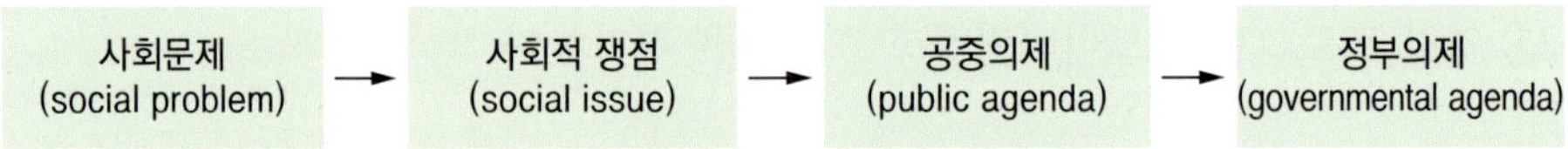

그림 2-3 의제 설정과정

표 2-2 사회문제의 제기

구분	내용
통계	인구통계, 국민건강통계, 국민영양조사, 청소년식생활행태조사, 식품수급표, 자체조사
여론	감사, 사건사고, 위법/처벌, 이슈, 언론
정치	공약, 입법, 당정협의, 국정감사
사회	질병, 건강 수준, 식생활, 식문화, 복지
경제	경제 취약층 문제, 농·임·축산 식품 생산 및 식품산업(영업, 신종식품)
환경	기후 변화, 환경오염, 재활용, 쓰레기
협정/조약	바이오의정서, WTO, FTA, 위생 및 검역 협정
국제 동향	신종감염병, 위해요소, 식품원료(곡물) 가격

이처럼 문제 해결이 용이한지 여부는 정부의제 채택에 큰 영향을 미친다. 이는 두 가지 이유 때문인데, 첫째는 문제가 복잡하지 않고 단순하여 쉽게 이해할 수 있으면

더 많은 지지집단을 확보할 수 있으므로 정부의제로 채택될 가능성이 높아진다. 둘째는 이해관계자의 서로 다른 이해관계가 복잡하게 얽히지 않은 단순한 문제는 여러 관계자들이 복잡하게 관련된 문제에 비해 더 쉽게 해결될 가능성이 높기 때문에 정부의제가 될 수 있다. 그밖에도 선례가 있어서 해법을 찾기가 쉬운 문제 역시 정부의제가 될 가능성이 더 크다. 사회 내에서 그 문제가 마치 유행처럼 여러 군데에서 다뤄지는 경우나 다른 지방자치단체 혹은 다른 나라에서 성공한 정책사례가 있다면 해법 마련이 더 쉬워서 정부의제화가 되기 쉽다.

무엇보다 모든 국민의 문제에 정부가 다 관여할 수 없으므로 정책실무자는 공중의제로 등장한 여러 문제 중에서 중요한 문제가 무엇인지를 선별하여 이 중 정책문제로 다룰 만한 문제를 정부의제로 선정하는 능력이 필요하며 문제해결의 첫 단계이다. 정부의제 설정과정은 가장 많은 정치적 갈등이 발생되는 단계이며, 정부차원의 인적·물적 자원의 동원 여부를 고민하게 되는 단계이다. 정부의제 설정에는 공식적·비공식적 정책행위자들이 참여하며, 공식적인 주체로서는 대통령, 의회, 관료, 사법부 등이 있고, 비공식적 주체로서는 정당, 이익집단, 시민사회단체, 정책전문가 등이 있다.

(2) 정책 결정 및 수립

정책결정policy decision은 해당 정책에 관한 공식적인 권한을 가진 결정자가 어떠한 의도를 공식적 혹은 비공식적 방법으로 표출하는 것을 의미한다. 즉, 정책결정은 정부기관의 공공정책에 관한 의사결정이다.

정책결정은 정부가 해결해야 할 문제가 구체화되고, 이러한 문제를 해결하기 위한 다양한 정부의 개입 수단이 탐색·분석·선택되는 구체화 과정이라는 점에서 정책과정에서 가장 중요한 구성요소라고 볼 수 있다. 정책결정은 정책기획의 최종 단계이며, 이 책에서 다루지는 않지만 정책을 결정하는 요인은 합리모형, 만족모형, 점증모형, 혼합모형, 최적모형 등으로 다양하다.

정책기획은 계획이 만들어지는 과정을 지칭하며 결정된 정책을 구체화시키는 기획과정을 포괄하는 의미로 사용된다.

(3) 정책집행

결정된 정책을 구체적인 사업계획으로 전환하여 이를 실현하는 과정으로, 결정된 정책수단들을 동원하여 정책을 실질적으로 집행하는 과정이다. 정책에 포함된 수많은 정책수단과 계획들은 집행작업을 거쳐 현실화되면 목표를 달성하고 정책문제를 해결할 수 있다.

정책집행은 오랜 시간, 여러 장소, 복합적인 상황 속에서 발생하는 일련의 행정적·정치적 결정과 활동으로 이뤄지며, 정책집행이 진행되는 동안에도 사회적 상황이 시시각각 변하여 정책결정 당시의 상황과 크게 달라질 수 있다. 이러한 변동 상황에 맞추어 적절한 정책으로 다시 고쳐 집행해야 하므로 정책결정보다 훨씬 어렵고 복잡한 과정이다. 또한, 정책집행은 정책결정과 함께 상호작용을 통해 부분적으로 환류를 거듭하며 나아가는 순환적 과정이다.

(4) 정책평가

정책집행 후에 그 결과(효과성 등) 및 요인을 살펴보는 것이다. 정책평가 및 환류의 경우 평가의 주체, 평가시기, 무엇을 어떻게 평가할 것인가, 정책성과의 달성도, 잘된 점과 미흡한 점, 평가 결과의 시사점, 성과관리와의 연계, 지식관리 활용방안 등 다양한 점검이 필요하다.

(5) 정책관리(종결 및 환류)

정책관리는 끊임없는 수정 보완을 통해 매년 정책환경에 적합한 정책으로 발전시켜 나가는 과정 자체를 의미한다. 즉, '정책목표'를 실현하고 나아가 '정책가치'를 실현하는 순환구조이며, 정책의 순환과정에서 문제가 해결되거나 정책 포기 또는 중단되는 정책종결도 있다. 그러나 바람직하든 아니든 정책에 대한 중단을 의미하는 정책종결은 새로운 정책으로 연결되는 정책승계가 일어날 수도 있다.

정책은 원칙과 기준에 의하여 체계적으로 관리되어야 하며, 국민은 정책단계별로 관심을 가지고 다양한 방법으로 참여해야 한다 그림 2-4.

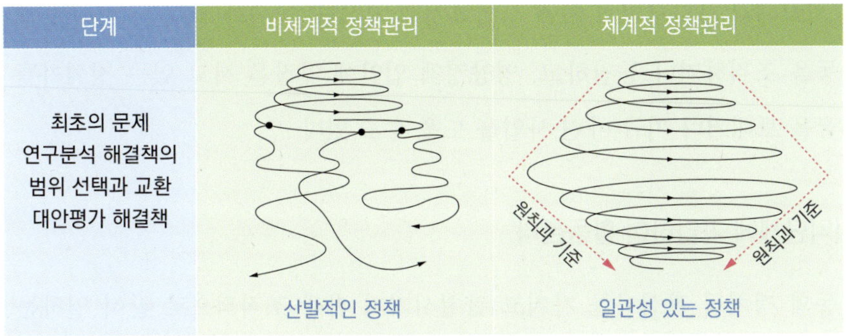

그림 2-4 정책관리 유형

출처: 행정안전부, 2008

표 2-3 정책단계별 국민 참여 확대 방안

단계	정보제공	의견수렴 · 협의	적극적 참여
정책수립	• 정책백서 · 자료 제시 • 행정 · 입법예고	• 설문조사 • 공청회 등 의견수렴	• 정책제안 · 대안 제시 • 현안에 대한 공적 토론
정책집행	• 새로운 정책 홍보 • 이메일 · 뉴스레터	• 제도개선협의회 등 운영	• 집행업무 민간위탁 • 민관합동 집행조직
정책평가	• 평가과정 및 참여방법 안내	• 인터넷 설문 · 토론 • 평가위원회 · 간담회	• 민관합동평가 또는 시민단체 독자평가

출처: 행정안전부, 2008

5) 영양정책 입안과정 참여방법

(1) 자신의 견해를 알린다

지역사회영양사가 영양문제에 관한 정책과정에 영향을 미칠 수 있는 방법에는 어떤 식품영양 문제에 관해 자신의 견해를 밝히는 일이 있다. 건강한 식습관이 국민의 건강상태에 중요한 역할을 한다는 것을 대중매체나 영양교육 프로그램을 통하여 교육하거나 특정 식품영양 문제에 관해 자신의 견해를 매스컴에 밝힐 수 있다.

(2) 직접 참여한다

지방자체단체나 중앙정부에 들어가 정책 입안에 참여하거나 대한영양사협회 본부나 지회에서 활동하면서 정책 수립과정에 기여할 수 있다. 때로는 청원을 위한 서명운동을 조직하거나 동참하고, 영양정책 입안에 앞장을 서고 있는 정치가를 위한 후원금을 보내거나 기금 마련 사업을 도울 수도 있다.

(3) 이익단체에 가입하여 활동한다

공동의 정치적 관심사를 가지고 관철시키기 위해 조직적으로 같이 일하는 이익단체는 공공정책에 영향을 주기 위해 압력을 가할 수 있다. 소비자단체, 여성단체 등이 있으며 가입하여 활동하며 연대능력을 높인다.

(4) 정치과정에 영향력을 행사한다

중요하다고 생각하는 정책사업이나 행정내용에 대하여 정치가를 설득하거나 정책 입안을 위하여 다른 조직이나 단체와 연대를 구축하여 정치계에 영향을 미친다.

- 로비 : 로비는 가장 오래전부터 이루어져 왔고 가장 비평을 많이 받는 방법이며 부정적인 느낌을 주지만, 정계에 영향력을 가하고자 할 때 흔히 사용되는 방법이다. 중요하다고 믿는 사항을 정치가나 의원들에게 설득하는 일이 로비라고 할 수 있으며, 로비스트는 정치 기술이나 입법 시스템에 관해 지식이 있어야 한다.
- 연대 구축 : 한 개의 조직과 단체는 정치계에 영향을 미치기 어려울 수 있으나 공통 주제를 중심으로 여러 조직들이 연대한다면 정치계가 움직일 수 있도록 영향을 미친다.

(5) 정치적 활동을 취한다

영양사가 지방자치단체나 중앙정부 차원에서 직접 로비스트 역할을 담당하며 정치적 활동을 취한다. 정부 관료, 공무원, 국회의원(지방자치단체 의원)에게 이메일, 전화, 방문으로 정책의 중요성을 알리는 활동을 하거나 대중매체에 어떤 이슈에 대한 의견이라도 항상 제시할 수 있도록 준비해 두고, 기자에게 보도자료를 제공하고 의견을 제시한다. 평소 중요한 포인트만을 담은 간결한 보도자료 작성법을 숙지하여 활용할 수 있어야 한다.

생각해 보기

내가 참여 또는 혜택을 받은 정책이 있나요?

2. 행정체계

1) 정부조직

정부조직은 국가 또는 행정부의 행정사무를 수행하기 위하여 설치된 행정기관의 체계적인 기구를 의미하는 행정조직administrative organization을 말한다. 넓은 의미로는 입법 및 사법 기관의 조직을 포함하기도 하나 일반적으로 행정부의 조직을 의미하며, 「정부조직법」에 따르면 지방자치단체를 제외한 중앙정부의 조직이 해당한다.

정부조직은 공익의 실현을 목표로 하는 점에서 경영의 효율화를 통한 이윤 극대화를 추구하는 민간경영조직과 구별된다. 다만, 민간경영조직과 행정조직의 중간적 성격을 지닌 정부출연기관, 공사, 공단 등과 같이 '공공조직'은 「공공기관의 운영에 관한 법률」을 통해 별도로 규정되어 관리되고 있으며 「정부조직법」상의 조직에 포함되지 않는다.

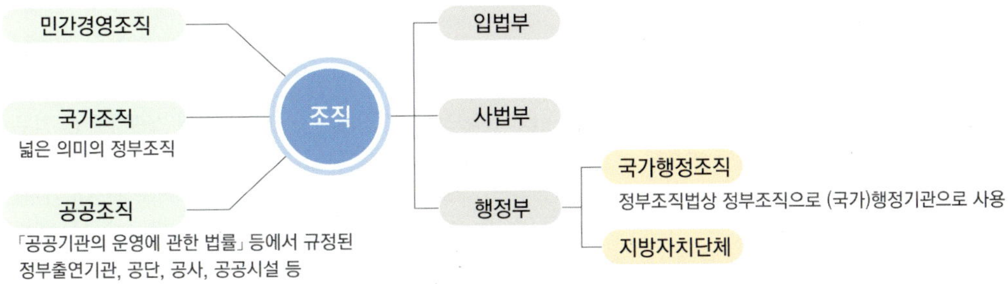

그림 2-5 정부조직 구성도

2) 정부조직 체계

국가행정기관(정부조직법상 정부조직)은 중앙행정기관, 특별지방행정기관, 부속기관이 있으며, 각종 위원회와 같은 합의제 행정기관 등으로 구성되어 있다. 특별지방행정기관과 부속기관을 합하여 소속기관이라고 한다.

합의제 행정기관
정부조직법에 명시된 부·처·청 외에도 그 설치를 규정하는 개별 법률에 의하여 중앙행정기관으로 설치할 수 있는데 이를 합의제 행정기관이라고 한다. 현재 합의제 행정기관은 방송통신위원회(방송통신위원회의 설치 및 운영에 관한 법률), 공정거래위원회(독점규제 및 공정거래에 관한 법률), 금융위원회(금융위원회의 설치 등에 관한 법률) 등 3개 기관이 있다.

그림 2-6 정부조직 체계

(1) 중앙행정기관

중앙행정기관은 원칙적으로는 「정부조직법」에 의해 설치된 부·처·청을 말하며, 국가행정사무를 담당하기 위하여 설치된 행정기관으로서 그 관할권의 범위가 전국에 미치는 기관을 말한다. 예를 들면, 기획재정부, 교육부, 외교부, 국세청 등이 있다. 다만, 관할권의 범위가 전국에 미치더라도 다른 행정기관에 부속하여 이를 지원하는 행정기관은 제외하고, 「정부조직법」 제2조에 명시된 범위에서만 설치가 가능하다.

표 2-4 중앙행정기관 구성

부	처	청
• 행정 각부는 대통령 및 국무총리의 통할하에 고유의 국가행정사무를 수행하기 위해 기능별 또는 대상별로 설치한 기관 • 부령 제정권, 법률안 또는 대통령령안 국무회의 제출권 등의 권한을 가짐	• 국무총리 소속으로 설치하는 중앙행정기관으로서 여러 부에 관련되는 기능을 통합하는 참모적 업무를 수행하는 기관 • 소관사무에 관하여 직접적인 법규 명령을 제정할 수 없으므로 국무총리를 통해 총리령을 제정할 수 있음	• 행정 각부의 소관사무 중 업무의 독자성이 높고 집행적인 사무를 독자적으로 관장하기 위하여 행정 각부 소속으로 설치되는 중앙행정기관 • 소관사무에 관하여 직접적인 법규 명령을 제청할 수 없으므로 소속장관을 통해 부령을 제청할 수 있음

18부

기획재정부	교육부	과학기술정보통신부	외교부
통일부	법무부	국방부	행정안전부
문화체육관광부	농림축산식품부	산업통상자원부	보건복지부
환경부	고용노동부	여성가족부	국토교통부
해양수산부	중소벤처기업부		

4처

국가보훈처	인사혁신처	법제처	식품의약품안전처

16청

경찰청	관세청	국세청	기상청
농촌진흥청	검찰청	문화재청	방위사업청
병무청	산림청	소방청	조달청
질병관리청	통계청	특허청	해양경찰청

그림 2-7 중앙행정기관

(2) 특별지방행정기관

특별지방행정기관이란 특정한 중앙행정기관의 업무 중 지역적 업무를 당해 관할 구역 내에서 처리할 수 있도록 해당 지역에 설치한 행정기관을 말한다. 당해 중앙행정기관의 소속하에 설치되며, 대통령령(각 부처 직제)으로 설치할 수 있다. 특별지방행정기관은 국가사무를 해당 지역에서 처리한다는 측면에서 지방자치사무를 수행하는 지방자치단체와는 구별된다.

※ 예: 지방국세청·지방관세청, 지방경찰청·지방검찰청, 우체국, 출입국관리사무소, 교도소 등

(3) 부속기관

(중앙)행정기관에 부속하여 그 업무를 지원하는 기관을 말한다. 시험·연구·교육·훈련, 문화, 의료, 제조, 자문 등의 기능을 수행하는 기관들이며, 국립과학수사연구원(행정안전부), 국가공무원인재개발원(인사혁신처) 등이 그 예이다.

그림 2-8 정부조직도

출처 : https://www.gov.kr/portal/orgInfo

※부속기관 중 농·식품영양 분야 기관

- 산하기관 : 국립농업과학원(농촌진흥청), 국립농산물품질관리원(농림축산식품부), 국립수산물품질관리원(해양수산부), 농림축산검역본부(농림축산식품부), 한국농수산식품유통공사(농림축산식품부), 식품의약품안전평가원(식품의약품안전처), 식품안전정보원(식품의약품안전처)
- 연구기관/재단 : 한국보건사회연구원(국무총리 국무조정실), 한국보건산업진흥원(보건복지부), 한국건강증진개발원(보건복지부), 한국식품연구원(농림축산식품부), 한국농촌경제연구원(국무총리 국무조정실)

3) 지방자치단체 행정구역

우리나라의 행정구역은 지방자치단체를 크게 광역자치단체와 기초자치단체로 구분하며 「지방자치법」에 따라 지방자치단체의 종류를 구분하고 있다. 2020년 기준으로 광역자치단체는 총 17개로 1개의 특별시, 6개의 광역시, 8개의 도, 1개의 특별자치도와 1개의 특별자치시가 있으며, 기초자치단체는 광역자치단체 아래에 있는 자치단체로 시·군·구가 있다 그림 2-9.

그림 2-9 2021년 지방자치단체 행정구역 현황

출처 : 행정안전부, 지방자치단체 행정구역 및 인구 현황(2020.12.31. 기준)

행정체계는 도·특별시·광역시, 시·군·구, 읍·면·동으로 총 3단계로 구분하고 있다.

4) 영양정책 행정체계

우리나라 영양정책은 법과 제도를 통해 수행하고 있으며, 국내 식품영양관련 정부조직 현황은 표 2-5와 같다. 정부부처와 관련된 식품영양정책과 주요 업무는 부록을 참고한다. 영양정책 수립 및 실행에는 식품영양 분야 법령뿐만 아니라 사업실행에 수반되는 예산을 집행하기 위하여 행정 및 계약 관련 법령 등도 고려해야 한다.

표 2-5 국내 식품영양관련 정부조직 현황 (2022.8. 기준)

부처	국	과
보건복지부	건강정책국	건강정책과, 건강증진과
	보건산업정책국	보건산업정책과, 의료정보정책과
	공공보건정책관	질병정책과 생명윤리정책과
	복지정책관	복지정책과, 기초생활보장과
	인구아동정책관	출산정책과, 아동복지정책과, 아동권리과
	사회서비스정책관	사회서비스정책과, 사회서비스사업과
	노인정책관	노인정책과, 노인지원과, 요양보험운영과, 치매정책과
	보육정책관	보육정책과, 보육사업기획과, 보육기반과
	장애인정책국	장애인서비스과
	질병관리청(만성질환관리과, 건강영양조사분석과)	
농림축산식품부	농업정책국	농업정책과
	식량정책관	식량정책과, 식량산업과
	국제협력국	국제협력총괄과, 농업통상과, 검역정책과
	축산정책국	축산정책과, 축산경영과, 축산환경자원과
	식품산업정책관	식품산업정책과, 식품산업진흥과, 외식산업진흥과, 수출진흥과, 국가식품클러스터추진팀
	유통소비정책관	유통정책과, 식생활소비진흥과, 원예산업과, 원예경영과
	농업생명정책관	농산업정책과, 과학기술정책과, 친환경농업과, 종자생명산업과, 동물복지정책과
	산림청, 한국임원진흥원, 농촌진흥청	

(계속)

부처	국	과
교육부	학생지원국	학생건강정책과
	지자체 교육청(유치원 및 학교)	
법무부	산하 교정시설	교도소, 구치소, 소년원, 치료감호소, 외국인보호소 등
국방부	군수관리관	물자관리과
행정안전부	지방행정정책관	자치행정과, 지자체 보건소
환경부	기후변화정책관	기후전략과
	물통합정책관	물이용기획과
	환경보건국	환경보건정책과
여성가족부	청소년정책관	청소년정책과
	가족정책관	가족정책과, 가족지원과, 가족문화과, 다문화가족과
해양수산부	수산정책관	수산정책과, 수출가공진흥과, 유통정책과
	어업자원정책관	어업정책과
	어촌양식정책관	양식산업과
문화체육관광부	관광정책과	융합관광산업과

과거의 영양정책은 주로 보건복지부를 중심으로 수행하였으나, 현재는 식품의약품안전처, 농림축산식품부, 교육부, 여성가족부, 문화체육관광부, 환경부, 해양수산부, 국방부, 과학기술정보통신부 등 생산부터 소비까지 푸드시스템에 포함하는 다양한 영역과 관련된 부처가 수행하고 있다.

특히, 국무조정실의 사회조정실에는 고용식품의약정책관이 있으며, 식품의약품과 관련한 중앙행정기관의 행정에 대한 지휘·감독, 주요 정책의 조정, 갈등해결 지원 및 현안대책 수립·추진을 하고 있으며, 특히 식품안전정책위원회 사무국 운영을 담당하고 있다.

3. 식품영양 법령체계

1) 법령의 구조

우리나라에서 영양정책은 법과 제도를 통해 실행되고 있다. 법령은 법률과 명령을 뜻하는 말이나, 넓게는 헌법 외 모든 법규범을 지칭한다. 우리가 일반적으로 말하는 법은 법률을 말하며, 법률이란 국회에서 법률이라는 형식으로 제정한 규범이다. 그림 2-10에는 헌법과 법령의 위계를 제시하였다.

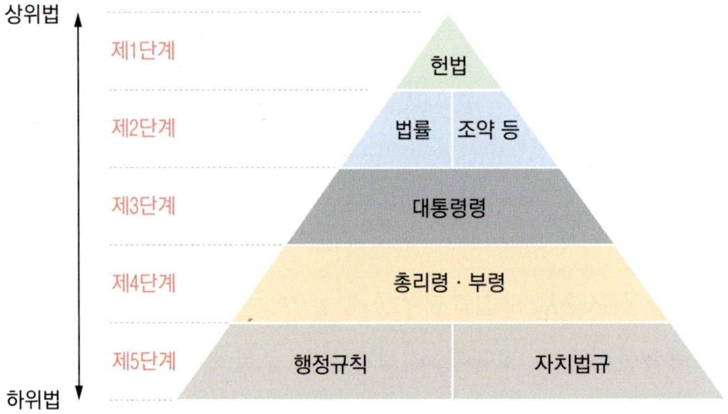

그림 2-10 헌법과 법령의 위계

출처: 법제연구원(https://elaw.klri.re.kr/kor_service/struct.do)

표 2-6 법령체계 유형

유형	설명	발의 · 제정 · 개정 주체
헌법	국가의 최고의 법, 모든 법과 제도의 바탕	국민
법률	국회 입법 원칙에 따라 제정	국회의원
명령 (대통령령, 총리령, 부령)	정부의 필요에 따라 행정권에 의해 정립되는 법규범	대통령, 국무총리, 행정 각부 장관
행정규칙	행정기관 내부에서 직무수행이나 업무처리 기준 제시 (예: 훈령, 예규, 고시)	행정 각부 장관, 지방자치단체장
자치법규(조례, 규칙)	지방자치단체의 자치업무를 위해 제정함	지방 의회(조례), 지방자치단체장(규칙)

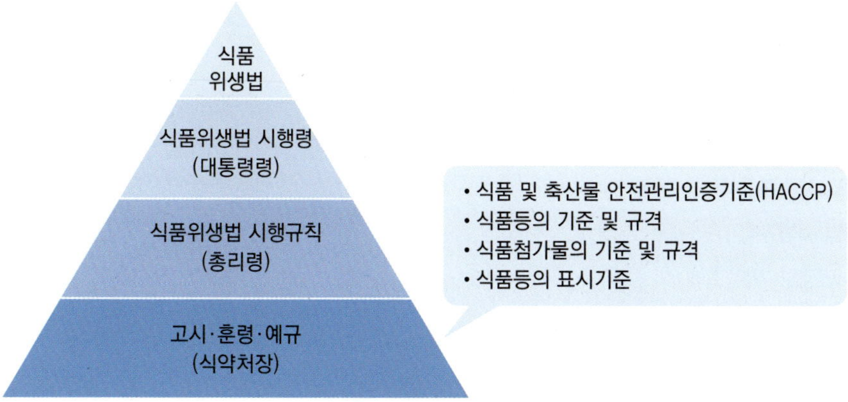

그림 2-11 식품위생법 체계

표 2-7 식품영양관련 법 체계 유형별 예시

소관기관	법령명	유형			
		법률	명령	규칙	자치법규 (조례, 규칙)
정부 부처 (식품의약품안전처)	어린이식생활안전관리특별법	법률			
	어린이식생활안전관리특별법 시행령		대통령령		
	어린이식생활안전관리특별법 시행규칙		총리령		
	어린이급식관리지원센터 운영규정			고시	
시 · 도(자치단체)	없음				–
시 · 군 · 구 (자치단체)	서울특별시 서초구 어린이식생활안전관리 조례				조례
	사단법인 의정부시 어린이식생활안전관리센터 설립 및 운영조례				조례
정부 부처 (농림축산식품부)	식생활교육지원법	법률			
	식생활교육지원법 시행령		대통령령		
시 · 도 (자치단체)	서울특별시 식생활교육 지원 조례				조례
	부산광역시 식생활교육 지원에 관한 조례				조례
	경기도 식생활교육 지원 조례				조례
	경기도 식생활교육 지원 조례 시행규칙				규칙
	경기도교육청 학생 영양 · 식생활교육 지원 조례				조례
시 · 군 · 구 (자치단체)	서울특별시 서대문구 식생활교육 지원 조례				조례
	경기도 과천시 식생활교육 조례				조례
	경기도 성남시 식생활교육 지원 조례				조례

(계속)

<table>
<tr><th rowspan="2">소관기관</th><th rowspan="2">법령명</th><th colspan="4">유형</th></tr>
<tr><th>법률</th><th>명령</th><th>규칙</th><th>자치법규
(조례, 규칙)</th></tr>
<tr><td rowspan="3">정부 부처
(보건복지부)</td><td>국민영양관리법</td><td>법률</td><td></td><td></td><td></td></tr>
<tr><td>국민영양관리법 시행령</td><td></td><td>대통령령</td><td></td><td></td></tr>
<tr><td>국민영양관리법 시행규칙</td><td></td><td>보건복지부령</td><td></td><td></td></tr>
<tr><td rowspan="2">시 · 도
(자치단체)</td><td>서울특별시 시민영양 기본 조례</td><td></td><td></td><td></td><td>조례</td></tr>
<tr><td>서울특별시 먹거리 기본 조례</td><td></td><td></td><td></td><td>조례</td></tr>
</table>

출처: 국가법령정보센터(https://www.law.go.kr/), 2022.8.31. ※일부만 예시로 수록함

2) 법령별 관계

① 상위법 우선의 원칙 : 한 항목에서 상위법과 하위법이 중복될 경우 상위법이 우선하여 적용된다.

② 특별법 우선의 원칙 : 일반법과 특별법이 존재할 때 특별법이 일반법에 우선하여 적용된다.

③ 신법 우선의 원칙 : 과거의 법과 신규 법이 공존할 때 신규 법이 기존 법에 우선하여 적용된다.

3) 법령의 제 · 개정

법령을 제정·개정·폐지하려면 일련의 절차를 거쳐야 한다. 주요 절차로 법령안의 입안, 관계기관과의 협의, 사전 영향평가, 입법예고, 규제 심사, 법제처 심사가 있고, 법령 유형별 입법절차가 조금씩 다르고 단계별 소요시간도 다르다 표 2-8.

표 2-8 법령별 입법절차

연번	절차	법률	대통령령	총리령 · 부령
1	입법계획의 수립	O		
2	법령안의 입안	O	O	O
3	관계기관과의 협의	O	O	O
4	사전 영향평가	O	O	O
5	입법예고	O	O	O
6	규제 심사	O	O	O
7	법제처 심사	O	O	O
8	차관회의 · 국무회의 심의	O	O	
9	대통령재가/국무총리와 관계 국무위원의 부서	O	O	
10	국회 제출	O		
11	국회 심의 · 의결	O		
12	공포안 정부 이송	O		
13	국무회의 상정	O		
14	공포	O	O	O

출처: 법제처 홈페이지 입법과정 안내(https://www.moleg.go.kr/)

생각해 보기

내가 앞으로 관심가지고 싶은 정책과 관련 법이 있나요?

활동해 보기

[1] 국내 영양정책 조사해 보기

내가 거주하는 또는 관심 가지고 있는 지역의 영양정책을 조사해 봅시다.

[2] 영양정책 입안과정 참여해 보기

사회문제가 되고 있는 영양관련 문제 중 관심 있는 내용의 정책 입안에 도전해 봅시다.

본문에서 제시하고 있는 입안과정 참여방법을 선택해 봅시다.

[3] 영양정책 추진부서 알아보기

영양정책을 추진하는 중앙정부나 지자체 중 관심 있는 행정기관을 선택하여 조직도를 살펴보고 관련 법령을 알아봅시다.

영양정책 현황 및 영양사업 사례

Chapter 3

Chapter

3

학습목표

1. 정부와 지자체의 정책 현황 및 주요 영양정책을 설명할 수 있다.
2. 최근 영양정책의 방향에 맞춰 영양사업을 계획할 수 있다.
3. 생애주기별 주요 영양사업을 설명할 수 있다.
4. 현재 영양정책 및 주요 사업의 개선방향을 찾고 제시할 수 있다.

식생활과 깊이 관련 있는 뇌혈관질환 및 심근경색·고혈압 등 순환기계질환, 암, 당뇨병 등이 최근 우리나라 사망원인의 구조에서 높은 순위를 차지하고 있으며, 만성퇴행성질환이 증가하면서 이로 인한 의료비 증가가 사회적 부담이 되고 있다.

기존의 의료전달체계만으로는 의료비 증가 문제를 해결하는 데는 한계가 있으며, 의료비 절감을 위해서는 사후 치료보다 질병예방과 건강증진이나 영양서비스에 대한 투자를 하는 것이 오히려 의료비용을 절감할 수 있다. 영양이 건강에 미치는 영향이 중요하다는 사실은 분명하며, 국가 보건정책에서 영양 분야를 다루어야 하는 중요성이 대두되고 있다. 무엇보다 정부가 제도적으로 국민영양문제를 다루어서 영양정책을 갖추고 국민의 식생활을 올바른 방향으로 유도해야 한다.

1. 영양정책 현황

우리나라의 영양정책은 법과 제도를 통해 다양한 정책을 수립하여 추진하고 있으며, 특히 보건복지부와 농림축산식품부, 식품의약품안전처를 중심으로 한다.

1) 정부부처별 정책 현황

(1) 보건복지부

「국민건강증진법」(1995)을 근거로 국민건강증진종합계획을 수립하여 영양교육사업, 영양개선관련 조사 및 연구사업, 국민(건강)영양조사 추진하며, 이후 「국민영양관리법」(2010)을 제정하여 국가영양정책 수립·시행, 영양·식생활 교육사업, 취약계층 영양관리사업, 영양 및 식생활 조사, 영양소 섭취기준 및 식생활지침의 제정 및 보급, 영양사 시험 및 면허관리 등의 업무를 추진하고 있다.

또한 「고령친화산업진흥법」(2006)을 근거로 고령친화산업 정책 수립, 고령친화산업기반 조성(연구개발, 전문인력 양성, 지원센터 설립), 고령친화제품 품질향상관리

(우수제품 지정 등) 추진하며, 「영유아보육법」(1991)에 따라 영유아의 건강·영양 및 안전 관리, 어린이집 급식, 위생, 건강 및 안전관리 등 운영 상황을 모니터링하고 있다.

(2) 농림축산식품부

「식생활교육지원법」(2009)을 제정하여 식생활교육정책 수립 및 평가, 사업 지원, 교육기관 및 교육지원센터 지정, 학교의 식생활 교육을 추진하고 있다.

(3) 식품의약품안전처

「식품위생법」(1962)을 제정하여 식품제조시설, 집단급식소 등 식품안전관리 기준을 고시하고 관리하며, 이후 「식품안전기본법」(2008)의 제정을 통해 식품안전정책을 수립·조정, 위해식품 긴급 대응체계 및 조치, 신종식품 안전관리, 식품위해성 평가를 하고 있다.

또한 「어린이식생활안전관리특별법」(2008)을 제정하여, 어린이 식품안전보호구역, 고열량·저영양 식품 등의 판매금지, 어린이급식관리지원센터 설치·운영을 추진하고 있다. 어르신 및 장애인 시설 등의 안전한 급식을 위하여 「노인·장애인 등 사회복지시설의 급식안전 지원에 관한 법률」(2021)을 제정하였으며, 이를 근거로 사회복지급식관리지원센터 설치·운영, 급식 위생 및 영양 관리 등을 추진하고 있다.

(4) 교육부

「학교급식법」(1981)을 근거로 급식관리, 영양관리, 식생활지도, 영양상담, 영양교사 배치 등을 추진하고 있다.

(5) 국방부와 법무부

군인과 재소자의 식생활과 급식을 관리하고 있다.

(6) 지방자치단체

지방자치행정기관은 자체 조례를 만들어서 다양한 영양사업을 추진하고 있으며, 교육청은 매년 급식운영관리지침을 매년 만들어 각 학교에 전달한다. 민간조직에서도 취약계층을 위한 다양한 급식지원 사업을 실행하고 있다.

법령과 제도 그리고 추진 부처와 기관이 다양하지만 모든 영양정책은 국민의 건강증진을 목표로 하고 있다. 「국민건강증진법」을 근거로 10년마다 수립하는 국민건강증진종합계획을 기본으로 영양정책 목표를 수립하며, 「국민영양관리법」에 의거한 국민영양관리계획(5년단위)을 토대로 매년 구체적인 실행전략과 사업을 수립하여 추진한다.

2) 주요 영양정책

(1) 국민건강증진종합계획

「국민건강증진법」에 따라 질병 사전 예방 및 건강증진을 위한 중장기 정책방향을 제시하고자 2002년부터 10년 단위로 계획을 수립하고, 5년마다 보완계획을 마련하여 효율적인 운영 및 목표 달성을 위해 모니터링, 평가, 환류하는 사업이다.

(2) 국민영양관리기본계획

「국민영양관리법」에 따라 국민의 영양관리를 위해 2012년부터 5년 단위로 우리나라 영양관리 목표와 정책 방향을 설정하고 이를 달성하기 위한 범정부적 정책과제 및 추진계획을 마련하고 있다.

(3) 식생활교육기본계획

「식생활교육지원법」에 따라 국민의 식생활·영양 개선 및 전통 식문화 계승을 위하여 2010년부터 5년 단위로 기본계획을 수립·시행하여 범국가적 식생활교육을 추진하고 있다.

(4) 어린이식생활안전관리종합계획

「어린이식생활안전관리특별법」에 따라 아동에게 제공되는 식품의 안전과 영양 수준 개선을 위한 정책방향 제시를 위해 3년마다 종합계획을 수립·시행하고 있다.

(5) 국가식량계획(푸드플랜)

국가 및 지역 푸드플랜(먹거리 종합계획)은 먹거리의 생산과 유통·소비·폐기 등 전 단계를 하나의 선순환체계로 묶어 관리하는 계획을 의미한다. 2017년부터 수립하였으며, 2021년부터 국가식량계획으로 발표하고 있다.

(6) 국가비만관리종합대책

정부 관계부처가 합동으로 국가비만관리종합대책(2018~2022)을 마련하여 국민건강증진정책심의위원회에서 확정한 후 발표하였다. 주요 내용은 올바른 식습관 형성을 위한 교육 강화 및 건강한 식품 소비를 유도하고, 신체활동 활성화 및 건강 친화적 환경을 조성하며, 고도비만자 적극 치료 및 비만관리 지원을 강화한다는 내용이다.

(7) 서울시 먹거리마스터플랜(기본계획)

지자체 최초로 2017년 먹거리 기본조례를 만들어 5개년 기본계획을 수립하고 있다. 지속가능한 먹거리 도시 서울을 만들기 위해서 건강, 보장, 상생, 공동체, 생태, 행복의 핵심가치를 토대로 먹거리 체계를 중장기적으로 관리하는 내용을 담고 있다.

더 알아보기 3-1

국내 주요 식품영양 · 식생활 정책 추진 현황 및 담당부처/기관

2022년 8월 기준

항목	부처	내용	주기
정책	보건복지부	• 국민건강증진종합계획	10년
		• 국민영양관리기본계획(실행계획)	5년(1년)
		• 지역보건의료계획(실행계획)	4년(1년)
		• 지역사회 통합건강증진사업	매년
		• 국가비만관리종합대책	5년(1년)
		• 보건산업정책-디지털 헬스케어	매년
		• 중장기보육기본계획	5년
	식품의약품안전처	• 어린이식생활안전관리종합계획	3년
	농림수산식품부	• 식생활교육 기본계획	5년
		• 식품산업진흥 기본계획	5년
		• 외식산업진흥 기본계획	5년
		• 국가식량계획(지역먹거리전략, 푸드플랜)	5년
	교육부	• 학생 건강 정책수립 및 지원	매년
		• 학교급식 위생 및 안전관리 대책 수립	매년
		• 유치원급식방향(학교급식법 대상)	매년
	국무조정실	• 지속가능발전 기본전략 및 추진계획	5년
	농촌진흥청	• 치유농업 종합계획	5년
중재	보건복지부	• 임산부 · 영유아 · 아동 · 노인 등 취약계층 영양관리사업	매년
		• 지역사회 통합돌봄 선도사업	매년
		• 일차의료 만성질환관리사업	매년
		• 지역사회 통합건강증진사업	매년
		• 방문건강관리사업	매년
		• 보건소 모바일 헬스케어사업	매년
		• 영양관리사업	매년
		• 노인보건복지사업-노인무료급식사업	매년
	여성가족부	• 결식아동 급식지원사업	매년
	농림수산식품부	• 농식품바우처	매년
	교육부	• 영양교육 및 급식운영	매년

(계속)

항목	부처	내용	주기
중재	식품의약품안전처	• 어린이급식소 관리 및 교육	매년
	농촌진흥청	• 치유농업 육성 보급사업, 식문화 사업	매년
	서울시	• 대사증후군관리사업	매년
교육 · 홍보	보건복지부	• 한국인 영양소 섭취기준 및 식생활 지침 제정 · 개정/보급	5년/매년
		• 비만예방 및 건강식생활 교육 · 홍보사업	매년
	농림수산식품부	• 외식소비문화 개선	매년
		• 한식진흥 및 음식관광활성화 사업	매년
		• 식생활교육 소비자단체 협력사업	매년
	문화체육관광부	• 음식문화축제 등	매년
	질병관리청	• 만성질환 예방관리 가이드라인 개발/보급	분기별
		• 심뇌혈관질환 홍보사업	매년
		• 아토피천식 예방관리사업	매년
		• 콩팥사업	매년
	농림수산식품교육문화정보원	• 식사문화개선 캠페인	매년
		• 우리 농식품 소비촉진 홍보	매년
		• 농축산물 소비촉진 쿠폰 홍보	매년
		• 국산과일 종합 홍보	매년
		• 건전한 식생활 확산 홍보	매년
	한국농수산식품유통공사	• 식당정보, 농가맛집, 안심식당 • 로컬푸드식당, 한우 · 한돈인증음식점 • 국산김치자율표시식당, 선한영향력가게 • 외식업선도지구, 위생등급	매년
연구 및 사업지원	보건복지부	• 식생활 건강 · 영양 정책 연구사업 • 기반 조성 및 지원	매년
	식품의약품안전처	• 식품영양관련 연구과제	매년
	한국건강증진개발원	• 영양관련 연구과제 및 사업 • 비만예방관리 정책기반 구축사업	매년
	한국보건사회연구원	• 식품영양관련 연구과제	매년
	한국보건산업진흥원	• 식품영양관련 연구과제	매년
	농촌진흥청	• 농업 및 식품관련 연구과제	매년
	산림청	• 임업 및 식품관련 연구과제	매년

(계속)

항목	부처	내용	주기
연구 및 사업지원	한국농촌경제연구원	• 농식품, 영양, 식생활 등 관련 연구과제	매년
	한국식품연구원	• 농식품 관련 연구과제	매년
감시	질병관리청	• 지역사회건강조사 • 건강영양조사 • 영유아 신체발육조사 • 청소년건강행태조사	매년
	교육부	• 학생 건강검진 및 건강 관리	매년
	국민건강보험공단	• 영유아 건강검진, 취약계층 건강검진	매년
	한국농수산식품유통공사	• 농산물유통정보	매일
		• 식품산업통계정보 • 외식산업현황, 온라인쇼핑동향조사 • 공공급식 식품유통지원 관리	매년
	농림축산식품부	• 국민 식생활 실태조사 • 농축산식품산업 실태조사	매년
평가	각 부서 및 기관	• 정책 수립 및 평가	매년

2. 영양사업 추진 사례

우리나라의 영양사업은 다양한 생애주기별 집단을 대상으로 보건복지부, 교육부, 농림축산식품부, 식품의약품안전처, 자치단체가 수행하고 있으며, 특히 보건복지부를 중심으로 사업을 추진하고 있다(부록 참조).

표 3-1 영양사업 추진 현황

생애주기	사업명	대상	내용	시작연도
임산부 및 영유아	임신부 건강관리 (영양제 지원)	임신 16주 이상~출산 전 임신부	철분제 5개월간 지원 임산부 교육자료 제공	2008
		임신 16주 이하의 임신부	엽산제 3개월간 지원 임산부 교육자료 제공	2012
	영양플러스	취약계층 임산부 및 영유아	영양판정, 영양상담 및 교육, 식품 공급 등	2005
	영유아 건강검진	영아, 유아	성장 및 영양상태, 식습관 등	2007

(계속)

생애주기	사업명	대상	내용	시작연도
임산부 및 영유아	모자보건	임산부(임신, 출산), 영유아	엽산제, 철분제 등 지원	1948
	어린이급식관리지원센터	어린이급식소(어린이집, 유치원 등)	식단 제공, 영양교육, 급식 · 위생관리 등	2011
	미각교육	어린이집(서울시)	영양교육 강사 및 교구 지원	2011
학령기 아동 및 청소년	아동급식지원	취약계층 아동, 청소년	무료급식(급식카드, 식사 등)	2005
	과일제공	지역아동센터, 방과후교실 아동	과일 제공 및 영양교육	2011
	비만예방 및 관리	아동	영양교육 및 상담 등	1995
	청소년 건강행태 온라인 조사	청소년(중1~고3)	건강 및 식생활 조사	2005
	학교급식	아동 및 청소년	무상급식, 영양교육	1997
	건강매점	학교 매점	시설 개선 및 과일 공급	2008
	아침밥클럽	아침결식 청소년	간편식 제공, 영양교육	2009
성인기	천원의 아침밥 (쌀 소비 활성화)	대학생	아침밥 1천원 제공 캠페인 (3000원=정부 1,000원+대학 1,000원+학생 1,000원)	2017~
	건강친화기업 인증제도	기업	근로자의 건강증진 문화와 환경 조성, 건강관리 등	2022~
	대사증후군관리	성인 질환자	건강진단 및 관리, 영양교육 및 상담, 운동교육 등	2009~
	모바일 헬스(건강 서울온)	성인	모바일 어플, 디지털 밴드, 영양교육정보 제공 등	2021~
	건강검진	성인	식생활진단, 영양정보 제공 등	1980
노인기	무료급식	저소득 노인	경로식당, 식사배달 등	1991
	노인돌봄서비스	저소득 노인	생활교육 및 가사지원 등	2007
	만성질환관리(고혈압, 당뇨, 심뇌혈관)	질환자 노인	영양교육 및 상담	2010
	고령친화우수식품 지정	연하곤란 등 노인	고령자의 식품섭취와 사용성을 높인 제품의 심사 지정제도	2021
	방문보건(영양)	허약노인	영양상담 및 교육 등	2001
	사회복지시설급식관리 지원센터	소규모 노인급식소, 장애인 시설 등	식단 제공, 영양교육, 급식 · 위생관리 등	2021

(계속)

생애주기	사업명	대상	내용	시작연도
전체	식생활지침 제정	전국민	국민식생활공통지침	2002~
	국민건강영양조사	전국민(표본추출)	건강 및 영양상태 등 조사	1998
	나트륨 섭취 저감화 사업	전국민	식품, 급식 및 음식점 등 나트륨 저감화, 영양교육 및 캠페인, 연구조사 등	2008
	당 섭취 저감화 사업	전국민	기업의 당저감화 식품 및 표시, 영양교육 및 캠페인 등	2013
	식품성분표 구축	전국민	식품성분 분석 및 DB 구축	1970
	한국인 영양섭취 제 · 개정	전국민	영양소 섭취량 기준, 식사구성안 등 제정	1962
	지역사회통합건강증진사업(영양)	전국민	건강생활 실천 캠페인, 맞춤형 영양관리서비스, 환경 조성	1995
기타	마을부엌	지역주민	요리교실, 공동식사 등	2015
	공유냉장고	취약계층	기부 식품 및 생활용품 연결	1998
	푸드뱅크	저소득층	식품제공	1998
	맛동, 서울푸드랩	지역주민	식문화 교육, 식생활 캠페인	2018
	식생활교육지원센터	비영리법인	식생활교육 및 교구 개발 지원	2013
	식생활교육기관	비영리법인	교육교재 개발, 프로그램 운영, 전문인력 운영	2013

1) 통합건강증진사업(영양분야)

우리나라는 1995년에 「국민건강증진법」이 제정되고 건강증진기금이 조성되면서 건강증진사업의 일환으로 영양개선사업을 할 수 있는 제도적인 장치가 마련되었다. 영양개선사업 모형을 개발하여 시범사업을 거쳐 1997년부터 보건소의 본 사업으로 확대하였다. 2005년부터는 전국 모든 보건소에 사업을 확대하여 영양사도 배치하고, 지역별 현황을 고려한 다양한 영양개선 프로그램을 운영하고 있다.

국민건강증진사업 명칭은 2005년 건강생활실천사업을 시작으로 2008년 지역특화건강행태개선사업, 2012년 건강생활실천 통합서비스사업으로 변경되었으며, 2013년부터는 지역통합건강증진사업이라는 이름으로 예산도 통합방식으로 지원하여 추진하고 있다.

지역사회 통합건강증진사업은 지자체가 지역사회 주민을 대상으로 실시하는 건강생활 실천 및 만성질환 예방사업으로서, 사회적·영양적으로 취약한 대상의 건강관리를 목적으로 지역사회 특성과 주민의 요구가 반영된 프로그램 및 서비스 등을 기획·추진한다. 사업영역으로는 음주폐해 예방(절주), 신체활동, 영양, 비만예방관리, 구강보건, 심뇌혈관질환 예방관리, 한의약 건강증진, 아토피·천식 예방관리, 여성·어린이 특화, 지역사회 중심 재활, 금연, 방문건강관리, 치매관리가 있다.

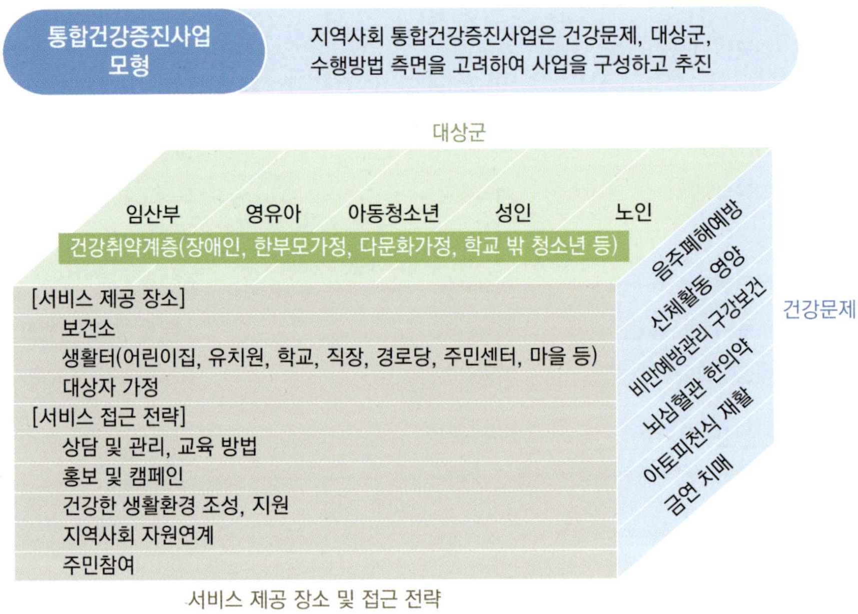

그림 3-1 통합건강증진사업 모형

출처: 보건복지부, 한국건강증진개발원, 2022

지역사회통합 건강증진사업 목적은 지역사회 주민의 건강수준 향상을 위해 지자체가 주도적으로 사업을 추진하여 지역 주민의 건강증진사업 체감도 및 건강행태를 개선하는 것이다. 이를 위해 중앙정부와 지자체가 함께 노력하여 국민건강증진종합계획 목표를 달성하고, 지역별 다양한 특성과 주민 요구가 연계되는 건강증진사업을 개발한다.

지역사회통합 건강증진사업의 영양사업 목적은 지역사회 주민의 건강수명 증가를 위한 최적의 영양관리 및 식습관 개선이다. 적절한 영양관리와 영양교육을 통한 의식개선으로 균형 잡힌 식생활 실천을 유도함으로써 만성질환 예방 및 삶의 질 향상을 도모한다. 목표는 건강식생활 실천율 제고, 건강 체중 유지/관리 인구비율 유지, 생애주기별 영양관리 강화이며, 보건소별로 지역사회 특성을 고려하여 실현 가능한 지표를 설정하도록 하고 있다. 추진전략은 지자체에서 계획된 국민영양관리 시행계획에 포함하여 실시하며, 매년 공지하는 사업안내서의 사업영역별 세부사업 예시를 참고하여 지역의 건강행태 및 여건·특성을 반영하여 기획하고 추진하도록 한다.

표 3-2 영양사업 영역별 세부사업

사업영역		세부 사업
건강식생활 실천 국민 인식 제고		• 나트륨 또는 당류 섭취 줄이기 캠페인 • 국민공통 식생활지침 홍보 및 실천 캠페인
맞춤형 영양관리 서비스	임산부 및 영유아	• 영양플러스 사업* • 어린이집 · 유치원 기반 영양관리사업 • 다문화가족 대상 영양관리사업
	학령기 아동 및 청소년	• 지역아동센터, 다함께돌봄센터, 초등 돌봄교실 기반 어린이 영양관리사업 • 학교 기반 영양관리사업 • 어린이급식관리지원센터 설치 · 운영 협력
	성인	• 건강 위험요인 개선을 위한 맞춤 영양관리사업
	노인	• 어르신 영양관리사업 • 실버건강식생활사업(취약계층 어르신 대상)
	기타	• 다문화가족 영양관리사업
환경 조성		• 영양표시제도 시행 · 모니터링 • 학교 주변 그린푸드 존 시행 · 모니터링 • 건강음식점 시행 · 모니터링

*우선 권장사업 : 국민건강증진종합계획 및 국민영양관리기본계획 내 영양플러스사업 내실화 및 대상자 확대 필요성에 의해 우선 수행 및 지속적 확대 권장
출처: 보건복지부, 한국건강증진개발원, 2022

한국건강증진개발원에서 매년 사업 가이드를 발간하며, 전국 보건소의 홈페이지에서 참여방법 및 홍보내용을 볼 수 있다.

(1) 건강 식생활 실천 국민 인식 제고

만성질환 예방 및 효과적인 영양·식생활 관리를 위한 정보 제공과 홍보를 다룬

다. 건강한 식생활에 대한 인식 변화를 유도하고 건강실천 환경 조성에 기여하기 위해 지역사회 전체 및 생활터별(학교, 직장 등) 주민을 대상으로 영양사업 홍보 및 캠페인을 추진한다.

주로 대상별 식생활 지침 및 최신 한국인 영양소 섭취기준의 내용을 참조하며, 국민영양관리기본계획과 지역 특성을 고려하여 우선순위가 높은 영양문제를 개선하는 내용으로 언론 및 온라인 홍보, 캠페인, 행사 등을 추진한다. 최근에는 나트륨과 당류(가당음료)의 섭취를 줄이기 위한 홍보와 캠페인을 주로 하고 있으며, 중앙부처 및 시·도와 함께하고, 건강기념일(보건의 날, 임산부의 날, 영양의 날, 비만예방의 날 등)과 연계하여 추진할 것을 권장하고 있다.

홍보 및 캠페인 전략

- 언론 홍보 : 신문, 방송 등
- 온라인 홍보 : 웹사이트 이용, 사회관계망서비스social network service, SNS(블로그 등)
- 캠페인 : 홍보·체험관, 전시관 운영, 가두 행진 및 피켓 홍보 등
- 기타 : 현수막, 포스터, 전광판, 배너·패널 전시, 버스·지하철 광고, 홍보물 제공 등
- 지역주민 참여 : 주민을 건강지도자로 양성하여 자발적이고 지속적인 사업참여 유도

(2) 맞춤형 영양관리서비스

생애주기별(임산부, 영유아, 학령기 아동, 청소년, 성인, 노인 등), 대상자 특성별(저소득층, 차상위계층, 다문화 및 새터민, 독거노인, 장애인, 비만·만성질환자, 저체중, 성장부진, 빈혈인 대상자, 노숙인 등), 생활터별(어린이집, 유치원, 학교, 직장, 사회복지시설, 무료 경로식당 등)로 맞춤 영양교육·상담, 영양관리 프로그램 등을 제공하여 개인의 영양문제를 해소하고, 장기적으로는 스스로 올바르게 식생활을 관리할 수 있는 능력을 배양하여 건강증진을 도모하기 위한 목적으로 다양한 사업을 추진하도록 권고하고 있다.

① 임산부 및 영유아

영양플러스 사업

- 목적 : 영양위험요인 개선 및 식생활관리 능력 배양
- 대상 : 가구 규모별 기준 중위소득의 80% 이하 임산부 및 영유아 중 영양 위험요인(빈혈, 저체중, 성장부진, 영양섭취 불량 등)을 가진 대상자
- 내용 : 영양상태 평가, 영양교육 및 상담, 대상자별 보충 식품패키지 제공

임산부·영유아 영양관리사업

- 목적 : 임산부 및 영유아를 대상으로 올바른 영양정보 제공
- 내용 : 영양교육, 영양상담, 조리실습 등
- 방법 : 영양플러스 사업, 임산부 철분제·엽산제 지원사업, 모유수유교실, 산부인과, 산후조리원, 어린이집, 고운맘카드 발급 금융기관 등과 연계

어린이집·유치원 기반 영양관리사업

- 목적 : 바른 식생활 인식과 식습관 형성 도모
- 내용 : 영유아 영양교육, 영양교육 자료지원, 교사·부모 영양교육 등
- 방법 : 육아종합지원센터, 어린이급식관리지원센터와 협력

② 학령기 아동 및 청소년

저소득층 어린이·청소년 영양관리사업(건강 과일 바구니사업)

- 목적 : 아동 및 청소년의 채소·과일 섭취 증대
- 내용 : 과일 원물 지원, 영양교육 및 교육자료 제공(고열량·저영양 식품 및 당, 지방, 나트륨 저감화, 건강체중 인식 등)
- 방법 : 어린이급식관리지원센터 등과 협력

학교기반 영양관리사업

- 목적 : 아동 및 청소년의 건강한 식생활 실천
- 내용 : 식생활교육 프로그램 및 자료, 영양강사 지원, 학부모 교육 등 제공
- 방법 : 건강학교 프로그램 및 영양교사, 영양친화학교, 체험교실, 체험박람회 등과 연계

③ 성인

건강 위험요인 개선을 위한 맞춤 영양관리사업

- 목적 : 건강검진 결과 건강위험군의 건강 문제 인식 및 건강 행태개선 유도
- 내용 : 질환관리 영양상담 및 맞춤형 프로그램(영양교육 및 조리실습 등) 제공
- 방법 : 성인 특성별(청년층, 중장년층 등), 생활터별(가정, 직장 등) 고려

④ 노인

어르신을 위한 영양교육 프로그램

- 목적 : 영양불균형 및 만성질환 관리를 위한 식생활 제고
- 내용 : 영양교육 및 영양상담, 식생활 환경 점검 가정방문, 영양중재 프로그램 제공
- 방법 : 노인복지시설, 복지관 등과 협력

실버 건강 식생활 사업

- 목적 : 식품구입과 조리 등이 어려운 독거노인에게 식생활관리서비스 제공
- 내용 : 조리실습 교육, 가정방문 영양교육, 과일·우유 등의 간식도시락 제공
- 방법 : 공동부엌 등과 연계

⑤ 기타

다문화가족 영양관리 사업

- 목적 : 식생활 문화 적응을 위해 가족단위 집중 영양관리 프로그램 운영
- 내용 : 다국어 영양교육자료 제공, 조리교실(이유식, 한식밥상, 상용식품 활용방법 등)
- 방법 : 다문화가족지원센터, 건강가정지원센터, 대학의 사회공헌 프로그램과 연계

2) 영양사업 세부내용

정부 및 지자체에서 실시하고 있는 여러 영양과 식생활 사업 중 반드시 알아야 하는 주요한 사업과 지자체에서 자체적으로 개발하여 운영하는 특화사업을 중심으로 다루고자 한다.

(1) 임산부 및 영유아 영양사업

① 임신부 영양제 지원사업

임신부의 철분 결핍섭 빈혈로 발생할 수 있는 조산, 유산, 산모 사망을 예방하기 위하여 철분제를 지원하며, 신경관 결손으로 발생할 수 있는 유·사산, 선천성 기형아 출산 등을 예방하기 위하여 엽산제를 지원하여 임신부와 태아의 건강증진을 도모하고자 지원하는 사업이다.

- 목적 : 철분 결핍성 빈혈 및 신경관 결손을 예방하고 임신부 및 태아의 건강증진 도모
- 대상 : (철분제) 임신 16주 이상~출산 전 임신부, (엽산제) 임신 16주 이하의 임신부
- 내용 : (1개월분 단위) 철분제 5개월간 및 엽산제 3개월간 지원, 임산부 교육자료 제공
- 방법 : 거주지역 보건소에 '임산부 수첩' 지참하여 방문

② 영양플러스 사업

임산부 및 영유아 보충영양관리사업으로 시작되었으며, 영양섭취 상태를 개선하기 위하여 영양교육 및 상담을 실시하고 부족한 영양소를 보충할 수 있도록 특정식품을 일정 기간 지원하는 사업이다. 사업목표는 빈혈, 저제출, 영양불량 등 취약계층 임산부 및 영유아의 영양문제 해소, 스스로 식생활을 관리할 수 있는 능력 배양과 장기적 건강 확보이다. 경제적 취약계층에게 지원하는 구호 및 복지 측면의 지원과 구별된다.

- 목적 : 영양 위험군인 임산부와 태아 및 영유아에 대한 영양지원 실시로 건강 확보
- 대상 : 중위소득 80% 이하 영양 위험군 임산부 및 영유아
- 내용 : 영양평가 및 관리, 영양교육 및 상담, 대상자별 식품패키지 지원, 가정방문 등

표 3-3 대상자 선정기준

분류	기준
대상 구분	• 영유아 : 만 6세(생후 72개월)까지 • 임신부 • 출산 · 수유부(사업 참여 중에 유산 혹은 사산한 여성도 출산부의 범주에 포함)
거주 기준	• 사업운영 보건소 관할지역 내 거주자(국제결혼자의 경우, 부부 중 최소 1인 이상은 한국 국적이어야 함)
소득 수준	• 가구 규모별 기준 중위소득의 80% 이하(지역의 여건에 따라, 소득판정 기준치 하향 조정 가능)
영양 위험요인	• 빈혈, 저체중, 성장부진, 영양섭취 상태 중 한 가지 이상 보유자(임신부의 경우, 소득 수준이 해당하면 영양 판정절차 없이 대상자로 선정 가능)

※단, '저소득층 기저귀·조제분유 지원사업'의 조제분유 지원을 받는 영유아, '임산부 친환경 농산물꾸러미사업'에 참여하는 임신·출산·수유부(영유아는 예외)는 중복 수혜 불가하므로 사전안내 필요

출처: 보건복지부, 한국건강증진개발원, 2022

표 3-4 영양평가

평가종류	판정기준
빈혈검사	혈중 헤모글로빈 검사 시 빈혈로 판정된 경우 • 빈혈판정 기준은 WHO 기준을 사용 • 6~59개월 영유아 : 헤모글로빈 11g/dL 미만 • 5세 유아 : 헤모글로빈 11.5g/dL 미만 • 임신부 : 헤모글로빈 11g/dL 미만 • 출산 · 수유부 : 헤모글로빈 12g/dL 미만
신체계측	영유아에서 저체중, 저신장, 성장부진 등으로 분류된 경우 • '2017년 소아 및 청소년 표준 성장도표'에 근거, 다음 중 한 가지 이상에 해당되는 경우 – 연령별 신장 백분위수가 10백분위수 미만 – 연령별 체중 백분위수가 10백분위수 미만 – 신장별 체중 백분위수가 10백분위수 미만 – 연령별 BMI 백분위수가 10백분위수 미만 – 표준체중에 대한 비율이 80% 미만 임신 · 출산 · 수유부에서 BMI에 의해 저체중으로 판정된 경우 (BMI 18.5 미만) ⇒ BMI = 체중kg/(신장m)^2
영양섭취 상태조사	24시간 회상법에 의해 문제 영양소의 섭취부족으로 판정된 경우 • 2020년 한국인 영양소 섭취기준(보건복지부, 한국영양학회) 활용 – 에너지 섭취량이 필요추정량EER의 75% 미만이거나 – 단백질, 칼슘, 철, 비타민A, 리보플라빈, 니아신, 티아민, 비타민 C 중 한 가지라도 섭취량이 평균필요량EAR 미만인 경우
기타 영양 위험요인 조사	기타 영양위험요인 조항에 해당하는 경우 • 저체중아, 조산, 사산, 유산, 기형아 출산 경력이 있는 임산부 • 다태아(쌍생아 이상)를 임신 혹은 출산한 임산부 • 미숙아(재태기간 37주 미만) 또는 저체중(출생 시 체중 2.5kg 미만)으로 출생한 영아 • 이유식 도입시기 부적절, 수유량 부족 등 식생활위험요인이 있는 영아 • 영양사 상담에 의하여 부적절한 식품섭취를 하고 있어 지원이 필요하다고 판단되는 경우

출처: 보건복지부, 한국건강증진개발원, 2022.

③ 유아 미각 교육사업

농림축산식품부 및 식생활교육지원센터와 서울시가 주로 추진하고 있으며, 식품의약품안전처(튼튼 먹거리 탐험대) 및 어린이 급식관리지원센터에서 진행하는 영양교육 내용에 포함되어 진행하고 있다.

유아 미각교육 프로그램

- 대상 : 만 3~5세 유아(2022년 기준 5,000~6,000명, 전국 8개 식생활교육네트워크)
- 내용 : 다양한 감각으로 채소와 만나는 미각교육, 식습관 형성교육
- 방법 : 대면+비대면으로 교육교재(오감으로 맛나요) 활용하여 교육
- 주최/주관 : 농림축산식품부/식생활교육지원센터

서울시 어린이 미각형성 교육 프로그램]

- 대상 : 서울시 소재 어린이집 및 유치원 만 3~5세 유아
- 내용 : '오감으로 계절을 먹자' 교육지도안 활용 교육(5주 프로그램)
  - 계절에 대한 이해를 통한 다양한 식재료 학습, 오감오미 이해, 요리실습
  - 학부모 대상 가정연계형 활동지 안내 및 배부
- 방법 : 서울시 식생활종합지원센터 지원
  - 이론 및 활동교육(4차시) 및 요리교실(1차시)
  - 나트륨 섭취 저감화 사업과 연계, 미각교육 전문강사 파견, 보육기관의 교사가 운영 등 자치구(보건소) 선택

표 3-5 서울시 미각형성교육 프로그램 주제

구분	교육주제
1차시	계절과 음식은 어떤 관계일까요?
2차시	채소는 어떻게 자랄까요?
3차시	다섯가지 감각을 느껴보아요
4차시	다섯가지 맛을 알아보아요.
5차시	맛있는 한그릇 음식을 만들어 볼까요?

출처: 서울시, 2022

④ 어린이급식관리지원센터

어린이집, 유치원, 지역아동센터 등 유아 및 학령기 아동에게 단체급식을 제공하는 집단급식소를 대상으로 체계적이고 철저한 위생관리 및 영양관리를 지원하기 위하여 어린이급식관리지원센터를 설치하였다.

- 대상 : 영양사가 없는 100명 미만 어린이 급식소
- 내용
  - 어린이 급식소의 위생·안전 및 영양 관리를 위한 현장 순회방문 지도, 급식소 컨설팅 등
  - 어린이의 균형 잡힌 영양관리를 위해 연령별 식단 및 레시피를 개발 및 보급(연령별 맞춤형 식단, 저염/저당식단, 알레르기 유발식품 제외 식단, 로컬푸드 활용 특수식단 등)
  - 대상별(아동, 조리원, 원장, 교사, 부모) 맞춤형 급식 위생·안전 및 영양 교육 프로그램
  - 위생·안전 및 영양 관리의 정보 제공 및 인지도 확산을 위한 홍보활동

(2) 학령기 아동 및 청소년 영양사업

① 학교급식사업

가장 대표적인 학령기 아동을 위한 영양사업으로 학생(유치원 포함)들에게 영양적으로 건강하고 균형있는 식사를 제공하고 영양교육을 실시하고 있다.

- 대상 : 유치원, 초·중등학교 학생
- 내용
  - 학령기 영양관리 기준 준수한 급식 제공
  - 학교급식 위생·안전관리(알레르기 유발식품 표시제, 나트륨 및 당류 저감화 실천 등)
  - 식재료 원산지 및 품질기준 등 안전하고 우수한 식재료 사용
  - 학교급식위원회 및 열린 학교급식(홍보 및 의견수렴) 운영
  - 영양·식생활 지도 강화(영양교육, 영양상담실, 가정통신문, 영양교사 배치 등)

학생건강 유지 및 증진을 통한
신체적 · 정신적 · 사회적으로 건강한 민주시민 육성

건강관리
- 보건교육 내실화
- 학교 성교육 강화
- 학생 건강검사 추진 및 결과 관리
- 학생 정신건강 관리 강화
- 교내 감염병 예방관리 강화
- 흡연·음주 등 약물 오·남용 예방
- 학교 내 응급상황 관리체계 강화
- 건강증진학교 운영 활성화

환경관리
- 교육환경보호제도 운영관리 내실화
- 학교 석면관리 강화
- 학교 먹는물 위생관리 강화
- 학교시설 내 공기질 등 환경위생 개선

급식관리
- 학교급식 운영의 내실화
- 학교급식 위생·안전관리 강화
- 안전하고 우수한 식재료 사용
- 학교급식 영양관리 강화
- 영양·식생활 지도 강화
- 저소득층 및 농어촌지역
- 학교급식비 지원
- 학교급식 지도·감독 및
- 행정지원 강화

그림 3-2 2022년 학생건강증진 정책방향
출처: 교육부

- 저소득층 및 농어촌지역 학교급식비 지원(토·공휴일 및 방학기간 급식, 지자체와 협력)

② 결식아동 급식지원사업

보호자 부재 및 맞벌이 등으로 결식이 우려되는 취약계층 아동에게 식사를 제공하거나 식사할 수 있도록 관련 식품 등을 지원함으로써 아동이 건강하게 성장할 수 있도록 지자체가 지원하고 있다.

- 대상 : 18세 미만의 아동(학교 밖 아동 및 청소년)
  - 국민기초생활수급자 가구 및 한부모 가족 아동 등 저소득층 자녀 중 결식우려 아동
  - 사회복지관, 지역아동센터 등 아동복지프로그램 이용 아동
- 내용 : 조·중·석식 중 결식 우려식 제공
- 방법 : 지원 대상 아동이 원하는 방법으로 지원

- 급식카드(일반음식점, 제과점, 편의점 등)
- 단체급식소(사회복지관, 지역아동센터, 학교)
- 도시락 배달
- 부식배달

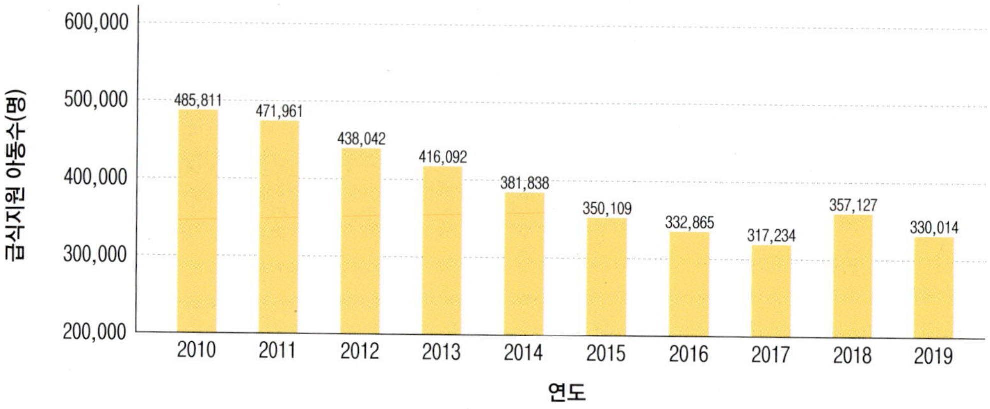

그림 3-3 연도별 아동급식 지원 현황
출처: 통계청, 2020

③ 저소득층 아동 및 청소년 과일제공사업

과일 및 채소의 접근성이 낮은 저소득층 아동·청소년에게 신선한 과일 및 채소를 간식으로 제공함으로써, 과일에 대한 접근성 제고와 섭취량의 증가를 통해 건강식습관을 유도하여 비만 예방을 하고자 하는 사업이다. 보건복지부는 건강과일바구니사업으로, 서울시는 '애들아 과일먹자' 사업으로 추진하고 있다.

서울시는 2011~2012년 보건복지부 시범사업으로 사업모형을 개발하여 시행한 후 2013년부터는 자체적으로 "애들아 과일먹자" 사업을 추진하고 있으며, 가락시장 청과도매법인의 사회공헌사업으로 과일을 기부받아 지역아동센터에 지원하고, 보건소는 영양교육을 진행하는 형태로 운영하고 있다.

- 대상 : 지역아동센터 이용 아동 및청소년, '초등 돌봄교실' 이용 아동 등
- 내용 : 영양교육 및 과일 제공

④ 어린이 자립형 식생활교육 프로그램

우리 농산물을 활용한 밥, 국, 반찬, 간식 등으로 구성된 한끼 식사를 챙길 수 있는 교육으로 기본적인 조리기술 습득과 식생활 관리역량과 올바른 농식품 선택 능력을 함양하기 위해 추진하는 교육사업이다.

- 대상 : 초등학교 3~6학년(2022년 3,000~4,000명)

- 내용 : '스스로 뚝딱' 교재 · 영상자료 활용 조리교육(냄비밥 짓기 필수 과정 포함)
- 주최/주관 : 농림축산식품부/식생활교육지원센터

표 3-6 어린이 자립형 식생활 교육프로그램

주제	내용
1. 돌고 도는 먹거리	1) 자립을 위한 식생활 이해
2. 요리조리 스스로 척척	1) 준비 2) 조리하기 3) 마무리
3. 한국인은 밥이지!	1) 밥짓는 순서(냄비밥) 2) 밥류 : 뭉치는밥, 볶음밥, 비빔밥
4. 도둑이야! 밥도둑!	1) 썰기 2) 양념장 3) 무치기 4) 삶기 · 데치기 · 찌기 · 조리기 5) 부치기 · 볶기 6) 끓이기
5. 간식배는 따로 있지	1) 샌드위치 2) 과일청 3) 떡볶이 4) 피자 5) 우유 : 알밤라떼

출처: 농림축산식품부, 식생활교육지원센터, 2022

⑤ 아동 및 청소년 모바일 헬스케어 사업

아동 및 청소년기 올바른 건강관리습관 형성과 건강 위험요인 예방을 위해 ICTinformation & communication technology 기반 비대면 모바일 헬스케어 플랫폼을 활용

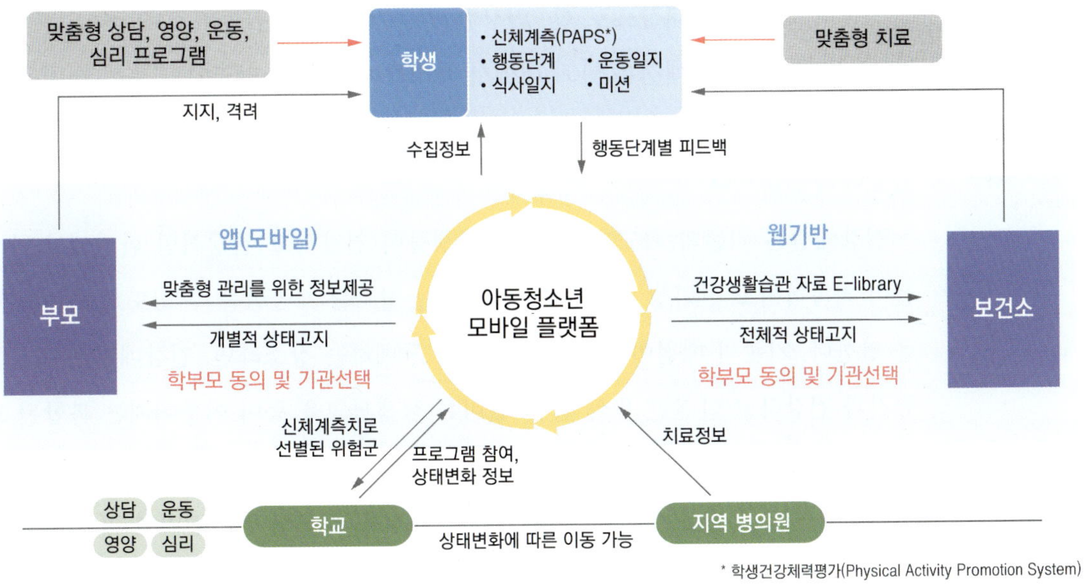

그림 3-4 아동청소년 모바일 헬스케어 서비스체계도

출처: 보건복지부, 한국건강증진개발원, 2022년 아동청소년 모바일 헬스케어사업 안내서

하여 신체활동과 식습관 등 생활습관 개선을 진행하는 서비스를 제공하여 스스로 건강관리를 할 수 있도록 지원하는 사업이다.

- 대상 : 초등 5, 6학년, 중등 1, 2, 3학년
- 내용 : 건강체력 측정 및 24주 자가건강관리 서비스 제공, 모니터링 및 월간리포트 제공

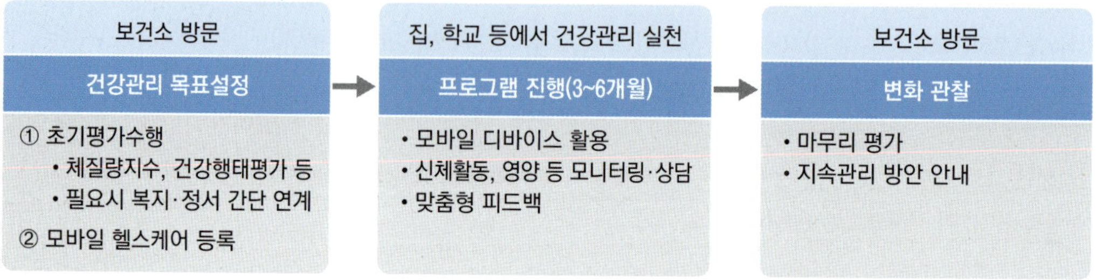

그림 3-5 아동청소년 모바일 헬스케어 시범사업 프로세스
출처: 보건복지부, 한국건강증진개발원. 2022년 아동청소년 모바일 헬스케어사업 안내서

⑥ 청소년 건강매점 "쉬는 시간"

서울시 청소년을 대상으로 한 '건강한 먹을거리 환경 만들기' 사업의 일환으로 2008년 시작한 건강매점은 학교 내에서 학생들이 고열량 저영양 식품의 섭취를 줄이고, 성장기에 필요한 영양소가 들어 있는 식품을 선택하여 건강한 식생활을 할 수 있도록 추진하였다.

건강매점은 기존의 학교 내 매점을 학생들이 건강하고 위생적인 환경에서 학생들이 지속적이고 신뢰성 있는 건강 및 식생활 정보를 제공받을 수 있도록 하는 매점을 말한다. 기존의 매점이 단순하게 간식을 구매하는 장소라면, 건강매점은 편안한 공간과 건강하고 안전한 음식 섭취, 올바른 식생활교육 등이 이루어지는 복합된 교육공간이다.

건강매점 현황
※ '09년 10개교→'10년 24개교 →'11년 39개교→'12년 49개교 →'13년 59개교→'16년 종료
※2015년부터는 서울시교육청의 학교협동조합 지침으로 학생주도의 학교매점 사업 추진

서울시는 건강매점 사업을 통해 기존의 매점을 위생적이고 편안한 휴식 환경으로 조성하고, 학생들이 필요한 영양소가 충분하고 안전한 먹거리가 공급되도록 유통체계를 구축하여 청소년들이 계절과일 등을 저렴한 가격에 선택할 수 있도록 하

고, 청소년들에게 도움이 되는 영양정보를 제공함으로써 건강한 식습관 형성 및 건강증진을 도모할 수 있는 교육공간으로 제공하는 것이다.

- 대상 : 중·고등학교
- 내용
  - 학교 매점시설 환경 개선 : 과일전용 냉장고, 식품위생시설, 영양정보 전자게시판 등
  - 건강매점 운영 기술지원 : 매점운영자 교육, 운영매뉴얼, 모니터링, 운영평가 등
  - 제철과일 등 건강식품 공급체계 구축 지원 : 한국과수연합회, 서울시농수산식품공사 등
  - 전자패널 및 홈페이지 등을 이용한 다양한 영양정보 제공
- 공간 구성 : 안전하고 위생적이며 올바른 식생활을 배우는 공간으로 구성
  - 식품을 안전하게 보관 판매할 수 있는 환경
  - 영양정보를 배울 수 있는 식생활 정보관
  - 청소년기 정서에 맞는 즐거운 휴식을 주는 공간

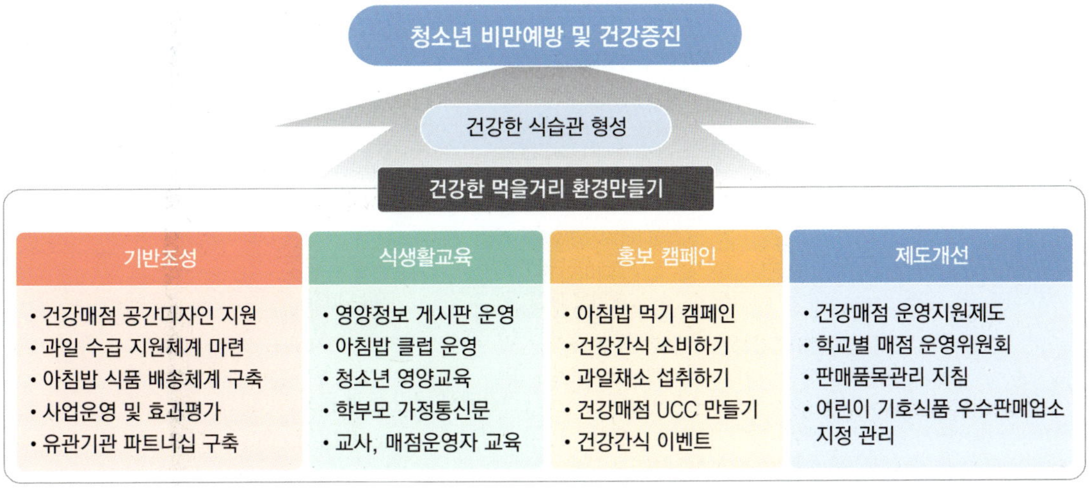

그림 3-6 건강매점 추진전략

출처: 서울시 건강매점 사업 추진계획 2013

표 3-7 건강매점 "쉬는 시간" 키워드 및 테마

구분	A' TYPE	B' TYPE	C' TYPE
평형	33m² 이내	33~66m²	66m² 이상
형태	컴팩트 형	일체 형	카운터 돌출 형
공간	공통 적용 : 창고 + 판매공간 + 홀 공간으로 구성		
투시도			

※학교 여건 및 매점시설에 따라 A, B, C형으로 선정 지원
출처: 서울시 건강매점 사업 운영매뉴얼

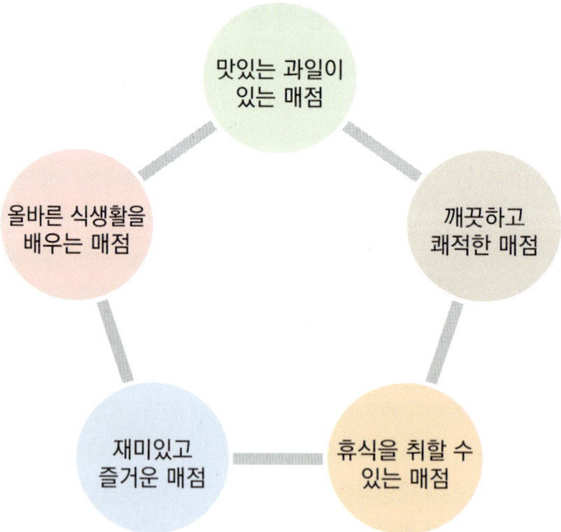

그림 3-7 건강매점 공간 운영 목표
출처: 서울시 건강매점 사업 운영매뉴얼

⑦ 청소년 아침결식 예방사업 "아침밥 클럽"

서울시는 학생들이 학교매점을 이용하는 사유가 아침결식때문이라는 점에 착안하여, 여러 가지 현실과 투입요소 등을 고려하여 매점의 간단한 식품으로 구성하는 아침식사를 먹을 수 있는 환경 조성을 내용으로 하는 "굿모닝 아침밥 클럽" 모형을 개발·운영하여 아침 결식을 예방하고자 하였다. 2008년부터 중·고등학생을 대상으로 추진하였으며, 부득이하게 아침을 결식할 수밖에 없는 학생을 우선순위 대상으로 선정하여 매일 간단한 편의식품으로 구성된 아침밥 공급과 보건소의 정기적인 영양교육 프로그램을 진행하였다. 서울시 외에도 타 지자체에서도 청소년의 아침결식 예방을 위하여 다양한 시범사업을 추진하였지만, 사업이 모두 종료되었다.

아침식사는 곡류군(시리얼, 떡, 빵 등), 유제품군(우유, 요플레 등), 과일군(과일, 과일주스)으로 구성하여 제공하였으며, 청소년기의 영양소 섭취기준과 식사지침을 참고하여 청소년기의 에너지 필요량(에너지필요추정량)의 1/4을 초과하지 않도록 식품을 선정하였다. 식품 일부는 기업과 협약을 체결하여 사회공헌사업으로 무상 후원을 받거나 최소금액으로 구매하여 공급하였다.

아침식사를 하는 동안 보건소에서 영양사를 파견하여 정기적으로 청소년의 올바른 식습관 확립을 위해 서울시에서 개발한 청소년 영양교육자료를 이용하여 밥상수다 형식으로 간단한 영양교육을 실시하였다.

- 대상 : 중·고등학교 아침 결식 학생
  ※ 불가피하게 아침을 결식하는 학생 중 우선순위에 의거 학교에서 자체 선정
  ① 경제적 취약계층 자녀 ② 맞벌이부부 자녀 ③ 참여하고 싶은 결식 학생
- 내용
  - 정기적인 올바른 식생활에 대한 간단한 영양교육(밥상수다) 실시 : 주1회 영양사 파견
  - 매일 아침 간편한 식품으로 구성된 아침메뉴 제공(1인당 식품비 2,200원)
    ※ 과일, 유제품, 빵류 등 건강매점에서 구매 가능한 간편 식품
    ※ 물류비 절감을 위해 건강매점별 과일배송 시 아침밥 클럽 식품을 함께 배송

- 출석체크, 식품 수·발주 및 배식을 지원해 주는 아침밥 클럽지기 운영

※ 자치구 및 학교 여건에 따라 교사, 자원봉사자, 영양사 등 지정 운영

표 3-8 아침밥 클럽 식품 제공기준 : 곡류군 + 우유(유제품) + 과일(과일주스)

구분	월요일	화요일	수요일	목요일	금요일	토요일
곡류군	시리얼A	빵A	시리얼B	빵B	시리얼C	죽
우유군	우유	두유	우유	요구르트	우유	두부
과일군	제철과일	제철과일	제철과일	과일 쥬스	제철과일	과일주스

표 3-9 아침밥 클럽 식품 영양교육(밥상수다) 내용

주제	세부내용	
(1) 규칙적으로 먹자	• 아침은 무엇을 먹었나요? • 아침밥 꼭 먹어야 하나요? • 간편한 아침식사 베스트 • 색칠해 보자! 3끼 식사비율	• 안 먹으면 살이 빠질까? • 우리의 영양문제는 무엇일까? • 밥상 위 토론 • 골라 찍는 재미가 있다!
(2) 골고루 먹자	• 얼마나 골고루 먹었나요? • 영양표시제도 : 열량과 지질 • 어디에 속하는지 아니? • 밥상 위 토론	• 나만의 탑을 세우자 • 나는 이런 스타일로 공부한다! • 영양표시제도, 너는 누구니?
(3) 다양하게 먹자	• 매일 다양한 과일을 먹어보자. • 다양한 식품이 건강하게 만든다. • 친구와 함께 하는 과일빙고 • 건강 영양상식 미로게임 • 같은 열량, 다른 영양?	• 밥상 위 토론 • 텅빈 칼로리 • 나의 스트레스 지수 체크하기 • 내가 바로 영양심사위원!

출처: 서울시 건강매점 사업 운영매뉴얼

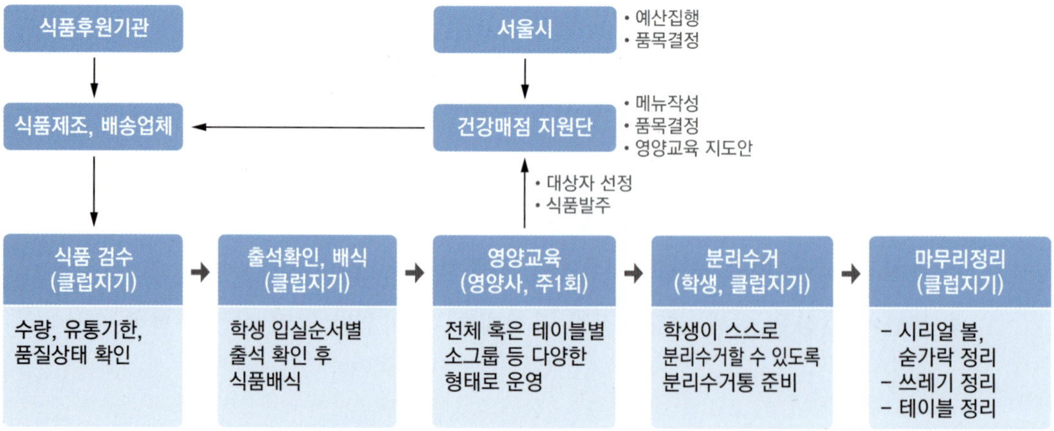

그림 3-8 아침밥클럽 운영 체계

출처: 서울시 건강매점 사업 운영매뉴얼

(3) 성인 영양사업

① 천원의 아침밥 캠페인

대학생의 건강을 위한 아침식사하기 캠페인으로 2017년부터 쌀소비 활성화 사업으로 추진하고 있다. 쌀을 활용한 식단을 대학생이 1,000원에 구매할 수 있도록 정부와 대학이 부담하여 아침식사를 할 수 있도록 지원하는 사업이다.

- 내용 : 캠페인 참여 신청학교의 학생식당에서 조식 제공(1000원 급식)
- 방법 : 정부 1,000원+대학 2,000원+학생 1,000원(4,000원 상당 아침 식사) 재원 분담

② 청년 1인 가구 식생활교육

점점 증가하는 1인 가구를 대상으로 식품 순환과정과 연계한 일상 속 지속가능한 식생활 실천 의지를 함양하고 조리기술 향상을 위한 식생활교육을 실시한다. 이를 통해 국산·지역산 농산물을 구입하여 직접 조리하는 건강한 식습관 형성을 도모한다.

- 대상 : 20~30대 성인
- 내용 : 식생활 이론 및 요리 교육
- 방법 : 교재(진짜 어른 원정대) 및 식재료 꾸러미 활용 비대면 교육

③ 건강 위험요인 개선을 위한 맞춤 영양관리사업

비만 및 만성질환의 사회·경제적 부담이 증가함에 따라 건강 위험요인에 대한 사전예방적 건강관리체계를 마련하고, 지역사회 주민 대상의 영양관리를 통한 건강증진을 위하여 서울시 대사증후군관리사업 등 지자체별로 다양한 프로그램을 운영하고 있으며, 동네의원을 기반으로 케어 코디네이터(간호사, 영양사)가 관리하는 일차의료 만성질환관리 통합사업도 추진하고 있다.

- 대상 : 건강검진 및 보건소 등 대사증후군 보유자, 외래진료를 받는 고혈압·당뇨병 환자
  - ※ 대사증후군 : 5가지 심뇌혈관질환 위험인자(복부비만, 고혈압, 고혈당, 중성지방, 저HDL콜레스테롤) 중 3개 이상 보유 상태
- 내용 : 영양상담 및 영양관리 프로그램 운영
- 방법 : 보건소 및 동네의원 내소

방문 시 제공 내용	대사증후군 검사, 설문지 작성, 영양상담, 운동상담				
방문시기	첫회	3개월 후	6개월 후	9개월 후	12개월 후
대사증후군 (위험요인 3개 이상인 자)	방문검진 1st	방문검진 2nd	방문검진 3rd	방문검진 4th	방문검진 5th
약물치료군 (위험요인과 상관없이 약물 복용 중인 자)	방문검진 1st		방문검진 2nd		방문검진 3rd
건강주의군 (위험요인 1~2개인 자)	방문검진 1st		방문검진 2nd		방문검진 3rd
정상군 (위험요인 0개인 자)	방문검진 1st				방문검진 2nd

그림 3-9 서울시 대사증후군 오락 프로젝트 서비스 프로세스

출처: 대사증후군 오락프로젝트 홈페이지

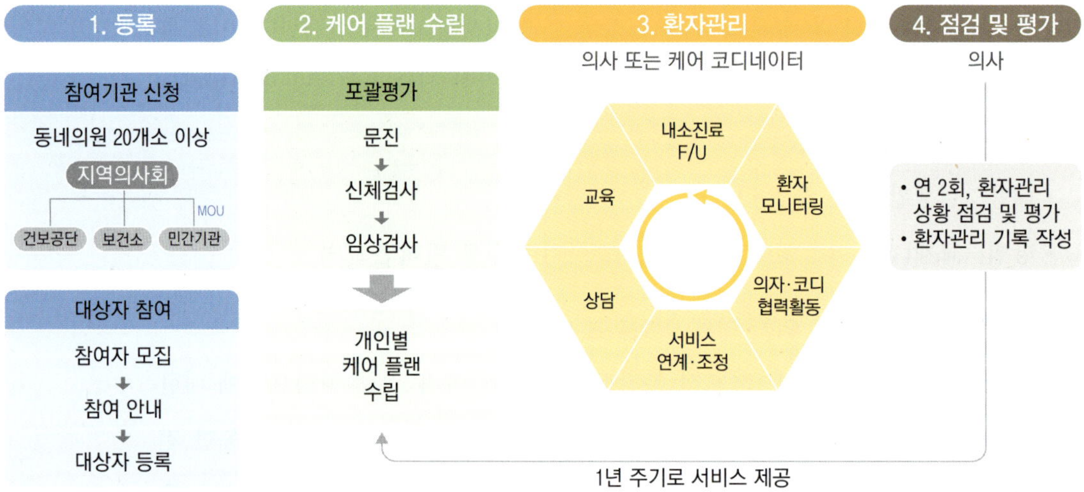

그림 3-10 일차의료 만성질환관리 시범사업 서비스 프로세스

출처: 일차의료 만성질환관리 통합사업 운영지침(3차 개정)

③ 보건소 모바일 헬스케어 사업

건강 위험요인이 있는 사람에게 모바일 앱APP을 통해 보건소 전문가(의사, 간호사, 영양사, 운동전문가)가 언제 어디서나 맞춤형 건강상담을 제공하는 사업이다. 모바일 헬스케어 플랫폼을 통해 ICT를 활용한 공공형 건강관리 서비스를 제공하여 지역주민의 건강수준 향상을 도모한다.

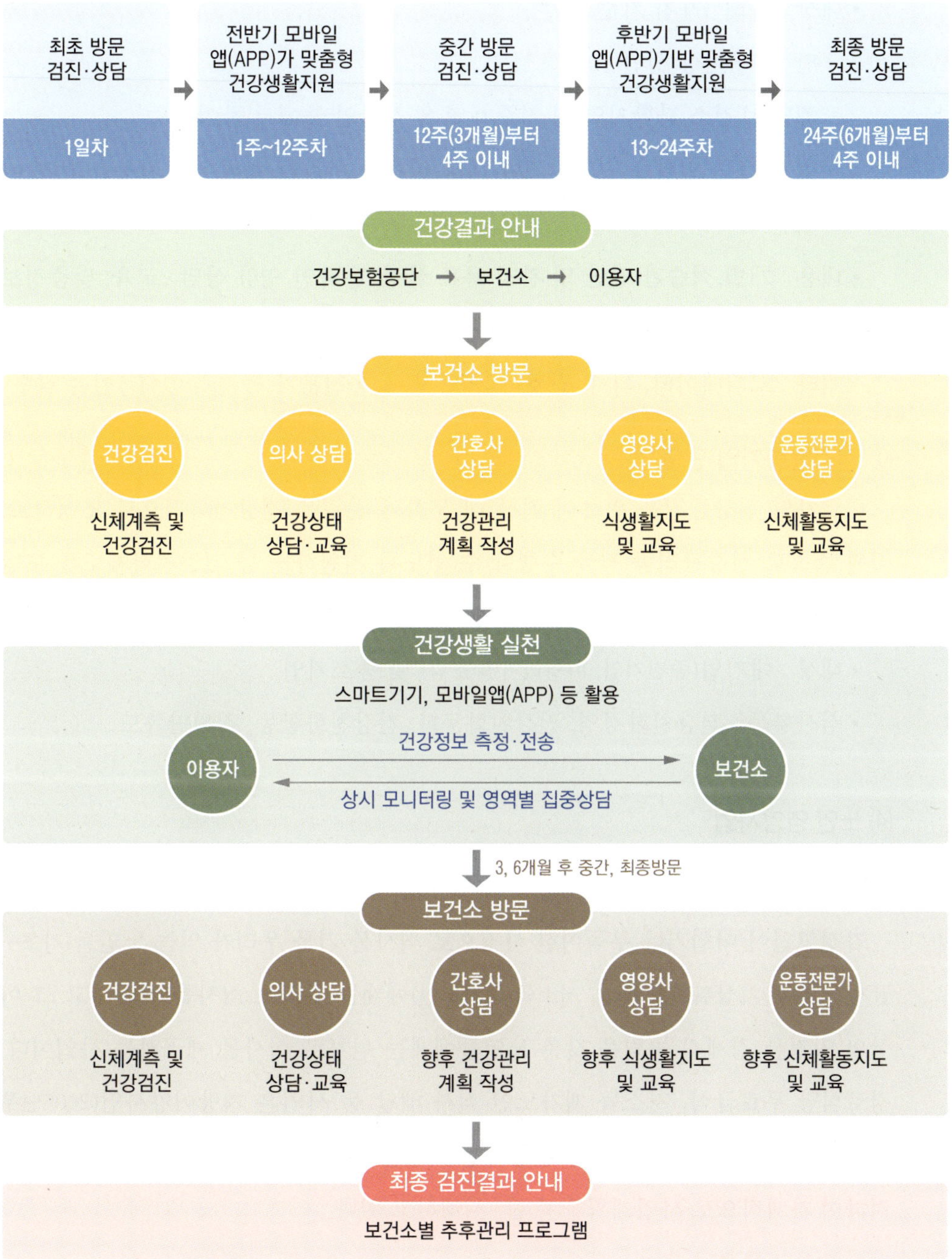

그림 3-11 보건소 모바일 헬스케어 기본서비스(24주) 체계도

출처: 보건복지부, 한국건강증진개발원. 2022년 보건소 모바일 헬스케어사업 안내서

- 대상 : 아래 3가지 기준 고려
  - 만 19세 이상 성인
  - 해당 보건소 관할지역 내 거주자 혹은 직장인 중에서 참여 가능
  - 현재 관련 질환을 진단받거나 해당 질환의 치료를 위해 약물처방을 받지 아니한 자
- 내용 : 개별 식습관 진단 및 관리 목표 설정, 온라인 영양 상담·교육, 맞춤정보 제공
- 기타 : 코디네이터, 의사, 간호사, 영양사, 운동전문가 등 전문인력 5인은 필수

④ 건강친화기업 인증제도

근로자의 건강증진을 위하여 직장 내 문화와 환경을 건강친화적으로 조성하고, 직원 스스로 건강관리를 적극 수행할 수 있도록 지원하는 등 건강친화제도를 모범적으로 운영하고 있는 기업에 인증을 부여하는 제도이다.

- 대상 : 대기업(중견기업, 비영리기업 포함) 및 중소기업
- 심사항목 : 건강친화경영, 건강친화문화, 건강친화활동, 직원만족도

(4) 노인 영양사업

① 노인급식 지원사업

가정형편이 어렵거나 부득이한 사정으로 식사를 거를 우려가 있는 노인들(기초수급자 노인 및 차상위계층 노인, 저소득 독거노인)에게는 무료로 식사를 제공하고 그 이상의 일정한 경제적 능력을 갖춘 노인들에게는 원가로 식사를 제공하는 사업이다. 경로식당 무료급식, 저소득 재가노인 식사 배달 등 사업은 지방이양사업(2005년부터)이 된 이후 지방자치단체는 관련사업 지침을 참고하되, 지역 재정 여건 등을 고려하여 자체적으로 사업계획을 수립·시행하고 있다.

경로식당 무료급식

- 대상 : 가정형편이 어렵거나 부득이한 사정으로 결식 우려가 있는 60세 이상 노인

• 급식기준

- 60세 이상 기초생활수급 노인 및 차상위계층 노인(독거노인 포함)은 무료로 제공
- 차상위계층 이상의 일정한 능력을 갖춘 노인의 경우에는 원가 수준의 급식비 징수 가능

거동불편 저소득 재가노인 식사 배달

• 대상 : 도시근로자 월평균 소득 미만인 가구의 60세 이상 노인으로 거동이 불편하여 경로식당을 이용하지 못하여 식사를 거를 우려가 있는 노인

• 지원내용

- 건강·영양상태, 서비스 욕구 등을 고려하여 밥, 국, 밑반찬, 죽 등 다양한 형태로 제공
- 식사 제공 시 가정식처럼 느끼도록 보온을 유지하고 부패 방지가 가능한 용기 사용
- 만성질환 보유에 따라 치료식(당뇨병, 고혈압) 제공 방안 모색 및 식생활 지도

• 급식기준

- 60세 이상 기초생활수급 노인 및 차상위계층 노인(독거노인 포함)은 무료로 제공
- 차상위 계층 이상의 일정한 능력을 갖춘 노인의 경우에는 원가수준의 급식비 징수 가능

② 방문건강관리사업(허약노인 영양관리 프로그램)

보건소에 내소하여 건강관리서비스를 받기 어려운 지역 주민을 대상으로 직접 가정 등을 방문하여 제공하는 사업이다. 지역주민의 자가건강 관리능력 향상 및 허약예방 등을 통해 건강수준을 향상하는 것을 목적으로 한다. 특히 허약노인은 신체기능이 급격히 저하되어 내외의 작은 스트레스에도 질병이 쉽게 생기고(예: 감기에 걸리면 폐렴으로 진행) 일상생활에 지장을 줄 정도로 신체기능이 심각하게 저하된 상태이다. 노인 건강관리의 목표는 허약을 예방하고 건강한 노화를 촉진하는 것이다.

심혈관계질환 위험요인이 있거나, 독거노인, 시설수용자 등 영양결핍 고위험군

에 대해서는 매년 혹은 매 2년 간격으로 영양평가 및 영양상담을 강력히 권고하고 있다.

- 대상 : 만 65세 이상 어르신
- 내용 : 허약노인 판정을 위한 평가 및 정기적 모니터링, 중재를 위한 영양교육 및 상담, 가족대상 교육

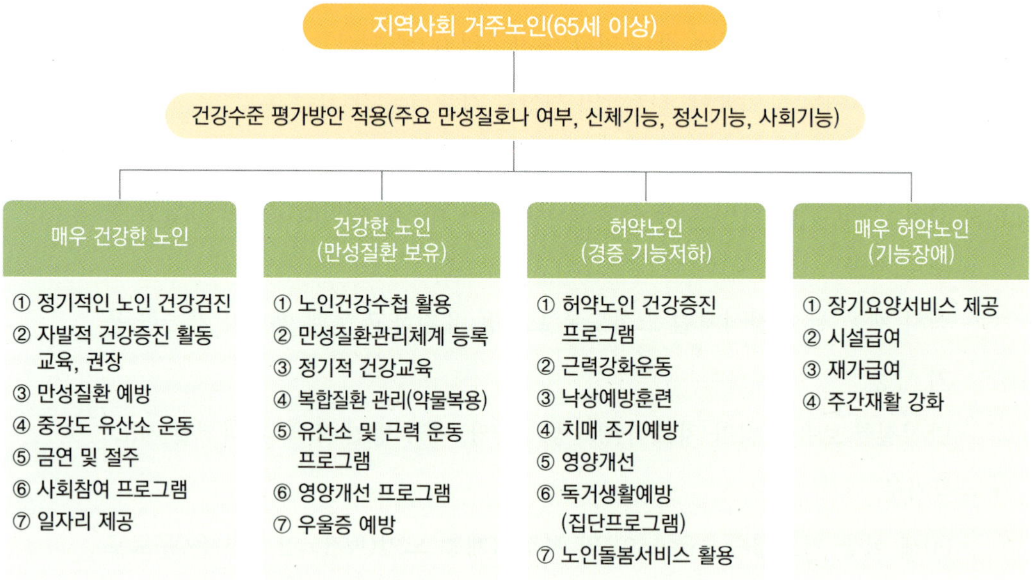

그림 3-12 통합적 노인건강수준 평가에 따른 건강증진프로그램 제공
출처: 보건복지부, 한국건강증진개발원. 2022년 방문건강관리 매뉴얼

③ 사회복지시설 급식관리지원센터

노인·장애인 등 취약계층이 안전하고 영양이 확보된 양질의 급식을 제공받을 수 있도록 급식인원 50명 미만의 집단급식소가 아닌 곳으로 영양사가 근무하지 않는 사회복지급식소의 급식위생·영양 관리를 지원하기 위해 설치하고 있다.

- 근거 : 노인·장애인 등 사회복지시설의 급식안전 지원에 관한 법률
- 대상 : 사회복지급식소 중 상시 급식을 제공하는 시설, 50명 미만의 소규모 시설 우선

- 내용
  - 사회복지급식소 등록·관리
  - 사회복지급식소의 위생·영양관리 현황 조사
  - 사회복지급식소의 위생·영양관리 순회방문 지도
  - 사회복지급식소의 위생·영양관리 컨설팅 지원
  - 사회복지급식소의 대상별[입소자, 조리원, 시설장, 돌봄종사자(사회복지사, 요양보호사 등), 가족 또는 보호자] 교육 실시
  - 건강 상태를 고려한 식단·조리법 제공
  - 사회복지급식소의 위생 및 영양 등 식생활 관련 정보 제공
  - 사회복지급식관리지원센터 사업 실적보고 등 운영성과 관리

④ 고령친화 우수식품 지정제도

고령친화식품은 고령자의 영양 보충과 소화 등에 도움이 되도록 형태와 성분을 조정해 만든 제품이다. 농림축산식품부는 「고령친화산업진흥법」을 근거로 고령친화제품의 범위에 식품을 추가하고, 고령친화우수제품 지정대상 식품 품목 고시 마련 및 '고령친화산업지원센터(이하 지원센터)' 지정 등 고령친화 우수식품 지정제도를 운영하여 고령자를 위한 식품 개발과 시장 활성화를 추진하고 있다.

고령친화 우수식품으로 지정받은 제품은 관련 법령에 따라 우수제품표시 도형과 규격단계 표시를 할 수 있다. 우수식품 규격은 3단계로 물성 및 점도 특성에 따라 치아 섭취·잇몸 섭취·혀로 섭취로 구분된다.

- 정의 : 고령자의 식품 섭취·소화·흡수·대사 등을 돕기 위해 식품의 물성 및 영양성분 등이 일정 수준을 충족하도록 제조·가공한 식품
- 기준
  - 1단계(치아 섭취) : 고령자의 신체적 특성을 고려하여 치아로 씹어서 섭취 가능한 물성을 가지도록 제조한 고령친화식품
  - 2단계(잇몸 섭취) : 고령자의 신체적 특성을 고려하여 잇몸으로 으깨어 섭취 가능한 물성을 가지도록 제조한 고령친화식품
  - 3단계(혀로 섭취) : 고령자의 신체 특성을 고려하여 혀로 섭취 가능한 물성을 가지도록 제조한 고령친화식품

구분	1단계 치아 섭취		2단계 잇몸 섭취		3단계 혀로 섭취	
경도 (N/m²) ⓐ	500,000 이하 ~ 50,000 초과		50,000 이하 ~ 20,000 초과		20,000 이하	
점도 (mPa*s) ⓑⓒ					1,500 이하	
성상	고유의 색택가 향미를 가지고 이미, 이취 및 이물이 없어야 한다.					
영양성분 ⓓⓕ	단백질	6 g/100 g 이상	비타민 A	75 μg RAE/100 g 이상	비타민 C	10 mg/100 g 이상
	비타민 D	1.5 μg/100 g 이상	리보플라빈	0.15 mg/100 g 이상	니아신	1.6 mg NE/100 g 이상
	칼슘	80 mg/100 g 이상	칼륨	0.35 g/100 g 이상	식이섬유	2.5 g/100 g 이상

ⓐ 단일 원재료가 아닌 경우, 경도가 가장 높은 원재료를 기준으로 하여 적용한다. 단, 씹지 않고 그대로 삼켜 섭취하는 정제, 캡슐, 환, 과립, 액상, 분말 형태의 제품은 해당 기준을 적용하지 아니한다.

ⓑ 점도 측정이 불가한 제품(예: 젤리, 두부 등). 경관급식 제품 및 국·찌개 등의 국물의 경우, 해당 기준을 적용하지 아니하며, LV형 점도계로 측정 가능한 상한값을 벗어나는 제품은 기준에 적합한 것으로 한다.

ⓒ 각주 ⓐ의 단서 중 정제, 캡슐, 환, 과립 및 분말 형태의 제품의 경우에는 이와 혼합 또는 함께 섭취하는 용도의 유통성 식품에 대하여 해당 기준을 적용하여야 한다. 이 경우 점도조절제, 유동성 식품 등을 제품에 혼합하거나 별도로 동봉하여야 하고, 제품에 혼합된 경우에는 최종 섭취 시의 형태에 해당 기준을 적용한다.

ⓓ 영양성분 중 1개 이상의 항목을 충족하여야 한다. 단, 1회 섭취 열량이 500 kcal 이상인 제품(단, 특수용도식품 및 즉석섭취편의식품류에 한함) 및 각주 ⓐ에서 경도 기준을 적용하지 않는 제품은 3개 이상의 항목을 충족하여야 한다.

ⓕ 건강기능식품은 해당 기준을 적용하지 아니할 수 있다.

그림 3-13 고령친화식품 한국산업표준KS 품질규격

출처: 고령친화산업지원센터 홈페이지

(5) 공통 영양사업

① 한국인 영양소 섭취기준 제 · 개정

한국인 영양소 섭취기준은 한국인의 건강을 최적 상태로 유지할 수 있는 영양소들의 섭취 수준을 의미하며, 1962년 '한국인 영양권장량'이 처음 설정된 이래로 2000년까지 7차례 개정되었다. 이후 2005년 한국영양학회는 필수영양소 결핍의 예방을 위해 제정되어 온 '영양권장량'을 혁신적으로 개정하여 영양 부족과 과잉 섭취로 인한 문제를 예방하기 위한 기준이 모두 포함된 '한국인 영양섭취기준'을 제정하였다.

2010년에는 「국민영양관리법」이 제정되어 우리나라 국민의 식생활 관리를 위한 법적 기틀이 마련되었으며, 보건복지부가 영양소 섭취기준 제정 업무를 담당하게 되었다. 국가차원에서는 2015년에 처음으로 '한국인 영양소 섭취기준'이 제정되었

고, 5년마다 개정하며 국민의 건강증진 및 만성질환 예방을 위한 에너지 및 각 영양소의 적정 섭취 수준을 제시하고 있다.

표 3-10 2020 한국인 영양소 섭취기준의 주요 내용

구분	영양소 40종
에너지 및 다량영양소(12종)	에너지, 탄수화물, 총당류, 단백질, 아미노산, 지질, 알파리놀렌산, 리놀레산, EPA+DHA, 콜레스테롤, 식이섬유, 수분
비타민(13종)	비타민 A, 비타민 D, 비타민 E, 비타민 K, 비타민 C, 티아민, 리보플라빈, 니아신, 비타민 B_6, 엽산, 비타민 B_{12}, 판토텐산, 비오틴
무기질(15종)	칼슘, 인, 나트륨, 염소, 칼륨, 마그네슘, 철, 아연, 구리, 불소, 망간, 요오드, 셀레늄, 몰리브덴, 크롬

출처: 보건복지부, 한국영양학회, 2020

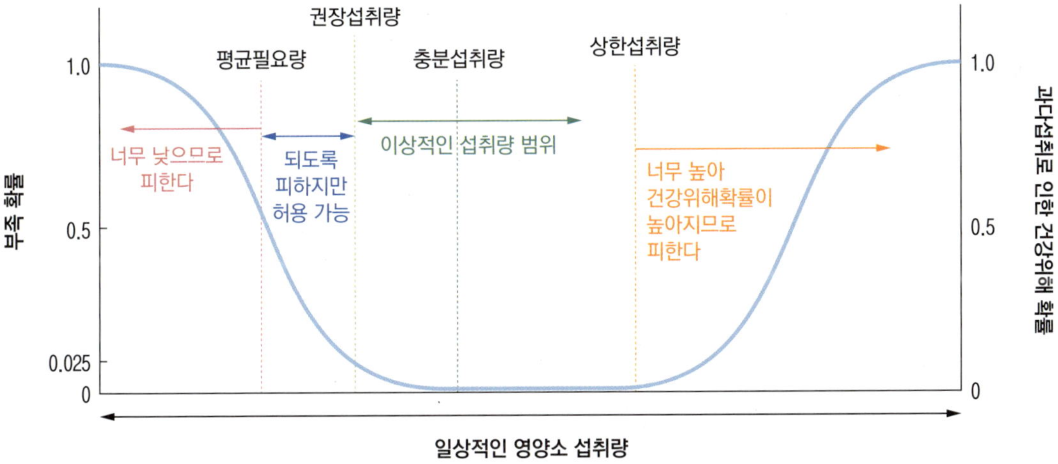

그림 3-14 한국인 영양소 섭취기준 지표 설정

출처: 보건복지부, 한국영양학회, 2020

2020 한국인 영양소 섭취기준에서는 안전하고 충분한 영양을 확보하는 기준치(평균필요량, 권장섭취량, 충분섭취량, 상한섭취량)와 식사와 관련된 만성질환 위험감소를 고려한 기준치(에너지적정비율, 만성질환위험감소섭취량)를 제시하고 있다. 만성질환위험감소섭취량은 2020 한국인 영양소 섭취기준에서 처음으로 도입되었다.

표 3-11 한국인 영양소 섭취기준 지표(2020)

영양소 섭취기준	지표 내용
평균필요량 EAR, estimated average requirement	• 영양소의 필요량에 대한 과학적 근거가 충분한 경우 설정 가능 • 건강한 사람들의 일일 영양소 필요량의 중앙값으로부터 산출한 수치 • 에너지의 경우, 개인의 에너지 필요량 측정이 제한적이므로 에너지 소비량을 통해 추정하므로 '에너지필요추정량estimated energy requirements, EER' 용어 사용
권장섭취량 RNI, recommended nutrient intake	• 영양소의 필요량에 대한 과학적 근거가 충분한 경우 설정 가능 • 인구집단의 약 97~98%에 해당하는 사람들의 영양소 필요량을 충족시키는 섭취 수준
충분섭취량 AI, adequate intake	• 대상 인구집단의 건강을 유지하는 데 충분한 양을 설정한 수치 • 영양소의 필요량을 추정하기 위한 과학적 근거가 부족할 경우, 실험연구 또는 관찰연구에서 확인된 건강한 사람들의 영양소 섭취량 중앙값을 기준으로 설정
상한섭취량 UL, tolerable upper intake level	• 인체에 유해한 영향이 나타나지 않는 최대 영양소 섭취 수준 • 과잉섭취로 인한 건강문제 예방을 위해 설정하므로 과량 섭취의 유해 영향에 대한 과학적 근거 확보 시 설정 가능
만성질환위험감소섭취량 CDRR, chronic disease risk reduction intake	• 건강한 인구집단에서 만성질환 위험을 감소시킬 수 있는 영양소의 최저 수준의 섭취량 • 영양소 섭취와 만성질환 간 인과적 연관성과 만성질환의 위험을 감소시킬 수 있는 구체적 섭취 범위를 고려하여 설정
에너지적정비율 AMDR, acceptable macronutrient distribution range	• 각 영양소를 통해 섭취하는 에너지양이 전체 에너지 섭취량에서 차지하는 비율의 적정 범위 제시 • 에너지 공급 영양소(탄수화물, 지질, 단백질)에 대한 에너지 섭취비율과 건강 간 관련성에 대한 과학적 근거에 따라 설정

출처: 보건복지부, 한국영양학회, 2020

② 식생활지침 제정

영양권장량이 영양섭취의 주요 기준으로서 국민들의 식생활 지도를 위한 도구로 사용되었으나, 주요 식생활 문제를 해결하고 만성질환의 예방을 위한 실천방안 제시에는 미흡하다는 지적과 함께 1985년 이후 행동지침 형태의 식생활 가이드가 제정되기 시작하였다. 민간차원에서는 1985년에서 1986년에 걸쳐 식품영양관련 학회와 단체에서 '식사지침' 또는 '식생활 개선 지침'이란 이름으로 식생활 가이드를 제정하였고, 1990년 당시 보건사회부에서 정부로서는 처음으로 '국민식생활지침'을 발표하였다. 1984년 보건사회부에서 국민건강수칙 7개항을 공포하면서 식생활 관련 항목이 포함되어 있었으나 정부주도의 전면적인 식생활지침은 1990년이 처음이라고 할 수 있다. 이후 보건복지부에서는 생애주기에 따른 식생활의 특성과 건강

식생활 실천 내용의 차이를 고려하여 2002년 식생활 목표와 함께 '한국인을 위한 식생활지침' 제정을 시작하여 2003년부터 생애주기별 식생활지침을 마련하였다.

보건복지부는 2003~2004년에 '한국인을 위한 식생활지침'을 제정하였고 2008~2011년에 걸쳐 개정하였으며, 2016년부터는 영양과 식생활 관련 3개 부처(보건복지부, 식품의약품안전처, 농림축산식품부)가 공동으로 개정하여 발표하고 있다.

표 3-12 중앙행정기관의 식생활 지침 제정 현황

연도	지침	부처
2003~2004	• 한국인을 위한 식생활지침 – 성인을 위한 식생활 실천지침 – 노인을 위한 식생활 실천지침 – 임신수유부를 위한 식생활 실천지침 – 영유아를 위한 식생활 실천지침 – 어린이를 위한 식생활 실천지침 – 청소년을 위한 식생활 실천지침	보건복지부
2008~2011	성인을 위한 식생활지침 임신수유부를 위한 식생활지침 영유아를 위한 식생활지침 어린이를 위한 식생활지침 청소년을 위한 식생활지침 노인을 위한 식생활지침	보건복지부
2010	한국인의 녹색 식생활지침	농림축산식품부
2016	국민공통식생활지침	식품의약품안전처, 보건복지부, 농림축산식품부
2021	한국인을 위한 식생활지침	식품의약품안전처, 보건복지부, 농림축산식품부

표 3-13 한국인을 위한 식생활지침(2021년 발표)

1. 매일 신선한 채소, 과일과 함께 곡류, 고기 · 생선 · 달걀 · 콩류, 우유 · 유제품을 균형있게 먹자
2. 덜 짜게, 덜 달게, 덜 기름지게 먹자
3. 물을 충분히 마시자
4. 과식을 피하고, 활동량을 늘려서 건강체중을 유지하자
5. 아침식사를 꼭 하자
6. 음식은 위생적으로, 필요한 만큼만 마련하자
7. 음식을 먹을 땐 각자 덜어 먹기를 실천하자
8. 술은 절제하자
9. 우리 지역 식재료와 환경을 생각하는 식생활을 즐기자

• 공동발표 : 식품의약품안전처, 보건복지부, 농림축산식품부
• 국민의 건강하고 균형 잡힌 식생활 수칙을 제시
• 만성질환 감소 비만 관리 위생적인 식문화 등 강조한 9가지 수칙 제시

③ 당류 및 나트륨 섭취 저감화 사업

비만 및 심혈관계질환 발생 감소와 국민건강증진을 위하여 2010년부터 식품의약품안전처 및 전국 지자체가 당류 및 나트륨 섭취 저감화 사업을 추진하고 있다.

주요 섭취 경로인 급식 및 외식에서의 나트륨 저감화 추진

- 음식점 영업자 및 조리 종사자 대상 홍보 및 교육, 집단급식소 영양사 대상 교육
- 캠페인, 홍보 및 교육을 통한 국민의 관심 집중 : "나트륨 줄이 Go, 건강 올리 Go"
- 당류 저감화 사업 : 생활 속 건강하게 당류 섭취하기 콘텐츠 제공

④ 푸드뱅크

「식품등 기부 활성화에 관한 법률」에 의하여 기업 및 개인으로부터 식품 및 생활용품을 기부받아 결식아동, 독거노인 등 저소득 소외계층에게 지원하는 물적 나눔을 하는 제도이다. 1998년 IMF 경제위기 이후 급격히 증가한 노숙인 및 결식아동의 급식문제를 해결하기 위해 시작되었다. 법률적 명칭은 '기부식품등 제공사업'이나, 세계적으로 '푸드뱅크foodbank'를 사용함에 따라 우리나라에서도 개별 사업장을 '푸드뱅크', '푸드마켓'으로 칭하며, '푸드뱅크 사업'을 일반적으로 사용하고 있다.

표 3-14 기부 가능한 식품품목

구분		기부 식품군	모집 가능기한 (잔여 유통기한)
가공식품	제과류	스낵, 사탕, 껌, 초콜릿 등	최소 30일 이전
	즉석식품	면류(라면, 소면, 스파게티 등), 즉석밥, 죽 등	
	냉동식품	아이스크림, 케이크, 스테이크 등	
	통조림	참치, 장조림, 과일통조림 등	
장류, 식용유	장류	된장, 고추장, 간장, 소금 등	최소 30일 이전
	소스류	드레싱, 고기양념류 등	
	기름류	식용유, 참기름 등	
음료류		주스, 탄산음료, 멸균우유, 건강음료(홍삼) 등	최소 30일 이전
신선식품	육가공류	핫바, 햄, 소시지, 베이컨 등	최소 7일 이전
	농산물	두부, 순두부, 콩나물, 호박, 파, 김치류 등	
제빵류		각종 슈퍼마켓, 제과점 빵류	최소 3일 이전 (제과점은 판매 당일)

출처: 푸드뱅크 홈페이지(https://www.foodbank1377.org/introduce/foodbank.do)

⑤ 공유냉장고

전 세계적으로 13억 톤의 식량 손실food loss and waste, FLW의 대부분이 소비단계에서 일어나는 것으로 보고 있다. 독일에서 먹거리가 낭비되고 있다는 사실을 자각하며 거리냉장고가 생기기 시작하였다. 버려지는 먹거리를 줄여 음식물 쓰레기를 줄이고, 굶주리는 이웃이 없는 마을을 만들기 위한 공유냉장고로 세계 240여 개 도시에서 운영되고 있으며, 국내에서도 2017년부터 수원 등에서 운영되고 있다. 수원시 공유냉장고 특징은 마을의 자발성을 기반으로 형성되고 조직되어 운영해 왔다는 점이다. 마을별 공유냉장고 설치와 관리자 선정을 세심하게 천천히 진행하여 2019년 말 기준 10개의 주요 공유냉장고가 설치·운영되고 있다.

표 3-15 수원시 공유냉장고 프로젝트의 개요

개요 항목	요약
공유냉장고의 출발 배경	• 전 세계적으로 13억 톤의 식량낭비; 독일시민사회의 자각, 거리냉장고 출발 • 소비단계에서 식량 손실 해결과 음식물쓰레기 절감 • 시민의 먹거리 접근권을 마을공간에서 해결, 커뮤니티 복원
사업의 목적	• 음식물쓰레기 감소와 먹거리 낭비 및 손실 해결 • 이웃 간 먹거리 나눔을 통한 먹거리 공동체 복원 • 먹거리 복지 사각지대 해소 및 먹거리 접근권 일환
공유냉장고 운영전략	• 주민 중심의 마을거버넌스를 중심으로 하는 중간지원조직 지원체계 구축 • 중간지원조직이 추진하고 마을이 운영하는 주민중심형 사업
기본운영원칙	• 접근성, 개방성, 비낙인성, 안전성, 지속가능성, 건강성 원칙 적용
거버넌스 지원체계	• 지속가능발전협의회를 중심으로 지역 중간지원조직 지원 협력구조 마련
핵심 설치장소	• 전략설치지역 : 구시가지, 차상위계층 밀집지역, 다세대주택 밀집지역 • 커피숍, 식당입구, 마트, 관리사무소, 마을센터, 생협마트 등
관리 및 설치 방식	• 최대한 낙인효과를 방지하며 경험적 관리규칙을 설정하고 접근성 있는 장소에 설치, 특히 책임있는 자원관리자가 전제될 경우에만 설치
안전관리규칙	• 관리자 육안검사 원칙 및 유통기한, 제조날짜, 건강식품류 및 주류 등 수시 검사관리 시행 • CCTV, 블랙박스 등 설치장소 권장
사용자동의서 부착	• 냉장고 외부에 이용자동의서 부착을 통한 이용자책임제 운영
사용자매뉴얼 홍보	• 모든 냉장고에 이용자 매뉴얼 비치

출처: 수원지속가능발전협의회, 2030 지속가능발전 사례3번, 수원시 공유냉장고와 마을 공유의 복원

⑥ 서울시 맛동(맛체험터) 및 음식시민학교

서울시는 2017년부터 시민의 식생활 관리능력 향상을 위해 다양하고 새로운 음식 관련 체험교육을 기획하고 실행할 수 있는 기반으로 서울혁신파크에 맛동(맛체험터), 시민장독대 등을 설치하였으며, 서울시 식생활종합지원센터에서 운영하고 있다.

맛동(맛체험터) 운영내용

- 식생활 및 식문화 체험 교육을 실험하는 '서울 푸드랩' 구축
- 식문화 혁신가 발굴 및 네트워크 구축
- 서울 식문화 혁신(미식) 주간 운영
- 어린이 맛 체험 교육 프로그램 개발 및 시범운영
- 시민장독대 운영(내가 직접 담그는 장, 장醬하다 내 인생 프로젝트)

※ 매월 진행하는 프로그램은 맛동 SNS 채널 참고

음식시민학교

- 음식 철학을 배우고 시민과 함께 공유하는 전시, 체험 프로그램 개발 운영
- 음식인문학 강의 프로그램, 식문화 및 식생활 주제로 소통의 장으로 운영

※ 매월 진행하는 프로그램은 맛동 SNS 채널 참고

⑦ 마을부엌

최근 공동체 먹거리보장 담론community food security discourse의 관점에서 공동부엌, 공유부엌, 공동체부엌, 마을밥상 등으로 불리는 마을부엌community kitchens에 관한 관심이 늘고 있다. 마을부엌의 의미나 범위는 사용자 혹은 지역에 따라 매우 다양하다. 공통점은 '먹을거리를 중심으로 사람들이 모여서 활동'하는 공간을 의미한다.

몇 명이 모여 적절한 비용으로 건강하고 맛있는 음식을 대량으로 조리하여 함께 먹거나 가정으로 가져가는데, 모든 참가자가 식품을 기획하고 준비하고 조리하는 데 참여한다. 일반적으로 비용의 일부 혹은 전부를 내며 식품 구매를 돕거나 집에서 가져오기도 한다. 한쪽이 요리하거나 가르치고 다른 쪽이 먹고 배우는 일방적 관계로 성립되는 무료 급식소나 요리교실과는 다르다.

1970년대 말에 정치·경제적으로 불안정했던 라틴아메리카에서 시작하여 북아메리카, 오스트레일리아, 영국 등 다양한 지역으로 확산되었으며, 전 세계적으로 식

표 3-16 마을부엌 사례분석 : 마을부엌의 역할과 가능성

잠정적 범주	주제	예시
식생활 개선	조리기술 습득	• 새로운 지식 습득, 레시피 공유, 조리 자신감 • 아이들이 조리 방법 습득 • 외식 줄고 집밥 횟수 늘어남
	비용 절감	• 반찬, 김치 등 공동 조리, 나누기 • 신선하고 좋은 재료 공동 구입
	식습관 개선	• 혼밥 줄고 함께 먹는 기쁨 • 텃밭, 실습, 함께 식사 등 통해 아이들 채소 거부감 줄이기
공동체성 증진	아동 돌봄	• 아이들이 뛰노는 사랑방, 방과 후 공간 • 동네에서 아이들 함께 키움 • 밥상머리 교육, 식사 예절, 설거지, 뒷정리 습관 • 아이와 어른의 스스럼없는 관계 • 맞벌이 부모에게 고마운 곳
	관계 형성	• 한솥밥 먹으면서 친밀감 향상 • 다문화가정 문화적 이질감 해소 • 식사 중 사소한 얘기가 관계의 출발 • 건물 앞 텃밭이 주민들과 만나는 매개 • 1인 가구의 일상 나누는 동네 친구
	소외이웃 돌봄	• 반찬 나눔 활동 • 이웃 나눔 밥상
먹거리 시민성 고양	먹거리 시민의식 형성	• 주변 초등학교와 연계해 마을부엌 먹거리 교육 • 도시에서 경험할 수 있는 최소한의 하늘땅 살이 제공
	생활양식의 변화	• 집에서 남는 고춧가루, 들기름 등 식재료 함께 나눔 • 각 가정에 김치냉장고나 대형 냉장고, 정수기를 따로 놓을 필요가 없어짐
사회 소외계층 먹거리 보장	부엌의 공유	• 고시원의 좁은 공간 문제로 공유부엌 같은 시범사업 필요 • 1~2평 남짓 쪽방, 주방시설 없고 화재 위험 예방
	결식, 혼밥 감소	• 혼자서 찬밥에 물 말아 먹는 것은 개선 • 노인들은 직접 조리하기가 힘이 든다는 것 이해 • 집밖에 나와 먹는 것 자체가 의미가 있음
	자존감 회복	• 공짜에 길들여지지 않음 • 반찬 나눔, 배식 봉사에 당사자들의 참여 • 반찬 나눔할 때 부엌에 한번 나오시게 권유
	돌봄, 자원 연결	• 일상적인 교류로 고립감 해소, 고독사 방지 • 이웃 나눔 밥상할 때 자연스럽게 자문 연결

출처: 환경정의 먹거리정의센터, 2021

품 불안전성을 완화하기 위해 추진되고 있다. 최근 마을사례 간 통합분석연구에서는 먹거리 보장의 관점에서 마을부엌의 역할과 가능성을 식생활 개선, 공동체성 증진, 먹거리시민성 고양, 사회소외계층 먹거리 보장의 4개의 범주로 분류하였다. 아동, 청년, 노인, 공동주택 거주자 등 다양한 계층을 참여자로 하는 마을부엌들이 등장하고 있으며, 다양한 유형별 지원방안도 제시하고 있다.

- 기능 : 공동부엌, 조리교실, 공동식사, 정서지원, 식생활 지식과 조리능력 향상, 자원 연결

생각해 보기

지역사회영양사가 된다면 추진하고 싶은 사업이 있나요?

활동해 보기

[1] 내가 거주하고 있는 지역의 영양정책과 영양사업을 조사하고, 최근 발표된 국민영양관리 기본 계획과 비교해 봅시다.

[2] 나와 주변의 사람들이 참여하거나 혜택을 받아본 영양사업을 찾아봅시다.

우리나라 국민의 건강과 영양 실태

Chapter 4

1. 사회구조 및 사회환경의 변화 | 2. 건강 행태 및 주요 만성질환 실태의 변화 | 3. 식생활과 영양 섭취의 변화

Chapter

4

학습목표

1. 우리나라의 전반적인 사회구조, 주요 건강 행태/건강 상태 및 식생활과 영양 섭취 실태와 그 변화 추이를 파악함으로써 지역사회 진단을 위한 배경지식을 쌓는다.

관심 있는 지역사회의 건강 및 영양 문제를 진단하기에 앞서 우리나라의 전반적인 사회구조 및 환경 변화를 이해하고, 더 나아가 우리나라 국민의 주요 질병 및 건강 행태, 식생활 및 영양 섭취 실태의 현황과 추이를 파악하는 것은 각 지역사회 진단에 도움이 된다. 특히 우리나라는 빠른 경제성장으로 인해 건강과 영양 실태의 변화가 큰 특징이므로, 이 장에서는 우리나라의 사회·환경적 변화와 더불어 건강과 영양 실태 및 추이를 살펴보고자 한다.

1. 사회구조 및 사회환경의 변화

1) 인구 구조의 변화

(1) 인구 성장의 감소

우리나라의 총 인구는 2020년까지 계속 성장하여 5,184만 명으로 최고점에 이른 뒤, 이후 감소 추세로 돌아서며 2070년에는 3,766만 명으로 1979년 수준으로 감소할 전망이다 그림 4-1. 이는 저출생과 고령화 현상이 더욱 심화되면서 생기는 현

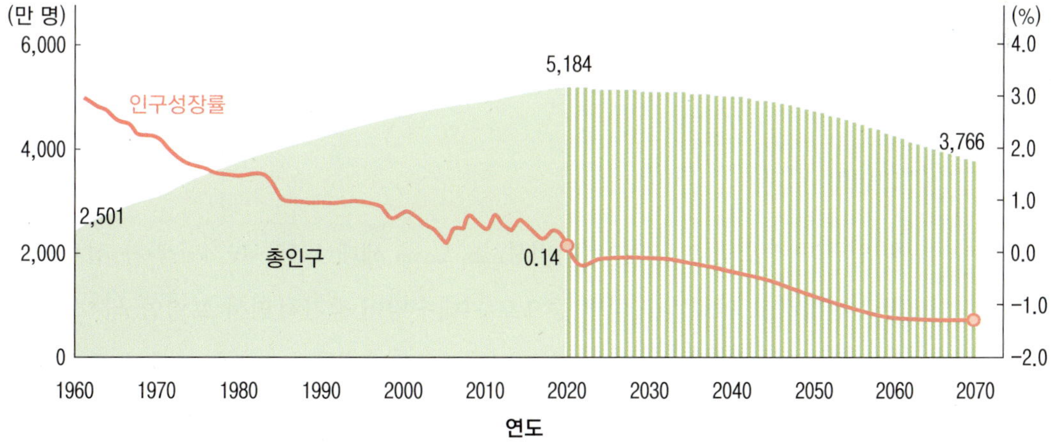

그림 4-1 총 인구 및 인구 성장률(1960~2070년)

출처: 통계청, 장래인구추계: 2020~2070년 (2021.12)

상으로, 출생아 수는 2020년 27만 명에서 2070년 20만 명으로 감소하고, 사망자는 2020년 31만 명에서 2070년 70만 명으로 크게 증가하여 사망자 수가 출생아 수보다 많아 인구의 자연감소가 계속 증가할 것으로 예상된다.

합계출산율
15~49세의 가임 여성 1명이 평생 동안 낳을 것으로 예상되는 평균 출생아 수

특히, 우리나라 합계출산율total fertility rate은 1970년 4.53명에서 계속 감소 추세이며, 2018년 1.0명 미만으로 감소한 이후, 2021년 0.81명으로 출생통계 작성(1970년) 이래 최저치를 기록했으며, 경제협력개발기구OECD 회원국의 가장 최근 평균인 1.59명(2020년 기준)의 약 50% 수준으로 최하위를 기록하였다 그림 4-2. 이는 사회의 인구구조를 유지하는 데 필요한 대체출산율 2.1명에 크게 미달하는 수준으로 인구 감소를 일으키는 중요한 요인이 되고 있다.

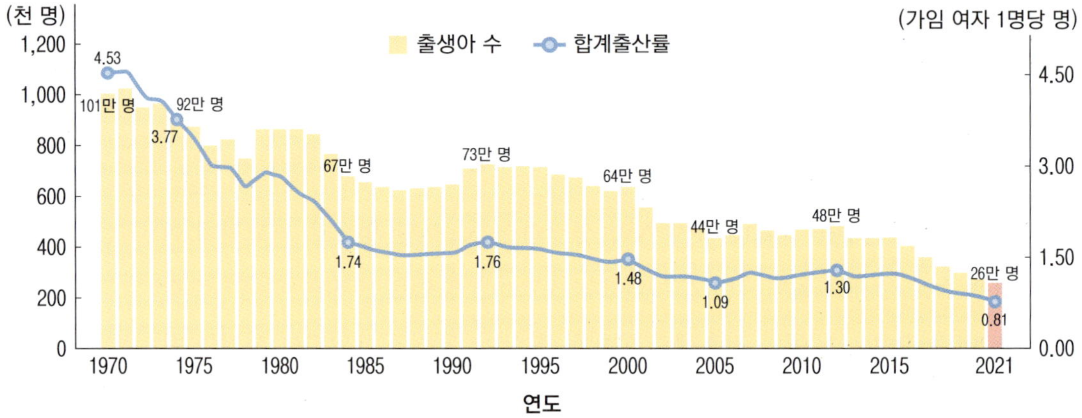

그림 4-2 우리나라의 합계출산율 추이
출처: 통계청, 2021년 출생통계(2022.8)

(2) 고령화

총 인구가 감소하는 반면, 베이비붐baby boom 세대(1955~1974년생)가 점차 노인세대로 진입하고 의료기술 발달 등으로 기대수명이 증가하면서 고령인구는 2020년 815만 명에서 2024년 1,000만 명을 넘어, 2070년에는 1,747만 명까지 증가할 전망이다 그림 4-3. 이와 더불어 고령인구의 구성비도 지속적으로 증가할 전망으로, 2025년경에 초고령사회에 진입하여 2070년에 46.4%까지 증가할 것으로 내다보고 있다 그림 4-4. 이렇듯 우리나라는 향후 급속한 노인 인구의 증가가 예상됨에 따라,

초고령사회
노인인구 20% 초과

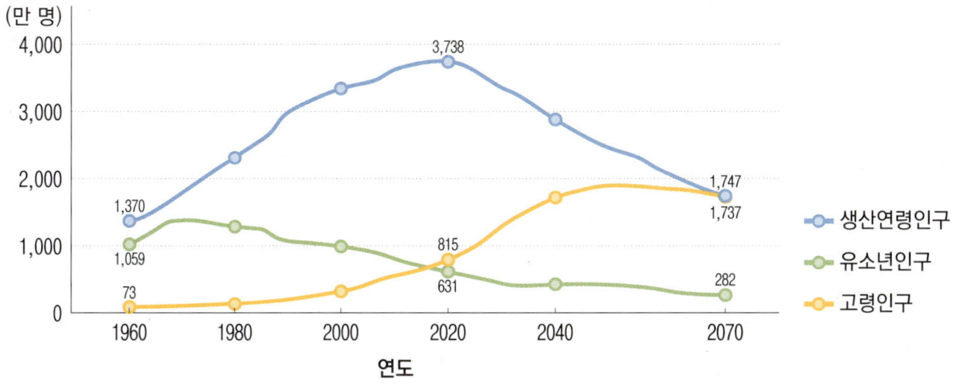

그림 4-3 연령별 인구 구조, 1960~2070년

출처: 통계청, 장래인구추계: 2020~2070년 (2021.12)

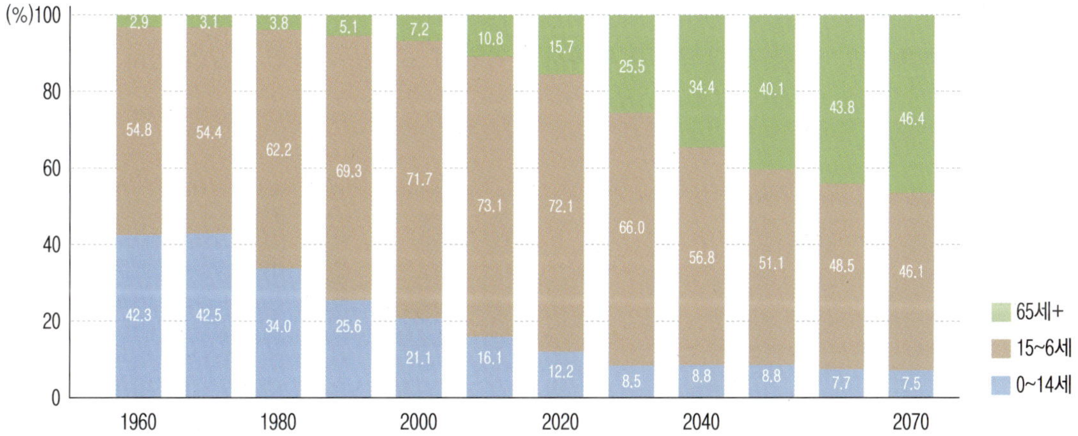

그림 4-4 연령별 인구 구성비, 1960~2070년

출처: 통계청, 장래인구추계: 2020~2070년 (2021.12)

만성질환의 예방과 관리가 더욱 중요하므로 국가적 차원에서 노인의 건강관리를 위한 지역사회영양사업에 더욱 관심을 기울일 필요가 있다.

생각해 보기

우리나라의 고령화 속도가 다른 나라들보다 빠른 이유는 무엇일까요?

(3) 기대수명과 건강수명의 변화

우리나라는 급속한 고령화로 인해 사회적 부담이 증가할 수밖에 없는 실정이다. 특히, 노인 의료비가 빠르게 증가하여 2020년 전체 진료비의 43%를 차지하였다.

이러한 사회적 부담을 줄이기 위해서는 적절한 식사와 운동 및 금연, 절주를 통한 질병 예방과 건강수명을 높이는 것이 중요하다. 우리나라의 기대수명은 2021년 기준 83.6세(남자 80.6세, 여자 86.6세)로 OECD 평균 기대수명보다 남자는 2.9년, 여자는 3.5년 길며, 빠른 경제성장으로 인한 의료기술 발달, 교육 및 소득 수준 향상, 영양상태 개선 등으로 미국, 멕시코 등 다른 나라에 비해 빠르게 증가하는 추세이다.

반면, 우리 국민의 건강수명은 2020년 기준 66.3세로 기대수명 83.5세와 약 17년의 격차가 있으므로 그림 4-5, 제5차 국민건강증진종합계획HP2030의 건강수명 목표(2030년 73.3세)를 달성하기 위해서 다각적인 노력을 기울일 필요가 있다.

건강수명
질병이나 부상으로 인한 유병기간을 제외한 기대수명

기대수명
0세의 기대여명

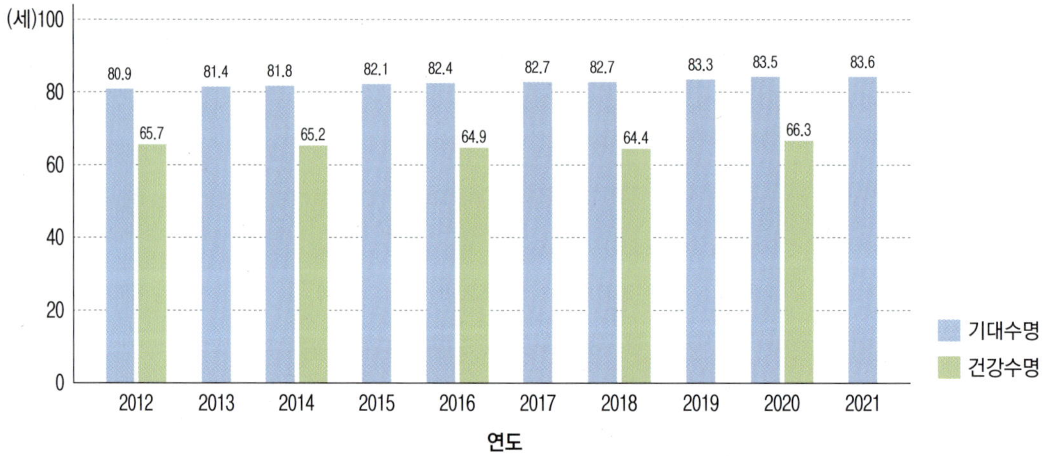

그림 4-5 기대수명 및 건강수명 추이(2011~2021)

출처: 통계청, 생명표 (2022.12)

2) 질병 구조의 변화

(1) 사망률 추이

우리나라의 연간 총 사망자 수는 2021년 기준 약 31만 8,000명 수준으로 노인 인구의 증가로 인해 계속 증가 추세이며, 조사망률도 2009년(497.3명/10만 명)을 저점으로 증가하고 있다 그림 4-6. 2021년 사망자 중 80세 이상이 전체 사망의 50.0%로, 2011년에 비해 15.2%p 증가하였으며, 이는 80세 이상의 노인 인구 증가에 기인한다 그림 4-7. 또한, 사망자의 남녀 성비는 남자가 약 1.2배 높았으며, 특히 60대가 2.7배로 남녀 간 격차가 가장 크게 나타났다.

조사망률
인구 10만 명당 사망자수

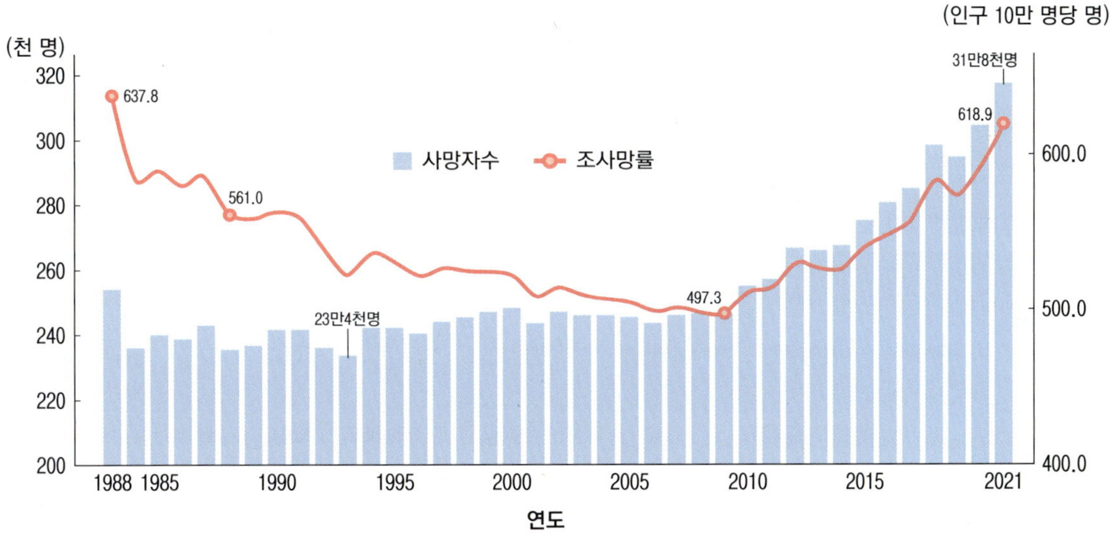

그림 4-6 사망자 수 및 조사망률 추이, 1983~2021년
출처: 통계청, 2021년 사망원인통계 결과 (2022.9)

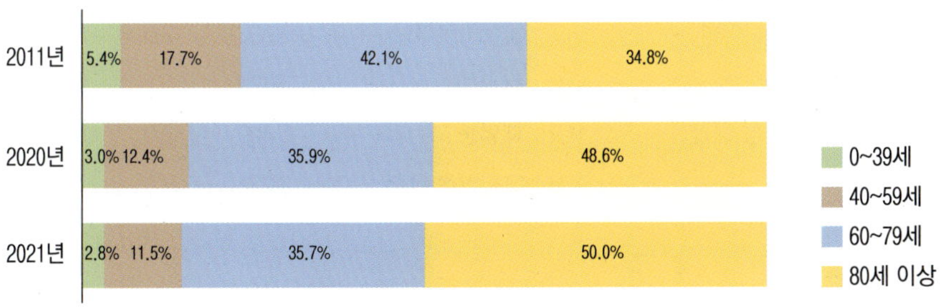

그림 4-7 연령별 사망자 수 구성비
출처: 통계청, 2021년 사망원인통계 결과 (2022.9)

생각해 보기

우리나라의 경우 의료기술이 크게 발달하고 기대수명이 늘었음에도 조사망률이 늘고 있는 이유는 무엇일까요?

(2) 10대 사망원인

① 남녀 전체의 10대 사망원인

2021년 10대 사망원인 순위는 악성신생물(암), 심장질환, 폐렴, 뇌혈관질환, 고의적 자해(자살), 당뇨병, 알츠하이머병, 간 질환, 패혈증, 고혈압성 질환 순으로, 전체 사망원인의 66.0%를 차지하고, 그중 3대 사인(암, 심장 질환, 폐렴)이 43.1%를 차지하고 있다 **표 4-1**. 2011년 대비 심장질환의 순위는 3위에서 2위로 상승한 반면, 과거에 사망원인 순위가 높았던 뇌혈관질환은 2위에서 4위로 낮아졌는데, 이러한 질병 양상의 변화는 식생활 등 환경적 요인의 변화인 것으로 보고되고 있다.

표 4-1 사망원인 순위 추이(2011~2021)

(단위: 인구 10만 명당 명, 명, %)

순위	2011년		2020년		2021년					
	사망원인	사망률	사망원인	사망률	사망원인	사망자수	구성비	사망률	'11 순위 대비	'20 순위 대비
1	악성신생물(암)	142.8	악성신생물(암)	160.1	악성신생물(암)	82,688	26.0	161.1	–	–
2	뇌혈관 질환	50.7	심장 질환	63.0	심장 질환	31,569	9.9	61.5	↑+1	–
3	심장 질환	49.8	폐렴	43.3	폐렴	22,812	7.2	44.4	↑+3	–
4	고의적 자해(자살)	31.7	뇌혈관 질환	42.6	뇌혈관 질환	22,607	7.1	44.0	↓–2	–
5	당뇨병	21.5	고의적 자해(자살)	25.7	고의적 자해(자살)	13,352	4.2	26.0	↓–1	–
6	폐렴	17.2	당뇨병	16.5	당뇨병	8,961	2.8	17.5	↓–1	–
7	만성 하기도 질환	13.9	알츠하이머병	14.7	알츠하이머병	7,993	2.5	15.6	↑+4	–
8	간 질환	13.5	간 질환	13.6	간 질환	7,129	2.2	13.9	–	–
9	운수사고	12.6	고혈압성 질환	11.9	패혈증	6,429	2.0	12.5	↑+5	↑+1
10	고혈압성 질환	10.1	패혈증	11.9	고혈압성 질환	6,223	2.0	12.1	–	↓–1

출처: 통계청, 2021년 사망원인통계 결과 (2022.9)

생각해 보기

우리나라의 경우 심장질환으로 인한 사망률이 늘어나고 있는 이유는 무엇일까요? 특히, 식생활 요인 중 어떤 변화 때문일까요?

② 성별 10대 사망원인

성별 주요 사망원인을 살펴보면, 남자는 악성신생물(암) 사망률이 여자보다 1.6배 높다 그림 4-8. 남자는 여자에 비해 폐렴, 고의적 자해, 간질환, 만성하기도질환, 운수사로로 인한 사망이 높았으며, 여성은 알츠하이머병, 고혈압성 질환, 코로나19로 인한 사망이 남자보다 높았다.

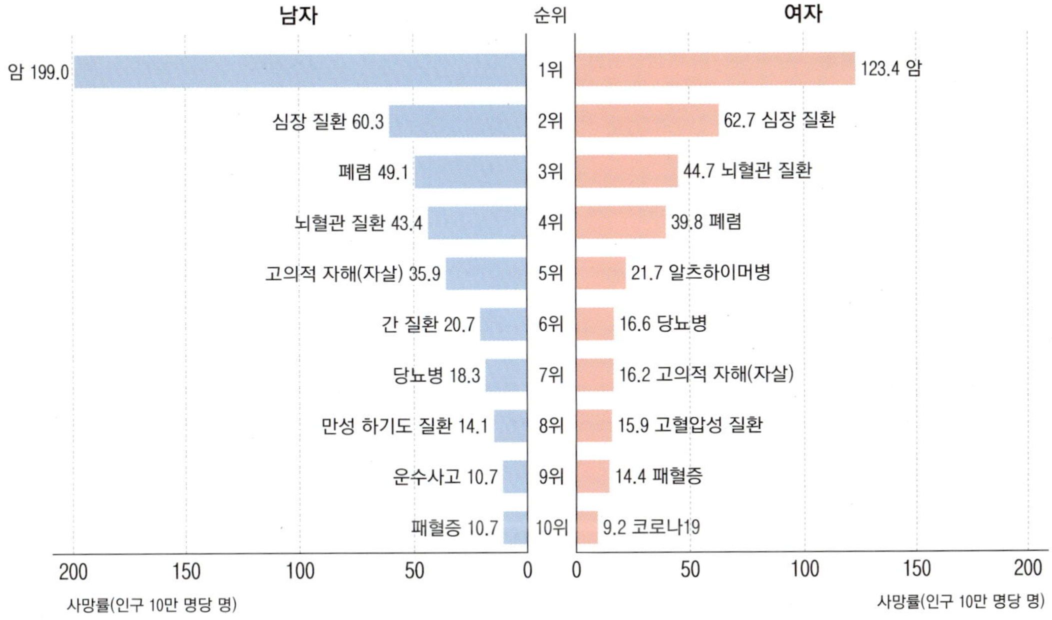

그림 4-8 성별 사망원인 순위

출처: 통계청, 2021년 사망원인통계 결과 (2022.9)

③ 연령별 5대 사망원인

악성신생물(암)은 1~9세 및 40대 이상에서 1위, 10대와 30대에서 2위였으며, 심장질환은 60대 이상에서 2위, 뇌혈관질환은 60대, 70대에서 3위를 차지하였다. 70대 이상의 고연령층에서는 폐렴이 높은 순위를 차지하였으며, 10~30대는 고의적 자해(자살)가 1위를 차지하였다 표 4-2.

표 4-2 연령별 5대 사망원인 사망률 및 구성비, 2021

(단위 : 인구 10만 명당 명, %)

	0세	1~9세	10~19세	20~29세	30~39세	40~49세	50~59세	60~69세	70~79세	80세 이상
1위	출생전후기에 기원한 특정 병태 117.9 (48.9%)	악성 신생물 1.7 (20.9%)	고의적 자해(자살) 7.1 (43.7%)	고의적 자해(자살) 23.5 (56.8%)	고의적 자해(자살) 27.3 (40.6%)	악성 신생물 38.1 (27.7%)	악성 신생물 105.2 (35.4%)	악성 신생물 267.3 (41.4%)	악성 신생물 649.7 (34.7%)	악성 신생물 1,342.4 (17.1%)
2위	선천 기형, 변형 및 염색체 이상 37.0 (15.3%)	가해(타살) 0.7 (9.4%)	악성신생물 2.3 (14.2%)	운수사고 4.1 (9.8%)	악성신생물 11.4 (17.0%)	고의적 자해(자살) 28.2 (20.5%)	고의적 자해(자살) 30.1 (10.1%)	심장질환 51.0 (7.9%)	심장질환 171.4 (9.2%)	심장질환 917.1 (11.7%)
3위	영아돌연사 증후군 19.3 (8.0%)	운수사고 0.6 (7.7%)	운수사고 1.9 (11.4%)	악성신생물 3.5 (8.6%)	심장질환 3.7 (5.6%)	간질환 11.6 (8.4%)	심장질환 23.5 (7.9%)	뇌혈관질환 40.1 (6.2%)	뇌혈관질환 141.1 (7.5%)	폐렴 791.7 (10.1%)
4위	가해(타살) 5.4 (2.2%)	선천 기형, 변형 및 염색체이상 0.5 (6.6%)	심장질환 0.5 (3.0%)	심장질환 1.3 (3.1%)	운수사고 3.5 (5.2%)	심장질환 10.0 (7.2%)	간질환 22.9 (7.7%)	고의적 자해(자살) 28.4 (4.4%)	폐렴 123.2 (6.6%)	뇌혈관질환 607.7 (7.7%)
5위	심장질환 2.7 (1.1%)	추락사고 0.5 (6.3%)	뇌혈관질환 0.4 (2.5%)	뇌혈관질환 0.5 (1.2%)	간질환 3.0 (4.4%)	뇌혈관질환 8.1 (5.9%)	뇌혈관질환 17.0 (5.7%)	간질환 26.5 (4.1%)	당뇨병 60.4 (3.2%)	알츠하이머병 339.2 (4.3%)

출처: 통계청, 2021년 사망원인통계 결과 (2022.9)

생각해 보기

우리나라 주요 사망원인 중 식생활과 관련이 있는 질환으로는 어떤 것들이 있을까요?

3) 사회환경의 변화

(1) 경제적 양극화 및 건강불평등

우리나라는 2021년 선진국으로 올라서고 국내총생산이 세계 10위권에 들었으나, 1997년 IMF 외환위기, 2008년 세계 금융위기, 그리고 2020년 코로나19 발생으로 가구소득 불평등이 확대되고 있는 실정이다.

이러한 경제적 양극화는 식생활을 포함한 건강 행태의 양극화를 가져왔으며, 더 나아가 건강격차(건강불평등)로 이어져 부정적인 영향이 저소득층에 집중되고 있다. 건강형평성을 높이는 것이 '제4차 국민건강증진종합계획HP2020'에 이어 '제5차 국민건강증진종합계획HP2030'의 총괄목표로 제시된 만큼, 식생활 및 건강의 양극화 해소를 위한 노력이 더욱 필요하다.

(2) 가구 형태의 변화

우리나라는 2000년대 들어 부부·미혼자녀로 구성된 가구는 감소하고 있는 반면, 부부로만 구성된 가구와 1인 가구 비중이 빠르게 증가하고 있다.

1인 가구는 다인 가구에 비해 건강과 식생활에 대한 관심과 역량이 낮은 특성을 보이므로, 1인 가구의 건강증진을 위한 관심과 전략이 더욱 요구된다. 이러한 1인 가구와 맞벌이부부의 증가는 식품구매 환경에도 변화를 가져와 외식산업과 집단급식이 가파르게 증가하고 있으며, 가공식품이나 간편식 구입, 편의점 이용도 증가하고 있다.

(3) 건강실천 환경 등의 변화

경제 및 식품환경과 같은 사회환경의 변화 속에서 제1차 국민건강증진종합계획 수립 후 지난 20년간 지역사회를 중심으로 다양한 건강증진 정책이 확대되고 건강실천 환경이 조성되는 변화가 있었다.

특히, 주요 건강 위해요인(흡연, 비만 등)은 규제하고, 만성질환 예방·관리를 강화하는 법률을 제정하였다. 또한, 노인·아동·장애인 등 건강취약계층을 대상으로 찾아가는 건강관리서비스를 강화하고 돌봄 부담을 경감하는 제도(2016년 아이돌봄 지원법, 2017년 치매국가책임제)를 도입하였고, 2019년부터는 지역사회 통합돌봄 선도사업을 추진하였다. 또한, 통합건강증진사업(2013년) 등 지역 맞춤형 건강증진사업을 추진하고, 정보통신기술information and communication technology, ICT을 도입한 보건소 모바일 헬스케어사업을 확대하여(2016년 10개소 → 2019년 100개소) 서비스 접근성을 높임으로써 사회적 환경 변화를 꾀하고 있다. 그러나 여전히 건강보험 보장성 확대, 의료 접근성 제고, 공공의료 강화 등 치료 중심의 보건의료정책이 우선시되고 있는 실정이므로, 건강 결정요인으로 가장 중요한 건강 행태 개선을 통한 만성질환 예방과 관리 및 건강환경 조성에 적극적인 관심과 투자가 필요하다. 더 나아가 여러 건강 행태 중 식생활이 질병 부담에서 가장 큰 비중을 차지하는 요인임에도 흡연, 음주 등 다른 건강 행태에 비해 식생활 개선을 위한 정책과 사업은 부족한 실정이다. 앞으로 만성질환의 예방과 관리 측면에서 정부·전문가·국민이 함께 식생활 개선을 위한 환경 변화와 건강식생활 실천에 더욱 관심을 가질 필요가 있다.

(4) 건강관리 서비스 수요 및 공급의 변화

우리나라는 급속한 고령화 속도 및 소득 증가, 의료기술의 발달 등으로 보건·복지서비스업에 대한 수요가 꾸준히 증가하고 있으며, 보건·복지서비스업은 직업 특성상 직접적인 사람의 손길이 필요한 직업이므로 향후 10년간 전 직업군 중 가장 큰 폭으로 그 수요가 증가할 것으로 내다보고 있다.

또한, 건강유지 및 건강증진, 웰빙에 대한 관심 증대로 국민의 의료 수요가 단순한 치료cure에서 돌봄care으로, 더 나아가 건강하고 행복한 삶wellness으로 변하여 새로운 형태의 건강관리 서비스에 대한 수요-공급 발생이 예측된다. 또한, 4차 산업혁명 시대를 맞아 사물인터넷IoT, 인공지능AI, 빅데이터를 이용한 개인 맞춤형 정밀의료precision medicine가 구현되면, 국가에서 제공하는 건강증진서비스에도 적용이 가능해지므로 이에 대한 관심과 투자가 적극 필요하다.

개인 맞춤형 정밀의료
개개인의 유전체 정보, 환경적 요인, 생활 습관 등을 종합적으로 분석하여 최적의 치료방법을 제공하는 의료서비스

2. 건강 행태 및 주요 만성질환 실태의 변화

1) 건강 행태 변화 추이

(1) 현재 흡연율

1998~2021년 국민건강영양조사 결과, 지난 20여 년간 담뱃값 인상, 금연구역 확대 등 꾸준한 금연정책으로 인해 성인 남자 흡연율은 절반 수준으로 감소하였으나, 여전히 2021년 성인 남자의 현재 흡연율은 31.3%로 OECD 회원국 중 흡연율 최상위를 차지하고 있으며 그림 4-9, 성인 여성의 흡연율은 6.9%로 큰 변화는 없으나, 20~40대 여자 흡연율이 20년간 약 2배 증가하였다. 청소년 건강행태조사 결과, 남자 청소년의 현재 흡연율도 2011년 17.2%에서 2021년 6.0%로 뚜렷한 감소 추세를 보였다 그림 4-10.

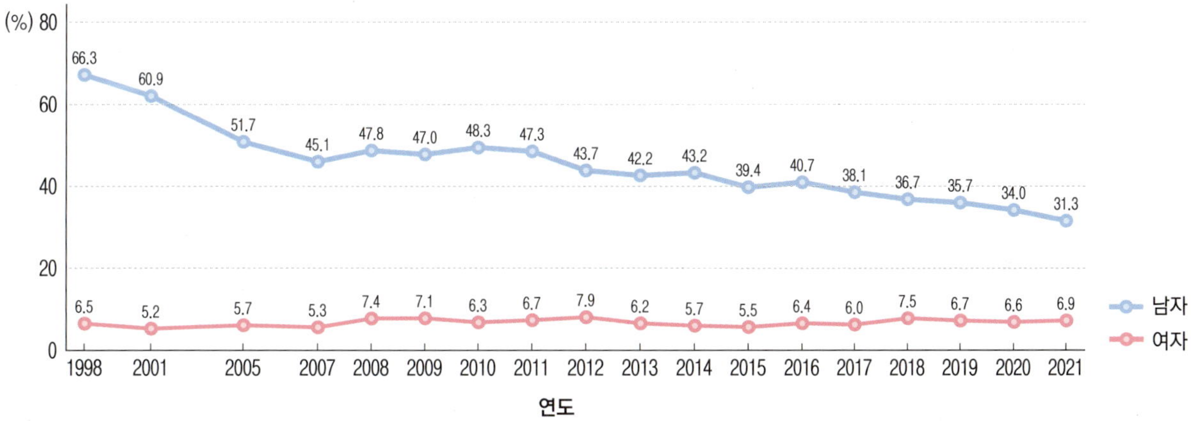

※ 현재흡연율 : 평생 일반담배(궐련) 5갑(100개비) 이상 피웠고 현재 일반담배(궐련)를 피우는 분율, 만 19세 이상
※ 2005년 추계인구로 연령표준화

그림 4-9 성인의 현재 흡연율 추이

출처: 질병관리청, 2021 국민건강통계 (2022.12)

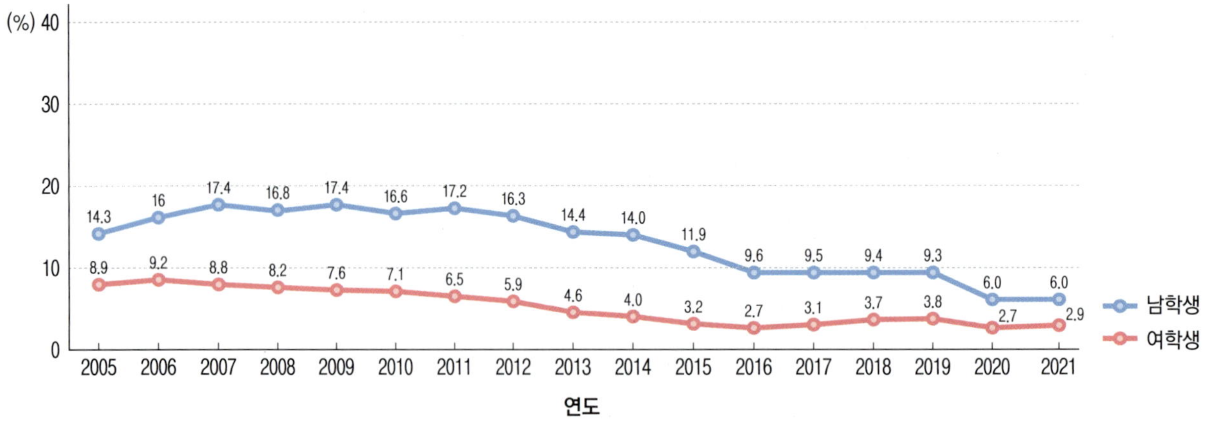

※ 현재흡연율 : 최근 30일 동안 1일 이상 흡연한 사람의 분율(2019~2020년 : 일반담배(궐련)를 흡연한 사람의 분율), 중1~고3

그림 4-10 청소년의 현재 흡연율 추이

출처: 질병관리청, 2021 청소년건강 행태조사 (2022.4)

(2) 고위험음주율

우리나라 성인 남자 5명 중 1명은 주 2회 이상 술을 마시면서 1회 평균 음주량이 7잔 이상인 고위험음주자이며, 특히 성인 여자의 고위험음주율(1회 평균 음주량 5잔 이상)은 소폭 증가 추세이므로 관심을 가질 필요가 있다 그림 4-11. 다행히 청소년의 현재 음주율은 크게 감소하는 추세이다그림 4-12.

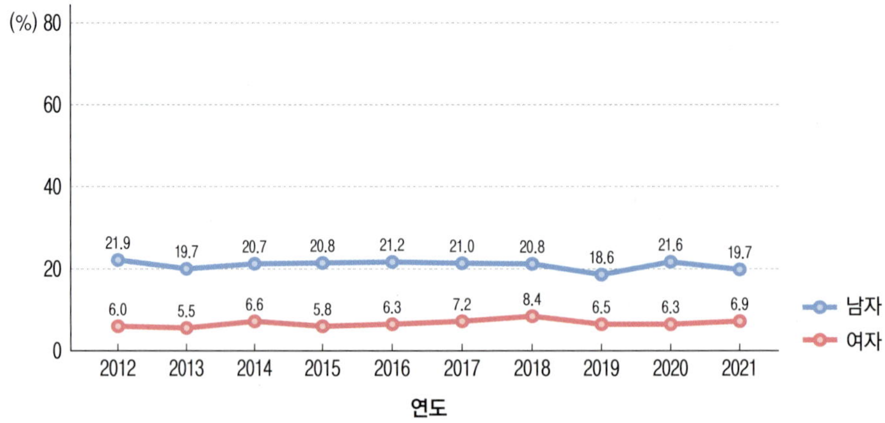

※고위험음주율 : 1회 평균 음주량이 7잔 이상(여자 5잔 이상)이며 주 2회 이상 음주하는 분율, 만 19세 이상
※2005년 추계인구로 연령표준화

그림 4-11 성인의 고위험음주율 추이

출처: 질병관리청, 2021 국민건강통계 (2022.12)

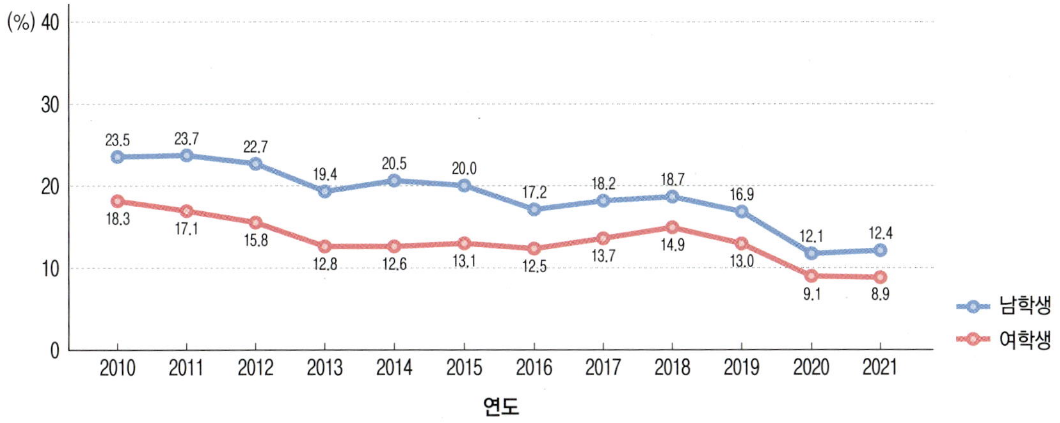

※ 현재음주율 : 최근 30일 동안 1잔 이상 술을 마신 적이 있는 사람의 분율, 중1~고3

그림 4-12 청소년의 현재 음주율 추이

출처: 질병관리청, 2021 청소년건강 행태조사 (2022.4)

생각해 보기

우리나라 젊은 여성들의 흡연율과 고위험음주율이 증가하고 있는 이유는 무엇일까요?

(3) 유산소 신체활동 실천율

유산소 신체활동에 대한 조사가 시작된 2014년 이후 유산소 신체활동 실천율은 감소 추세로 2021년 남자 50.2%, 여자 45.4%로 낮아졌으며 그림 4-13, 전 연령대에서 모두 감소하였으나 특히 70대 이상에서 가장 큰 폭의 감소를 보였다 그림 4-14. 근력운동 실천율은 여자가 남자에 비해 2배 정도 낮았다. 이에 노년층과 여성의 신체활동 증진을 위한 지역사회 프로그램 개발이 더욱 필요하다.

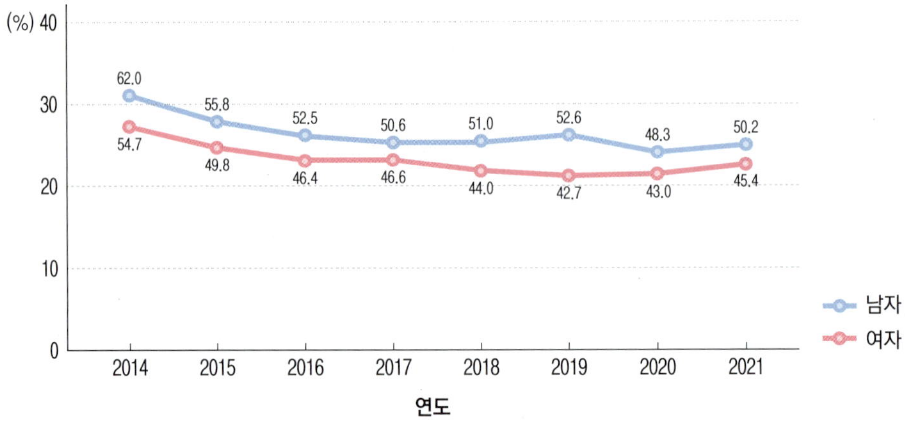

※ 유산소신체활동실천율 : 일주일에 중강도 신체활동을 2시간 30분 이상 또는 고강도 신체활동을 1시간 15분 이상 또는 중강도와 고강도 신체활동을 섞어서(고강도 1분은 중강도 2분) 각 활동에 상당하는 시간을 실천한 분율, 만 19세 이상
※ 2005년 추계인구로 연령표준화

그림 4-13 유산소 신체활동 실천율 추이

출처: 질병관리청, 2021 국민건강통계 (2022.12)

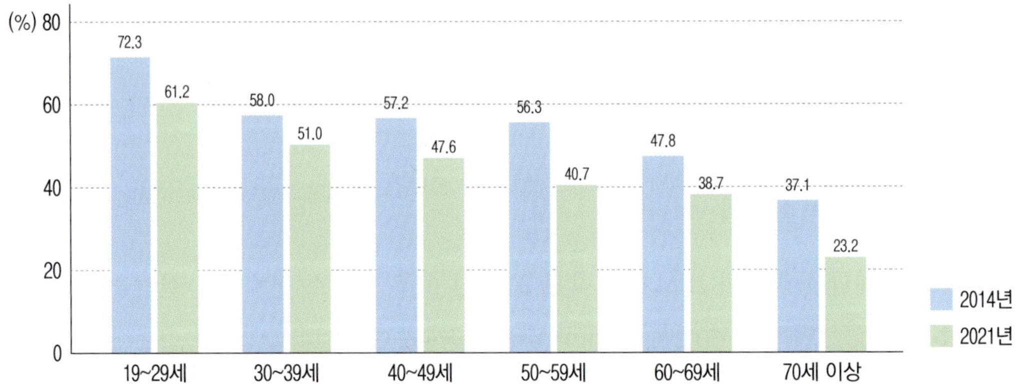

그림 4-14 연령별 유산소 신체활동 실천율 변화

2) 주요 만성질환의 실태

(1) 비만

국민건강영양조사 결과, 성인 남자의 비만 유병률은 지난 10년간 급격히 증가하여 2021년 46.3%로 약 2명 중 1명이 비만이다. 성인 여자의 비만 유병률은 지난 20년간 큰 변화를 보이지 않다가 2019년 25.0%에서 2020년 27.7%로 다소 증가하였

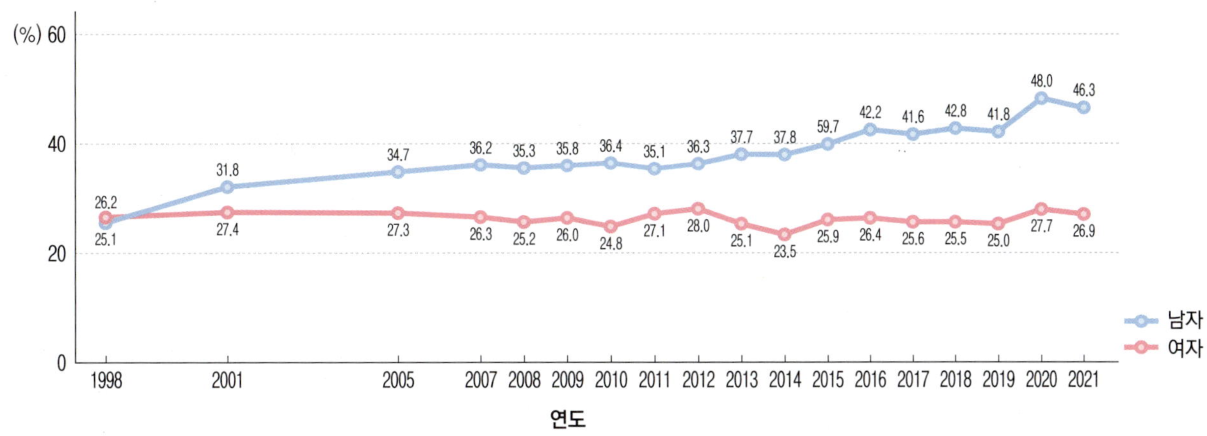

※ 비만 : 체질량지수(kg/m^2)가 25 이상인 분율, 만 19세 이상 ※ 2005년 추계인구로 연령표준화

그림 4-15 비만 유병률(1998~2021년 추이)

출처: 질병관리청, 2021 국민건강통계 (2022.12)

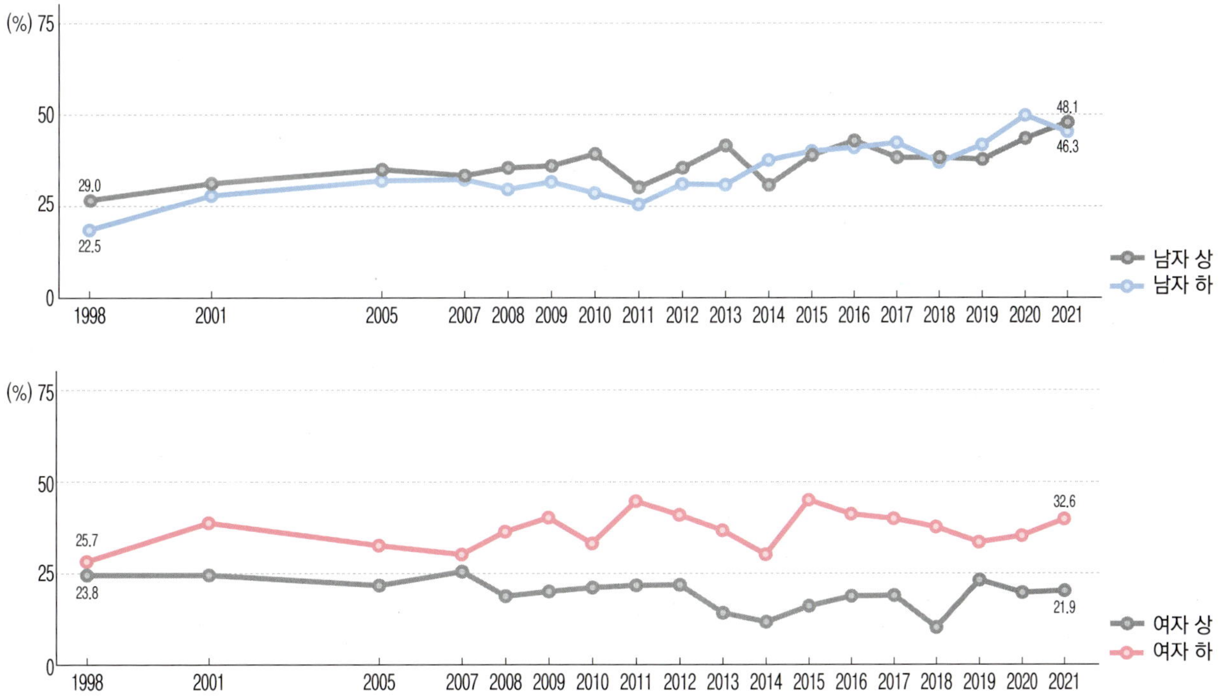

그림 4-16 상-하 소득수준별 비만 유병률 추이

출처: 질병관리청, 2021 국민건강통계 (2022.12)

는데 그림 4-15, 이는 코로나19 여파로 신체활동이 줄어듦에 영향을 받은 것으로 보인다. 남자에 비해 여자는 소득 수준이 낮을수록 비만 유병률이 높은 뚜렷한 특징을 보였으며(소득 수준 하: 32.6% vs. 상: 21.9%) 이러한 격차는 지난 20년간 점차 커지고 있다 그림 4-16.

생각해 보기

우리나라 남성의 비만율이 증가하는 이유는 무엇일까요?

(2) 고혈압

고혈압 유병률은 지난 10년간 남녀 모두 큰 변화는 없으나, 남자는 3명 중 1명(2021년 31.5%), 여자는 5명 중 1명(2021년 21.7%)이 고혈압 유병자이다 그림 4-17. 고혈압 인지율이 지난 20년간 크게 개선되었으며, 특히 고혈압 유병을 인지하거나 치료하는 사람의 혈압 조절률이 크게 향상되었다 그림 4-18.

(3) 당뇨병

당뇨병 유병률은 2005년 이후 큰 변화 없이 10명 중 약 1명(2020년 남자 16.6%, 여자 10.4%)이 당뇨병 유병자이다 그림 4-17. 당뇨병 인지율, 치료율은 높은 반면, 조절률은 낮은 수준이다 그림 4-18. 특히 30~40대에서 당뇨병 인지율과 치료율이 낮은 상황이다.

(4) 고콜레스테롤혈증

고콜레스테롤혈증 유병률은 통계를 발표하기 시작한 2005년 이후 15년 만에 남녀 모두 약 3배 증가하여, 2020년 기준 4명 중 1명(남자 24.6%, 여자 22.8%)이 고콜레스테롤혈증 유병자이다 그림 4-17. 특히, 남자는 40대, 여자는 50대부터 고콜레스테롤혈증 유병률이 증가하였다. 고콜레스테롤혈증의 인지율, 치료율, 조절률은 2005

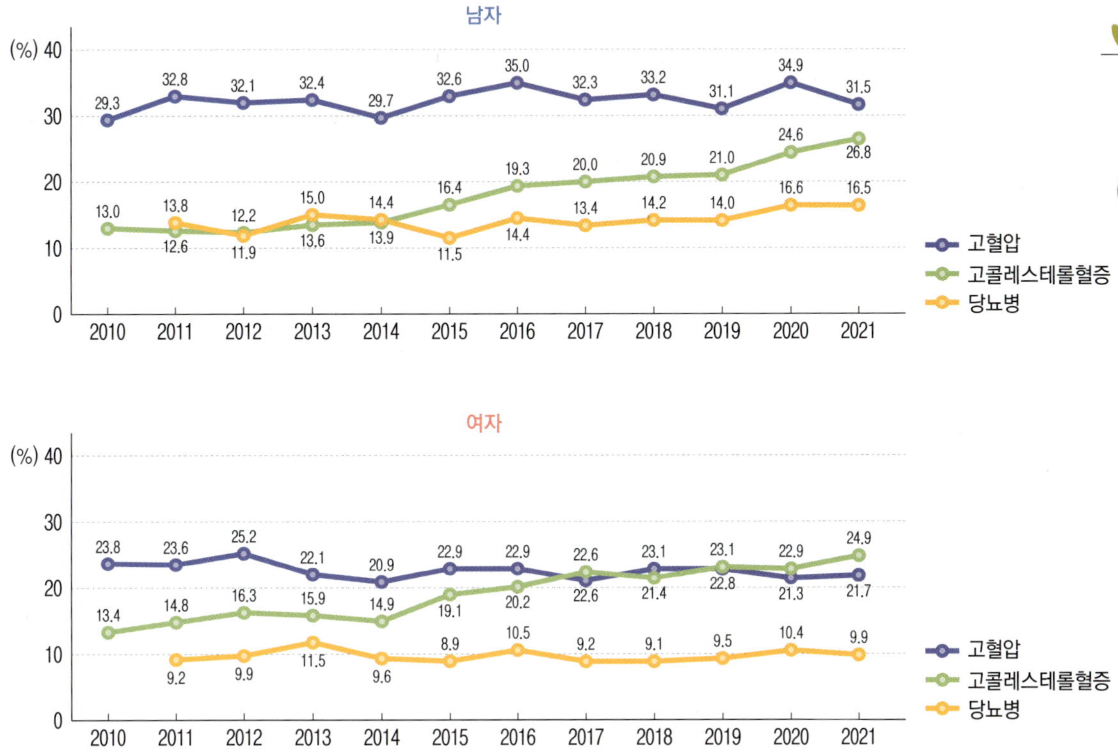

※ 고혈압 : 수축기혈압이 140mmHg 이상이거나 이완기혈압이 90mmHg 이상 또는 고혈압 약물을 복용하는 분율, 만 30세 이상
※ 당뇨병 : 공복혈당이 126mg/dL 이상이거나 의사진단을 받았거나 혈당강하제복용 또는 인슐린 주사를 사용하거나, 당화혈색소 6.5% 이상인 분율, 만 30세 이상
※ 고콜레스테롤혈증: 혈중 총콜레스테롤이 240mg/dL 이상이거나 콜레스테롤강하제를 복용하는 분율, 만 30세 이상
※ 2005년 추계인구로 연령표준화

그림 4-17 만성질환 유병률 추이

출처: 질병관리청, 2021 국민건강통계 (2022.12)

년 이후 지속적으로 개선되고 있으며, 다른 만성질환에 비해 인지율과 치료율이 낮으나, 약물치료를 하면 조절률이 매우 높은 수준이다 그림 4-18.

생각해 보기

우리나라 성인의 고콜레스테롤혈증 유병률이 크게 증가한 이유는 무엇일까요?

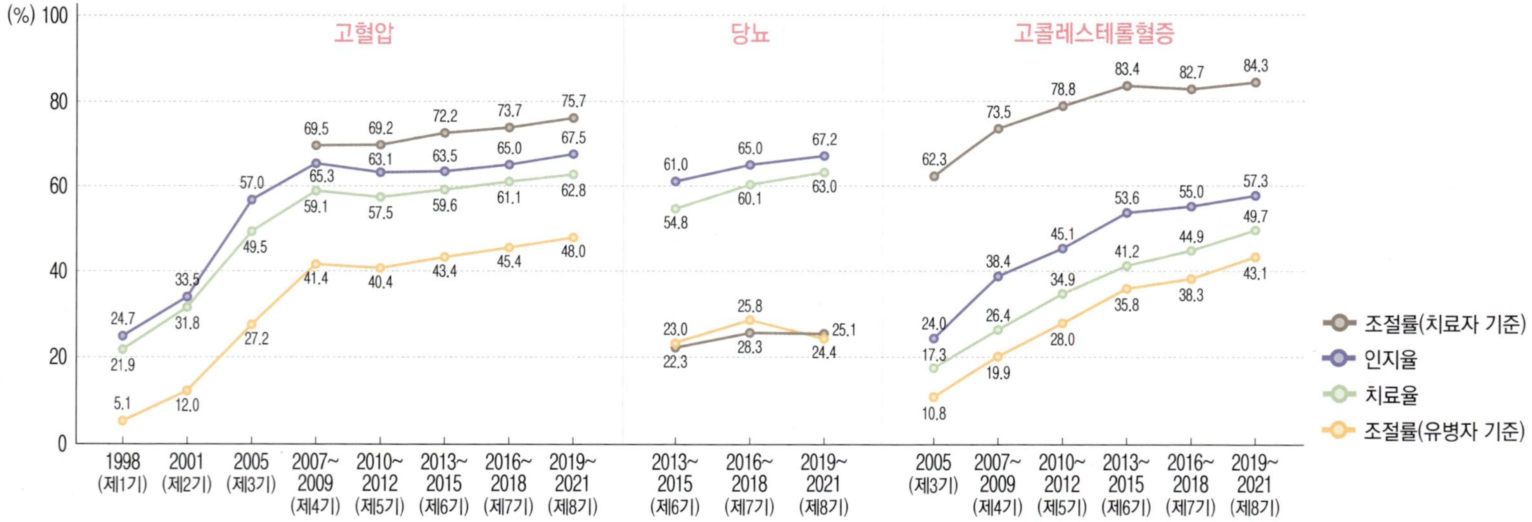

※ 고혈압 인지율: 고혈압 유병자 중 의사로부터 고혈압 진단을 받은 분율, 만 30세 이상
※ 고혈압 치료율: 고혈압 유병자 중 현재 혈압강하제를 한달에 20일 이상 복용한 분율, 만 30세 이상
※ 고혈압 조절률(유병자기준): 고혈압 유병자 중 수축기혈압이 140mmHg 미만이고 이완기혈압이 90mmHg 미만인 분율, 만 30세 이상
※ 고혈압 조절률(치료자기준): 고혈압 치료자 중 수축기혈압이 140mmHg 미만이고 이완기혈압이 90mmHg 미만인 분율, 만 30세 이상
※ 당뇨병 인지율: 당뇨병 유병자(공복혈당 또는 당화혈색소 기준) 중 의사로부터 당뇨병 진단을 받은 분율, 만 30세 이상
※ 당뇨병 치료율: 당뇨병 유병자(공복혈당 또는 당화혈색소 기준) 중 현재 혈당강하제를 복용 또는 인슐린 주사를 사용하는 분율, 만 30세 이상
※ 당뇨병 조절률(유병자기준): 당뇨병 유병자(공복혈당 또는 당화혈색소 기준) 중 당화혈색소가 6.5% 미만인 분율, 만 30세 이상
※ 당뇨병 조절률(치료자기준): 당뇨병 치료자(공복혈당 또는 당화혈색소 기준) 중 당화혈색소가 6.5% 미만인 분율, 만 30세 이상
※ 고콜레스테롤혈증 인지율: 고콜레스테롤혈증 유병자 중 의사로부터 고콜레스테롤혈증 진단을 받은 분율, 만 30세 이상
※ 고콜레스테롤혈증 치료율: 고콜레스테롤혈증 유병자 중 현재 콜레스테롤강하제를 한 달에 20일 이상 복용한 분율, 만 30세 이상
※ 고콜레스테롤혈증 조절률(유병자기준): 고콜레스테롤혈증 유병자 중 총콜레스테롤수치가 200mg/dL 미만인 분율, 만 30세 이상
※ 고콜레스테롤혈증 조절률(치료자기준): 고콜레스테롤혈증 치료자 중 총콜레스테롤수치가 200mg/dL 미만인 분율, 만 30세 이상
※ 2005년 추계인구로 연령표준화(연령표준화 자료 없는 경우 비표준화 값 제시)

그림 4-18 만성질환 관리 수준 추이

출처: 질병관리청, 2021 국민건강통계 (2022.12)

3. 식생활과 영양 섭취의 변화

1) 식품안정성

국민건강영양조사에서 가구의 식생활 형편을 나타내는 식품안정성을 조사한 결과, 2005년 식품안정성 확보가구 분율은 87.9%이었다. 그러나 국민건강증진종합계획에 따라 취약계층을 위한 국가와 지자체의 다양한 영양사업이 지속적으로 진행되면서 식품안정성이 2021년 96.7%로 증가하였다. 그러나, 소득 하위 5분위 가구의 식품안정성 분율이 89.6%로 소득 상위 5분위 가구의 99.5%에 비해 매우 낮으므로, 저소득층을 위한 영양사업이 지속적으로 필요하다.

식생활 형편
가구 내 음식의 충분성과 다양성 정도

2) 식품 섭취 실태

지난 10년간 곡류, 채소류, 과일류 섭취량은 꾸준히 감소하여 과일과 채소를 하루 500 g 이상 섭취하는 분율(만 6세 이상, 연령표준화)이 2012년 35.8%에서 2021년 25.5%로 감소하였다. 반면 음료류 섭취량은 지난 10년간 1.7배 증가하였다 그림 4-19.

3) 영양소 섭취 실태

(1) 에너지와 주요 영양소 섭취

에너지 섭취량은 지난 10년간 감소 추세이며(2021년 남자 2,129 kcal/일, 여자 1,576 kcal/일), 탄수화물 섭취량은 지속적으로 감소한 반면, 지방 섭취량은 지속적으로 증가하였다. 이로 인해 에너지 섭취량 중 탄수화물의 에너지 섭취분율은 감소하였으나 지방의 섭취분율은 증가하였다 그림 4-20.

우리나라 국민은 미량영양소 중 나트륨을 지나치게 많이 섭취하는 반면, 칼슘과 비타민 A는 매우 부족하게 섭취하고 있다. 2012년부터 나트륨 저감화 정책사업 등

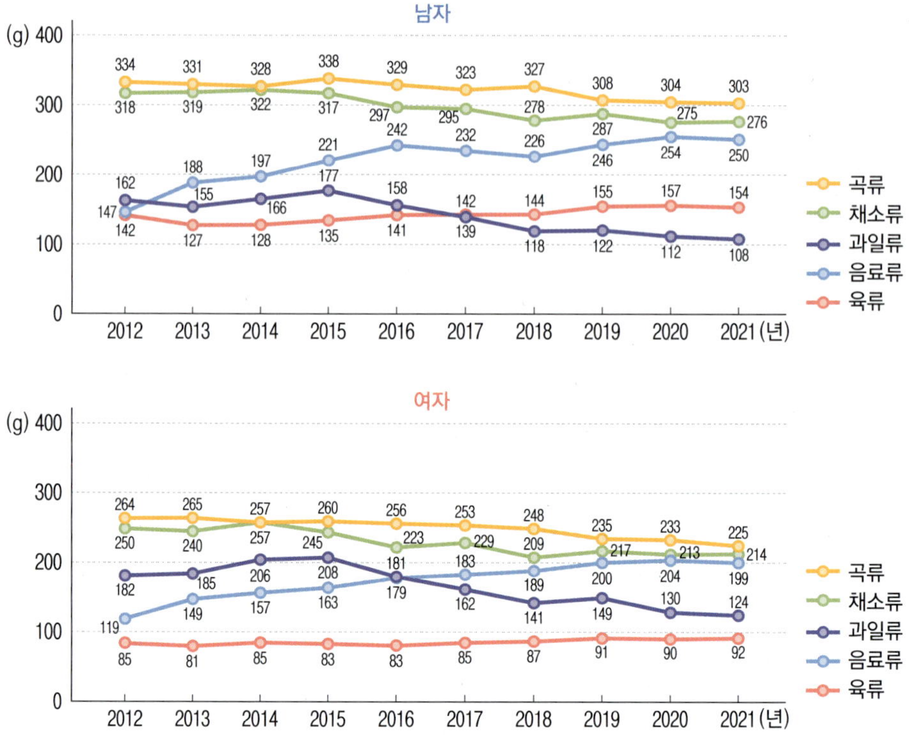

※ 식품군별 섭취량 : 1인 1일당 식품군별 섭취량의 평균, 만 1세 이상 ※ 2005년 추계인구로 연령표준화

그림 4-19 식품군별 섭취량 추이

출처: 질병관리청, 2021 국민건강통계 (2022.12)

이 적극적으로 시행되면서 나트륨 섭취가 감소 추세이기는 하나, 우리나라 국민의 2021년 평균 나트륨 섭취량은 일일 3,038 mg으로 만성질환 위험감소를 위한 나트륨 섭취량(2,300 mg/일)에 비해 여전히 높은 수준이므로 나트륨 섭취량을 줄이기 위한 노력이 더욱 필요하다.

생각해 보기

지방으로부터의 에너지섭취분율의 증가는 어떤 결과를 가져올 수 있을까요?

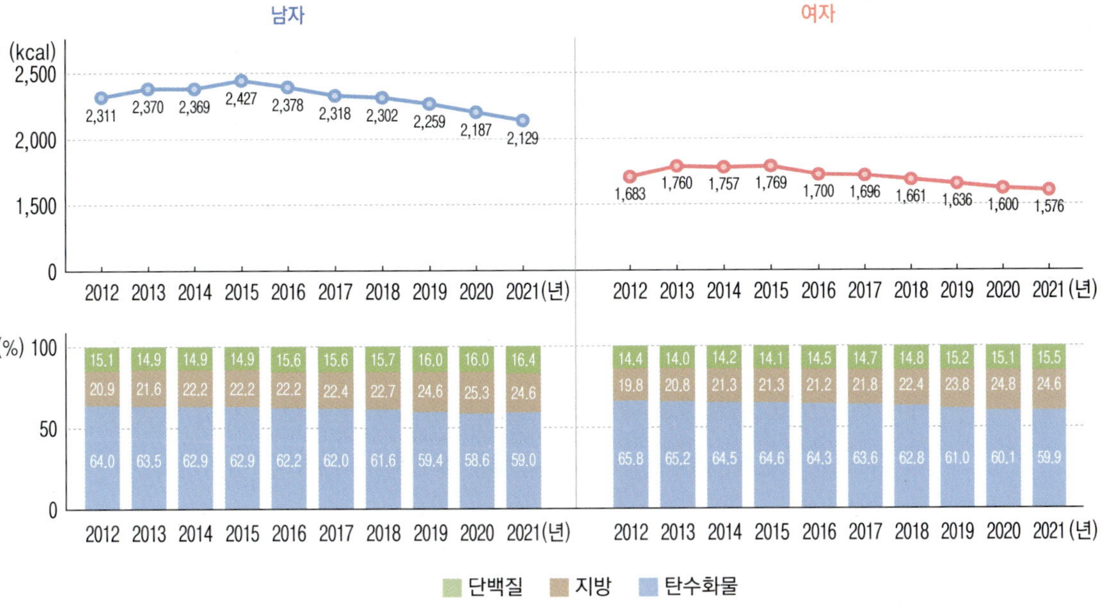

※ 에너지 섭취량 : 1인 1일당 에너지 섭취량의 평균, 만 1세 이상
※ 급원별 에너지섭취분율 : {(단백질 섭취량)×4+(지방 섭취량)×9+(탄수화물 섭취량)×4}에 대한 {(단백질 섭취량)×4} 또는 {(지방 섭취량)×9}, {(탄수화물 섭취량)×4}의 분율
※ 2005년 추계인구로 연령표준화

그림 4-20 1일 에너지 섭취량 및 에너지 급원별 섭취분율 추이
출처: 질병관리청, 2021 국민건강통계 (2022.12)

(2) 영양섭취부족 분율

영양섭취부족 분율은 2012년 11.9%에서 2021년 16.6%로 크게 증가하였으며, 특히 2019년에 비해 2020년에 학동기 아동(6~11세; 2019년 6.8% → 2020년 12.8%)과 청소년(12~18세; 2019년 21.4% → 2020년 26.9%)에서 크게 증가하였다. 이는 코로나19로 인해 2020년에 학교 등교일이 크게 감소하여 학교급식을 제공받지 못하고 가정에서 고른 식품 섭취가 부족했기 때문으로 보인다. 대면수업이 다소 회복된 2021년에는 영양섭취부족 분율도 약간 낮아지며 개선의 여지를 보였으나, 2019년보다는 여전히 높은 수준이다. 그러나 어느 연령층보다 70세 이상 노인의 영양섭취부족 분율이 가장 높은 상황이므로 노인 대상의 다양한 영양사업이 요구된다.

영양섭취부족
에너지 섭취량이 필요추정량의 75% 미만이면서 칼슘, 철, 비타민 A, 리보플라빈의 섭취량이 모두 평균필요량 미만

4) 식생활 실태

(1) 건강식생활 실천

건강식생활 실천율
지방(지방에너지적정비율 이내), 나트륨(<2,000mg/일), 과일 및 채소(≥500g/일), 영양표시(가공식품 선택 시 영양표시 활용) 4개 지표 중 2개 이상을 만족하는 분율(초등학생 이상)

건강식생활 실천율은 지난 10년 간 점차 개선되었으나, 여전히 지난 HP2020 목표(48.6%)에도 도달하지 못한 수준이다 그림 4-21. 특히 건강식생활 실천율은 남자가 여자보다 낮고, 65세 이상 노인과 저소득군에서 낮은 경향을 보였다. HP2030 건강식생활 실천율 목표치를 50.6%로 상향하였으므로 이 목표를 달성하기 위해서 생애주기별 또는 취약계층 대상으로 전반적인 식생활 개선을 위한 다양한 영양사업이 더욱 요구된다. 더 나아가 건강식생활 실천율의 지역 간 격차가 커진 만큼 농촌지역에 대한 관심이 더욱 필요하다. 향후 국가적으로 민·관 협력체계를 강화하여 건강식생활 실천 캠페인이나 가공·간편식의 영양표시 의무화 확대 등 건강한 식품 선택권 보장을 위한 환경 조성도 함께 이루어져야 할 것이다.

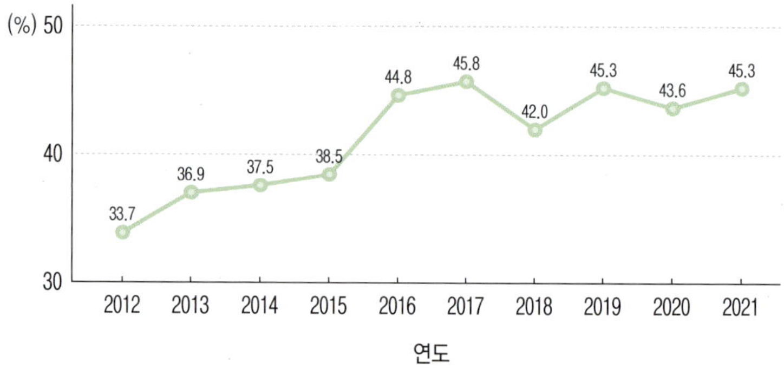

그림 4-21 건강식생활 실천율 추이

출처: 질병관리청, 2021 국민건강통계 (2022.12)

(2) 식생활평가지수

식생활평가지수Korean healthy eating index, KHEI는 우리나라 식생활 지침의 권장사항을 잘 준수하는지를 정량적으로 평가하는 도구로, 총 14개 항목(섭취를 권장하는 식품 8개 항목, 섭취를 제한하는 식품 및 영양소 3개 항목, 에너지 섭취를 평가하는 3개 항목)으로 구성되었으며, 항목별 평가점수(0~5점 또는 0~10점)를 합산해 0~100점으로 산출되는 지표이다 그림 4-22A.

우리나라 성인의 식생활평가지수는 평균 62.4점이었으며, 남자(60.9점)가 여자(63.8점)보다 낮았다 그림 4-22B. 성인 중 20~30대의 식생활평가지수가 가장 낮았고, 60대에서 가장 높았다. 식생활평가지수 항목 중 식생활지침 권장사항을 잘 준수하지 못하는 것은 잡곡, 과일(총 과일, 생과일), 우유 및 유제품, 탄수화물 에너지 섭취비율이었다 그림 4-22C. 특히, 잡곡과 과일 섭취 항목 점수는 20~30대에서 매우 낮았고, 탄수화물 에너지섭취비율 점수는 60대 이상 노인에서 가장 낮았다. 이와 같이 생애주기별로 취약한 식생활이 다르므로 이를 고려한 생애주기별 영양사업의 개발이 필요하다.

A. 구성 항목 및 점수

아침식사 섭취 10점	총 과일 섭취 5점	생과일 섭취 5점
잡곡 섭취 5점	총 채소 섭취 5점	김치, 장아찌류 제외 채소 섭취 5점
고기, 생선, 달걀, 콩류 섭취 10점	총 14항목 총 100점	우유 및 유제품 섭취 10점
포화지방산 에너지섭취비율 10점	나트륨 섭취 10점	당류, 음료류 에너지섭취비율 10점
탄수화물 에너 섭취비율 5점	지방 에너지섭취비율 5점	에너지 적정 섭취 5점

B. 식생활평가지수 점수

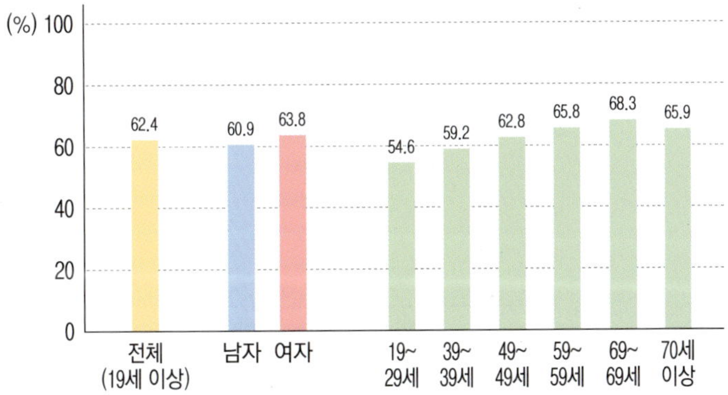

C. 식생활평가지수 항목별 점수

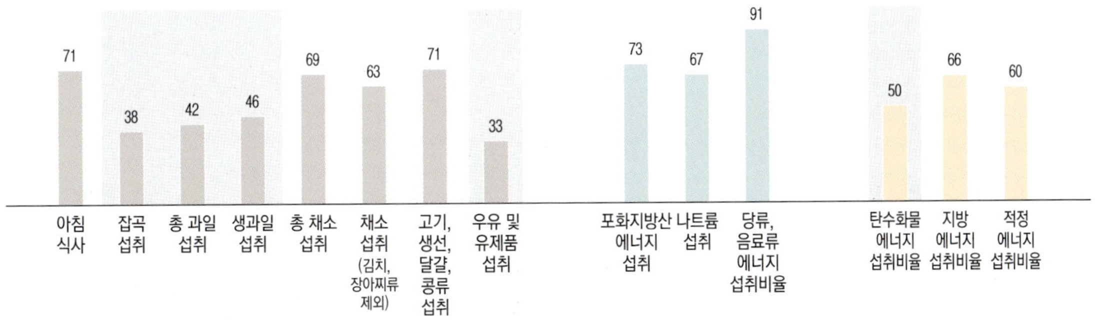

그림 4-22 식생활평가지수

출처: 질병관리청, 국민건강영양조사 FACT SHEET - 국민건강영양조사 제7기(2016-2018) 자료 활용 (2020)

생각해 보기

식생활평가지수 구성 항목 중 대학생들에게 가장 문제가 되는 것은 무엇일까요?

(3) 주요 식생활 행태

아침식사 결식 및 불규칙한 식사는 과식으로 이어질 수 있고, 이는 비만과 만성 질환 발생에 영향을 미칠 수 있으므로 규칙적인 식습관이 중요하다. 그러나 우리나라의 아침식사 결식률은 지난 10년간 지속적으로 증가 추세이다 그림 4-23. 특히 남

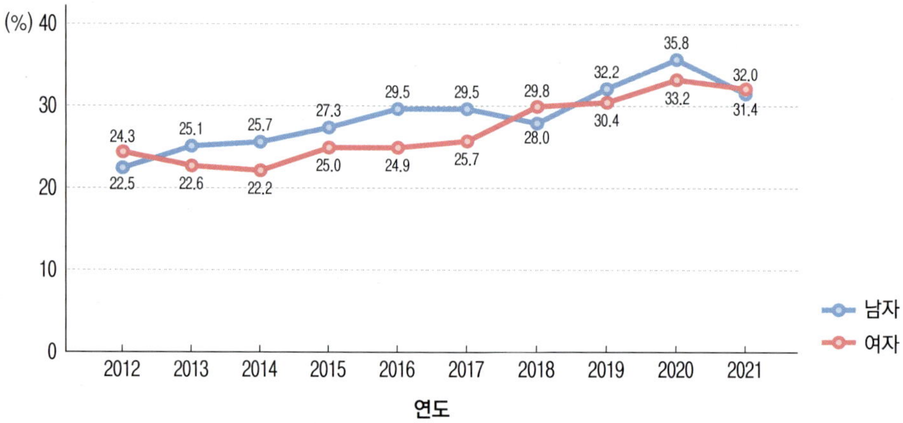

※ 아침식사 결식률 : 조사 1일 전 아침식사를 결식한 분율, 만 1세 이상 ※ 2005년 추계인구로 연령표준화

그림 4-23 아침식사 결식률 추이

출처: 질병관리청, 2021 국민건강통계 (2022.12)

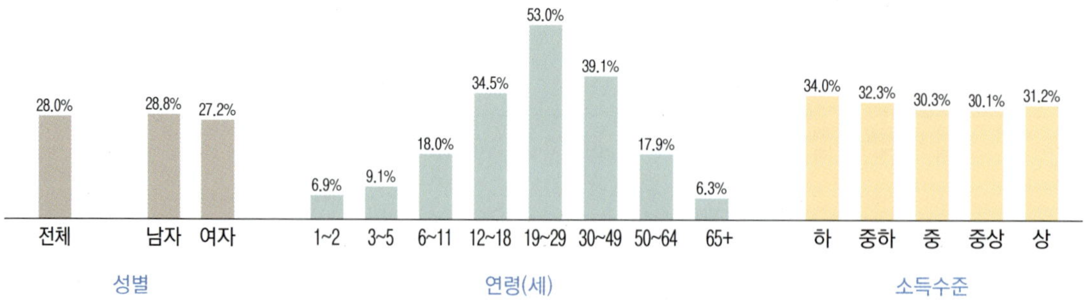

그림 4-24 성 · 연령별, 소득수준별 아침식사 결식률

자, 20대, 소득 수준이 낮은 경우 아침식사 결식률이 높았다 그림 4-24.

하루 1회 이상 외식을 하는 분율은 증가 추세였다가 2020~2021년은 코로나19의 영향으로 크게 감소하였다 그림 4-25. 외식 섭취빈도가 높을수록 남녀 모두 에너지, 지방, 나트륨의 과잉섭취 분율이 크게 높아지므로 그림 4-26, 외식을 하는 경우 적절한 메뉴를 선택할 수 있도록 적극적인 영양교육 및 캠페인이 필요하다.

가족과 함께 저녁식사를 하는 경우 대체로 균형 잡힌 식사를 하므로 여러 가지 영

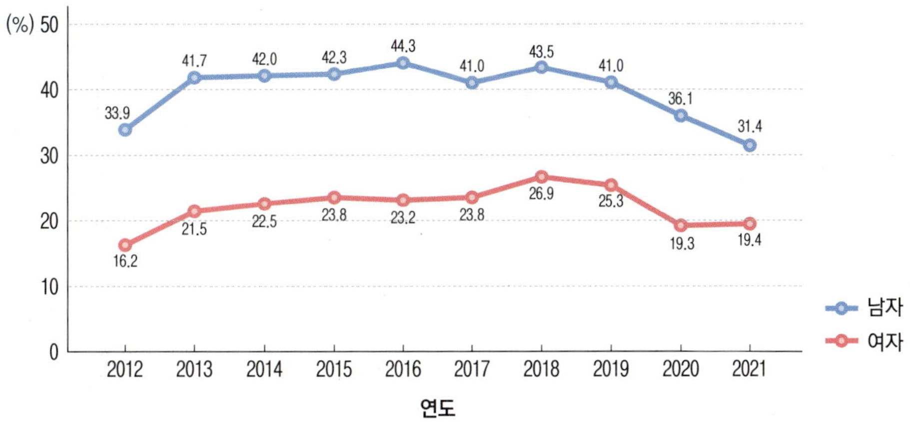

※ 하루 1회 이상 외식률 : 외식빈도가 하루 1회 이상인 분율, 만1 세 이상 ※ 2005년 추계인구로 연령표준화

그림 4-25 외식률 추이

출처: 질병관리청, 2021 국민건강통계 (2022.12)

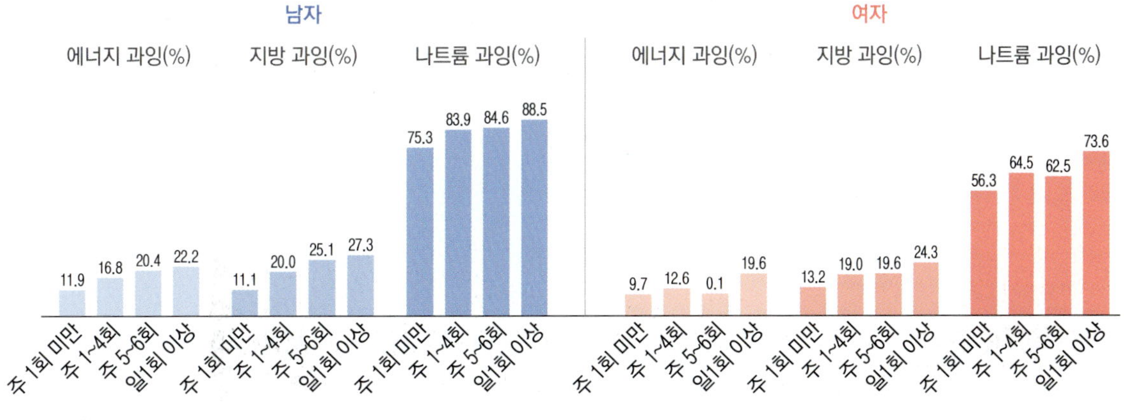

그림 4-26 외식 섭취빈도에 따른 영양섭취 과잉 분율

출처: 질병관리청, 국민건강영양조사 원시자료 활용

양소의 섭취 부족을 낮출 수 있다. 그러나 혼자 사는 가구가 증가하면서 저녁식사 가족동반 식사율은 2005년 76.0%에 비해 2020년 70.0%로 감소 추세에 있다. 특히, 20대의 저녁식사 가족동반 식사율이 가장 낮았으며, 남자는 혼자 식사를 하는 경우가 가족과 식사하는 경우에 비해 영양섭취부족률이 2배 이상 높았다.

지역사회 진단 및 요구 조사

Chapter 5

1. 지역사회 영양사업 개발과정 | 2. 지역사회 진단 |
3. 지역사회 건강 및 영양 문제 진단을 위한 연구방법 |
4. 지역사회 건강 및 영양 문제 진단을 위한 양적조사의 실제 |
5. 지역사회 건강 및 영양 문제 진단을 위한 질적조사의 실제

Chapter

5

학습목표

1. 지역사회 문제진단의 개념과 목표를 이해한다.
2. 연구방법론을 이해하여 문제진단을 위한 조사 및 해석에 활용할 수 있다.
3. 다양한 양적조사 자료를 이용하여 지역사회의 건강 및 영양 문제를 진단할 수 있다.
4. 지역사회 영양문제를 진단하기 위해 사용할 수 있는 질적자료 수집방법을 알고 적용할 수 있다.

1. 지역사회 영양사업 개발과정

지역사회 영양사업 개발의 가장 첫 번째 단계는 지역사회의 문제진단이다. 지역사회 건강 및 영양 상태를 파악하고 관련 문제를 진단하는 것은 지역사회 영양사업 수행을 위한 근거가 되기 때문이다. 즉, 지역사회의 영양문제를 해결하기 위해서는 해당 지역사회의 인구 구조, 사회·환경적 문제, 건강 및 영양 문제와 그 원인을 정확히 파악할 뿐만 아니라 문제해결에 대한 지역사회 구성원들의 요구를 우선 파악해야 한다 그림 5-1.

그 다음 단계는 다루어야 할 문제의 우선순위를 정하고, 이후 사업의 목적과 목표를 설정한다. 이때 지역사회 영양사업 개발을 위한 단계적인 접근과 영양문제를 해결하기 위한 전략 수립을 위해 적용가능한 이론과 모델을 검토하여 이용한다. 이를 통해 구체적인 사업의 내용이 결정되면 사업의 실행을 위한 세부계획을 수립한다.

지역사회 영양사업을 개발하는 단계에서는 평가에 관한 계획도 함께 수립하는데, 이는 사업의 계획과 실행을 체계적으로 수행하고, 의미 있고 시의적절한 피드백을 제공할 수 있도록 하기 위함이다. 평가계획을 통해 평가에 필요한 자료를 결정하

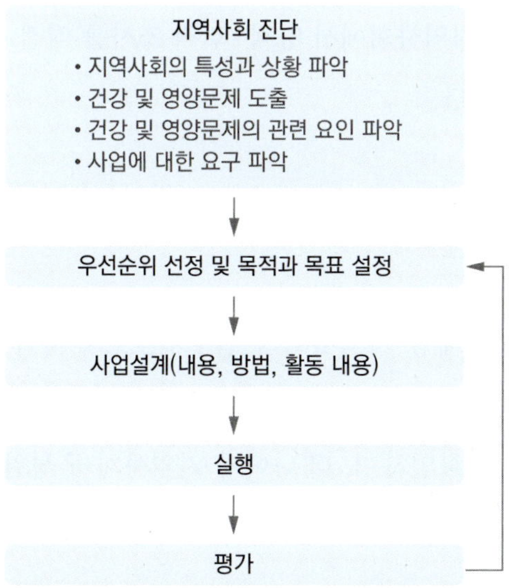

그림 5-1 지역사회 영양사업 개발 단계

고, 사업이 실행되는 과정 중 평가에 필요한 자료를 수집할 수 있도록 평가를 설계한다. 계획을 실행하는 단계에서는 실행과 평가가 계획대로 실행되는지 확인하며 관리하는 것이 필요하다.

이 장에서는 지역사회 진단을 위해 필요한 기본개념들, 지역사회 건강 및 영양 문제 진단을 위해 활용할 수 있는 이차 자료들과 양적·질적 자료 수집방법들을 소개한다. 지역사회 영양사업의 개발에 적용되는 이론과 모델은 6장에서, 사업의 내용에 따른 목표 설정과 사업의 방법 및 활동내용의 설계는 7장에서, 사업의 실행과 평가에 관한 내용은 8장에서 학습하도록 한다.

2. 지역사회 진단

해당 지역사회의 문제를 진단하고 요구를 파악하기 위해서는 정보 수집이 필요하다. 다양한 자료를 활용하여 해당 지역사회의 건강 및 영양 문제가 무엇인지, 문제의 규모가 얼마나 되는지, 더 나아가 왜 이런 문제가 생겼는지를 과학적 근거자료에 기초해 파악해야 한다. 이를 위해서 이미 조사되어 있는 공신력 있는 이차 자료를 활용할 수도 있고, 지역사회에서 양적·질적 조사를 직접 진행해도 되며, 둘을 혼합하여 사용할 수도 있다.

1) 지역사회 진단의 정의

지역사회 진단이란 해당 지역사회의 인구구조, 그 지역사회가 가지고 있는 사회·환경적 현황과 건강 및 영양 문제가 무엇인지 파악하고, 이러한 문제에 영향을 미치는 다양한 요인을 확인하며, 더 나아가 지역사회 구성원들의 사업에 대한 요구를 파악하는 과정을 말한다.

2) 지역사회 진단의 목표

지역사회 진단의 첫 번째 목표는 해당 지역사회의 인구 구조, 사회·환경적 현황, 건강 및 영양 문제를 파악하는 것이다. 이를 위해 먼저 지역사회의 범위를 명확히 결정하는 것이 필요하다. 왜냐하면 관심 집단마다 가지고 있는 건강 및 영양 문제가 다르고, 건강 및 영양 문제에 영향을 미치는 요인도 다르기 때문이다. 지역사회는 지리적인 의미뿐만 아니라 기능적인 의미, 그리고 두 가지 의미를 동시에 고려하는 경우로 나눌 수 있으므로 1장에서 배운 지역사회의 정의를 참고하여 먼저 관심을 가져야 할 지역사회를 결정하는 것이 필요하다. 건강 및 영양 문제를 많이 가지고 있는 취약집단을 관심 지역사회로 결정하는 것도 한 방법이다.

두 번째 목표는 첫 번째 과정에서 찾아진 건강 및 영양 문제에 영향을 미치는 다양한 요인들을 파악하는 것이다. 이 요인들을 잘 파악해야 지역사회의 건강 및 영양 문제 해결에 도움이 되는 영양사업을 개발할 수 있다. 이는 병원에 배가 아파서 방문한 사람들에게 모두 같은 처방을 하지 않고 각 사람마다 원인을 파악한 후 그에 맞게 처방을 달리해야 하는 것과 같은 이치이다. 즉, 장염으로 배가 아픈 사람에게는 항생제를 처방해야 하고, 변비로 배가 아픈 사람에게는 변비치료제를 처방해야 효과적으로 치료할 수 있다. 그럼에도, 실제 지역사회 현장에서는 사업의 내용을 미리 결정해놓고 그 후에 지역사회 문제진단은 그저 끼워 맞추기 식으로 제시함으로써 지역사회 진단과정을 간과하기도 하는데, 그래서는 효과적인 사업을 기획하기 어렵다.

예를 들어, 청소년 집단이 패스트푸드를 지나치게 자주 섭취하는 영양문제를 가진 경우, 이를 해결하기 위해서는 청소년들이 왜 패스트푸드 섭취를 많이 하는지 정확히 그 원인을 먼저 파악해야 한다. 원인을 생각하지 않고 지나친 패스트푸드가 건강에 미치는 영향에 대한 지식교육만 진행한다면 이 영양문제는 해결되기 어렵다. 청소년들이 패스트푸드를 먹는 이유가 영양지식의 부족보다는 또래집단의 영향을 받아서라고 한다면, 또래집단의 문화를 바꿀 수 있는 환경을 만들거나 친구의 권유를 거절하는 기술을 알려주는 것이 효과적일 것이다.

관심 건강 및 영양 문제의 다양한 요인을 파악하고 정리하기 위해서는 먼저 관련 연구 결과들을 이용하여 요인들을 파악하고, 건강행동이론에 적용하여 정리하면 도움이 된다. 기존의 공신력 있는 자료들을 활용하거나 자료가 부족한 경우에는 해당 지역에서 직접 조사를 수행하여 문제를 정확히 진단할 수 있다.

세 번째 목표는 지역사회 대상자들이 원하는 영양서비스에 대한 요구도를 파악하는 것이다. 이때 기존에 진행된 영양사업을 파악하고 그 사업을 통해 지역사회 대상자들의 영양 요구도가 충족되었는지도 파악해야 한다.

3. 지역사회 건강 및 영양 문제 진단을 위한 연구방법

수집된 자료를 적절하게 해석하기 위해서는 조사에 적용한 연구 설계를 구분하여 그 결과를 해석하고 건강 및 영양 수준을 나타내는 대표적인 측정지표의 개념을 이해해야 한다.

1) 연구 설계

연구 설계study design란 연구문제의 답을 찾아가는 연구과정에 대한 전략으로, 인구집단을 대상으로 한 역학연구 설계는 연구자의 개입 여부, 연구 결과의 특성, 자료 획득 시점 등에 따라 그 종류가 나뉜다 그림 5-2.

먼저 연구자의 노출 요인의 개입intervention 여부에 따라 크게 관찰연구와 실험연구로 분류하는데, 관찰연구observational study는 연구자가 연구대상의 노출 요인을 통제하지 않고 노출 요인 및 질병 양상을 관찰하는 반면, 실험연구experimental study는 연구자가 노출요인을 미리 통제하여 질병에 미치는 영향이 다른지 파악하는 연구이다.

관찰연구는 연구 결과의 특성에 따라 기술역학연구descriptive study와 분석역학연구analytical study로 나뉜다. 이 중 분석역학연구는 자료 획득 시점(과거, 현재, 미래)에 따라 다시 단면연구cross-sectional study, 환자-대조군연구case-control study, 코호트연구cohort study로 구분한다.

그림 5-2 역학연구 설계

연구 설계에 따라 질병과 요인 간 인과성에 대한 근거evidence 수준이 다른데, 코호트연구가 관찰연구 중 인과적 근거 수준이 가장 높고, 실험연구가 관찰연구에 비해 더 높은 근거를 가진다. 연구설계별 구체적인 특성 및 활용은 〈더 알아보기 5-1〉에 제시하였으니 참고하도록 한다.

더 알아보기 5-1

연구 설계별 특성 및 활용

기술역학연구

기술역학연구는 인구집단에서 질병이나 질병 요인(식사, 흡연, 음주, 신체활동 등)의 양상을 시간time, 장소place, 사람person 특성별로 단순히 기술하는 연구로 인과관계를 직접적으로 제시하기보다는 인과관계에 대한 가설을 제시하는 연구이다. 사례연구, 사례군연구, 생태학적연구가 이에 속한다.

지역사회의 건강 및 영양 문제 진단을 위해 주로 활용될 수 있으며, 식사와 관련이 있는 질병이나 식생활, 식품 및 영양소 섭취 현황을 시간적, 지역적, 인적(성, 연령, 생애주기, 소득수준 등) 특성에 따라 비교함으로써 관심 지역과 대상자의 건강 및 영양 문제를 파악하는 데 활용할 수 있다. 예를 들어, 채식주의자의 식사 및 건강 상태 사례 면접을 통해 채식주의자들에게 문제가 되는 영양소나 건강 문제를 파악할 수 있다.

분석역학연구

기술역학연구가 질병 발생의 원인에 대한 가설을 도출하는 것에 중점을 두는 연구라면, 분석역학연구는 기술역학연구에서 도출된 가설을 검증할 수 있는 연구로 단면연구, 환자-대조군연구, 코호트연구가 이에 속한다.

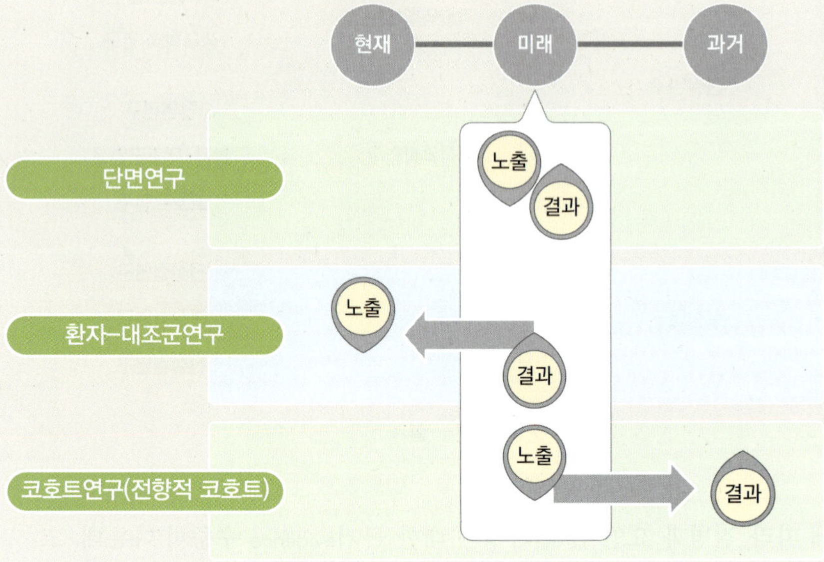

분석역학연구 설계의 분류 기준

단면연구는 질병의 유병률이나 노출요인의 노출률을 파악하는 목적으로 활용될 때에는 기술역학연구로 분류되고, 현재 질병 상태와 노출요인에 대한 정보를 동시에 얻어 질병과 노출요인 간 연관성 검증에 활용될 때에는 분석역학연구가 된다. 그러므로 단면연구는 기술역학연구와 분석역학연구의 중간에 위치한다고 할 수 있다. 분석역학적 단면연구의 예를 들면, A지역 주민들을 대상으로 혈액검사와 식사조사를 동시에 진행한 후, 고콜레스테롤혈증군과 정상군으로 나누어 지방 섭취량를 비교함으로써 고지방식사가 고콜레스테롤혈증과 관련이 있는지 파악하고자 하는 경우이다. 그러나 단면연구는 질병과 원인을 동일 시점에 조사하므로 이들 간 시간적 선후관계가 모호하다는 결정적인 단점을 가지고 있으므로 단면조사연구의 결과를 해석할 때에는 주의를 기울여야 한다.

환자-대조군연구는 관심 질환의 환자군과 대조군을 선정하여 이들의 과거 위험요인의 노출 수준을 조사하여 비교함으로써 질병과 요인 간의 연관성을 분석하는 연구이다. 예를 들어, A병원에서 직장암 진단을 받은 환자를 환자군으로 선정하고 암이 없는 건강한 성인을 같은 병원이나 지역에서 대조군으로 모집하여 그들의 육가공품 섭취 정도를 조사·비교함으로써 육가공품 섭취가 직장암 발생에 영향을 미쳤는지 파악할 수 있다.

코호트연구는 기반조사를 통해 연구대상자를 특정 위험요인에 노출된 집단과 노출되지 않은 집단으로 분류하고, 이들을 추적 관찰하여 질병 발생 및 사망을 비교함으로써 위험요인과 질병 간 연관성을 파악하는 연구이다. 예를 들어, A지역 40세 이상 성인을 대상으로 검진과 식사에 대한 기반조사를 수행하여 지역 코호트를 구축한 후 20년간 심혈관계질환 발생을 추적하여 엽산 섭취에 따라 심혈관계질환 발생률이 다른지 확인할 수 있다.

실험연구

실험연구는 연구자가 연구 대상자의 참여 방법, 요인의 노출 수준, 무작위 배정 등 여러 연구 조건들을 직접 개입함으로써 연구 수행과정에서 발생할 수 있는 각종 바이어스가 연구 결과에 영향을 끼치지 못하도록 설계한 연구이다.

주로 신약이나 새로운 치료방법의 효과를 확인하기 위한 환자 대상의 무작위 임상시험randomized clinical trial, RCT이나 지역사회 중재시험이 이에 속한다. 1998년 미국에서 신생아의 신경관결손neural tube defects을 예방하기 위해 모든 곡류에 엽산 첨가를 법률로 규정한 후, 엽산 첨가 이전과 이후의 관련 질병 양상을 비교하는 연구를 그 예로 들 수 있다.

이와 같이 실험연구는 지역사회 영양사업의 효과 분석에 주로 활용될 수 있다. 실험연구도 무작위 배정 여부, 대조군 유무 등에 따라 전pre실험설계, 준quasi실험설계, 진true실험설계로 나뉜다. 실험설계는 특히 사업의 효과평가 시 많이 활용하므로, 이 내용은 8장 사업의 평가의 「평가 지표 측정을 위한 조사 설계」에 자세히 설명하였다.

2) 건강 또는 영양 문제 수준의 측정과 해석

영양 상태를 파악하고 문제를 진단하기 위해 식사섭취 조사, 생화학적 검사, 임상증상 및 병력 조사, 신체계측 측정을 통한 영양판정 지표의 산출과 해석이 중요한 것처럼, 건강 수준을 파악하고 문제를 진단하기 위해서는 질병 발생과 사망의 빈도를 나타내는 다양한 측정지표를 이해하는 것이 필요하다.

건강 및 영양 수준과 관련된 측정지표는 기본적으로 빈도 측정frequency measure으로 다양하게 산출할 수 있다.

(1) 비

비ratio는 상대적인 분량을 나타내는 지표로 2개 숫자의 몫으로 산출한다. 비의 특징은 2개의 숫자 중 분자를 구성하는 요인이 분모를 구성하는 요인에 속하지 않아도 된다는 점이다. 즉, 서로 다른 속성의 요인들 값을 비교할 수 있다.

인구통계에서 사용하는 비의 예로는 모성사망비, 출생성비가 있다. 출생성비는 여아 100명당 남아 수를 의미하는 개념으로 분자에 남아 수를, 분모에는 남아와 독립적인 속성의 여아 수가 들어가고 산출된 값에 100을 곱한다. 2020년 인구동향 조사 출생·사망통계 결과에 의하면 출생성비가 104.9명으로 여자아이 100명당 남자아이 104.9명으로 해석한다.

(2) 율

율rate은 비의 특별한 경우로 시간 개념을 포함한다. 율을 산출하는 분자와 분모 모두 정해진 시간 내에서 정해진 인구집단에서 발생하는 사건에 대한 빈도를 의미한다. 율로 표현되는 대표적인 지표로는 유병률prevalence, 발생률incidence, 사망률mortality로서 얼마나 빨리 질병이 발생하거나 사망하는지의 수준을 파악하는 데 이용된다.

① 유병률

유병률은 특정 기간에 특정한 질병을 가진 사람의 비율로 해당 질병이 언제 발생하였는지, 얼마 동안 질병을 가지고 있었는지의 이환기간duration은 알 수 없다. 그러나 유병률은 질병 발병 분포를 통해 질병의 문제 크기를 파악하고, 환자 치료를 위한 보건 자원 및 서비스 수준(보건 인력 수, 의료 시설, 의료비 등)을 결정하며, 앞으로의 질병 수준의 변화를 예측하는 데 사용된다.

$$\text{유병률} = \frac{\text{해당 질병을 가진 사람 수}}{\text{특정 기간 동안 인구집단의 사람 수}}$$

유병률로 측정되는 대표적인 건강문제는 비만율이라고 표현되는 비만 유병률이다. 비만은 질병 특정상 새롭게 발생하는 정확한 시작 시점을 정의하거나 확인하는 것이 어렵기 때문에 발생률보다는 유병률로서의 측정이 주로 이루어진다. 국민건강영양조사에서 산출된 비만율의 지표는 해당 연도에 비만 기준에 의해서 비만으로 판정된 대상자 수를 해당 연도에 조사에 참여한 모든 대상자 수로 나눈 값을 백분율로 제시하고 있다.

② 발생률

발생률은 특정 기간에 인구집단에서 질병이 새롭게 발생한 사람의 비율로 질병 발생의 위험도를 측정할 수 있다. 질병 발생 위험risk의 의미는 질병이 없던 상황에서 질병이 생기는 변화 가능성을 의미하므로 유병률과는 달리 발생률의 분자는 질병의 이환 상태가 아닌 새로운 질병이 생긴 사례 수를 포함한다. 따라서 분모도 특정 기간에 조사된 모든 대상자가 포함된 유병률과는 달리 특정 기간에 질병이 없는,

더 알아보기 5-2

기간 유병률과 시점 유병률

일반적으로 유병률은 특성 기간에 유병자를 조사하는 기간 유병률period prevalence 지표를 사용하나 특정 기간이 아닌 한 시점으로 한정하여 유병자를 조사하는 시점 유병률point prevalence 지표도 산출하여 사용할 수 있다.

다음은 20명의 사람을 2021년 10월부터 2022년 9월까지 1년간 질병 발생을 조사한 결과, 10명이 질병이 발생한 가상의 상황이다. 이때 2022년 4월 1일 시점에서의 시점 유병률과 조사 기간의 기간 유병률을 계산해 보면 다음과 같다.

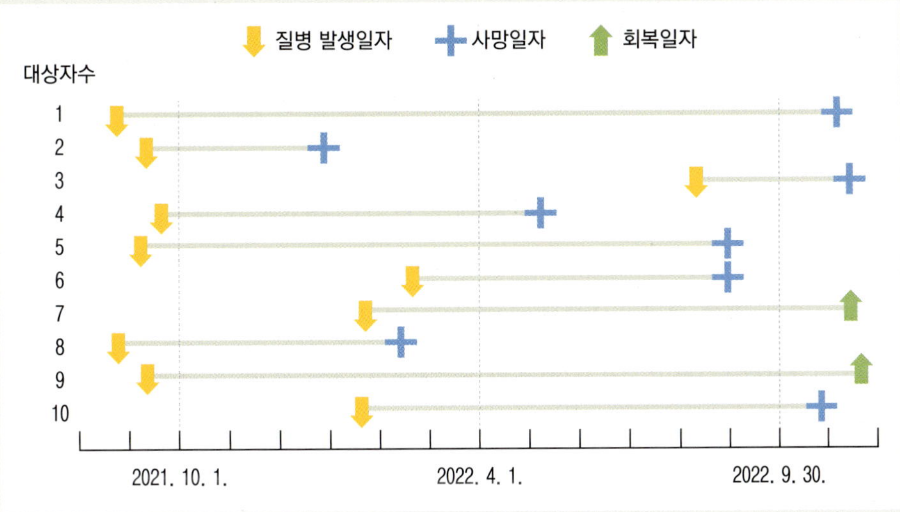

2021년 10월 1일부터 2022년 9월 30일까지의 질병 발생

$$시점\ 유병률 = \frac{7}{18} = 0.3889$$

(총 20명 중에 사망한 사람이 2명이므로 해당 시점에서의 분모에 해당하는 인구수는 18명, 해당 시점에 질병에 걸린 사람은 1, 4, 5, 6, 7, 9, 10번 사람으로 총 7명임)

시점 유병률은 0.3889로 산출된다. 그러나 좀 더 의미 있는 해석을 위해서 백분율로 제시하거나 10^n 기준 인당에 대한 환산 값으로 제시할 수 있다. 즉, 조사한 인구 집단의 38.89%가 해당 시점에 질병이 걸렸다 또는 10명당 약 3.9명 또는 100명당 약 38.9명이 해당 시점에 질병에 걸렸다라고 해석할 수 있다.

$$기간\ 유병률 = \frac{10}{20} = 0.5$$

(해당 기간에 조사에 포함된 총 대상자가 20명이 분모에 해당하는 인구 수이고, 1년 동안 질병에 한 번이라도 걸린 사람은 총 10명이었음)

기간 유병률은 0.5로 좀 더 의미 있는 해석을 한다면, 조사한 인구집단의 50%가 해당 기간에 질병이 걸렸다 또는 10명당 5명, 100명당 50명이 해당 기간에 질병에 걸렸다고 해석할 수 있다.

즉 질병 발생 위험에 노출되어 있는 대상자만을 포함한다.

$$\text{발생률} = \frac{\text{특정 기간 동안 위험에 노출된 대상자 중에서 해당 질병이 새롭게 발생한 대상자 수}}{\text{특정 기간 동안 질병 발생 위험에 노출되어 있는 대상자 총 수}}$$

일반적으로 발생률 지표는 질병 자체의 위험도를 파악하는 데 사용하기도 하지만, 질병에 영향을 미치는 요인의 존재 여부에 따른 집단 간의 질병 발생률 비교를 통해서 해당 요인이 질병 발생의 원인 요인인지를 파악하기 위하여 많이 사용하기도 한다. 발생률을 이용하여 질병 발생과 요인 간의 인과성을 파악하기 위한 구체적인 내용은 〈더 알아보기 5-4〉에서 다루었다.

③ 사망률

사망률은 질병 중증도를 판단할 수 있는 지표로서 질병의 치료 여부에 영향을 받는다. 만약, 어떤 질병이 새로 발생하는 사례를 명확히 파악하기는 힘드나, 해당 질병이 매우 치명적이어서 발병 시 바로 사망하는 경우라면, 이 질병은 발생률 대신 사망률을 대안 지표로 사용할 수 있다.

사망률은 일반적으로 연간 사망률로 측정하는데, 분모에 해당하는 1년 동안의 전체 인구 수 산출 시, 기간에 인구 수가 계속적으로 변동이 있어 한 시점의 인구 수를 정하는 것이 필요하다. 이에 한 해의 중간 시점인 인구를 평균인구로 추정하여 해당 연도의 7월 1일 시점의 인구로 산출하고 이를 연앙인구라고 한다. 분자에 해당하는 값으로는 일반적으로 1년 동안 모든 원인으로 인해 사망한 사람 수로 연간 사망률을 산출한다. 연간 사망률은 통상적으로 인구 10^n명당 몇 명의 형태로 제시한다.

$$\text{사망률} = \frac{\text{해당 질병을 가진 사람 수}}{\text{특정 기간 동안 인구집단의 사람 수}}$$

사망률 산출 시, 분자를 구성하는 요인이 모든 원인으로부터 사망한 총 사람의 수를 산출한 경우는 조사망률crude death rate이라고도 한다. 인구학적 특성 또는 사망원인(질병)에 따라서도 사망률을 산출할 수 있는데, 이를 특수 사망률이라고 한다. 특수 사망률에는 연령별, 성별, 질병별에 따른 사망률을 산출할 수 있다. 예를 들면, 연령에 따른 사망률로서 인구 1,000명당 60세 이상 노인에서의 연간 사망률을 산출

더 알아보기 5-3

누적 발생률과 평균 발생률

발생률을 산출할 때, 또 중요한 요인으로는 분모에서 특정 기간에 해당되는 관찰기간(조사기간)이다. 앞에서 말한 바와 같이 발생률은 질병 발생의 위험도를 측정하는 데 주로 사용되는 지표인데, 질병 발생의 위험은 관찰기간이 길면 길수록 위험이 증가하는 특성을 가진다. 따라서 특정 기간을 얼마나 정의하느냐에 따라 위험도가 달라지므로 대상자가 관찰되는 기간을 고려하는 것은 중요하다.

현실적으로는 모든 사람이 해당하는 전 기간에 조사되는 것은 어렵다. 관찰기간 중간에 대상자가 사망하거나 추적 관찰이 불가능한 경우가 생기므로 대상자마다 관찰기간이 달라지는 상황이 생기고 이는 전체 인구집단의 질병 발생 위험도에도 영향을 미친다. 따라서 발생률을 산출하기 위해 사용되는 분모 값은 특정 기간에 관찰된 대상자 수로 산출할 수도 있지만, 해당 대상자들이 관찰된 기간의 총합으로도 산출할 수 있다.

특정 기간에 조사된 대상자 수로 산출된 발생률은 누적 발생률cumulative incidence rate, CI이라고 한다. 인구집단의 모든 대상자는 조사 기간에 모두 관찰되어야 하고, 그 기간에 질병 발생 위험에 노출되어 있는 대상자여야 한다. 분모가 사람 단위가 아닌 시간 단위로서 특정 기간 전체 또는 일부 기간에 관찰된 각 개인의 관찰기간의 총합으로 산출된 발생률은 평균 발생률incidence rate, IR 또는 발생 밀도incidence density, ID라고 한다. 이때 사용되는 시간 단위는 일반적으로 연 단위 기준인 인년person-year으로 사용된다.

기간 유병률과 시점 유병률을 산출한 사례에서 누적 발생률과 평균 발생률을 산출하면 다음과 같다.

$$누적\ 발생률 = \frac{4}{14} = 0.2857$$

(분모에 해당하는 인구 수는 2021년 10월 1일부터 2022년 9월 30일까지의 특정 기간 질병 위험에 노출되어 있는 사람으로 총 20명 중에서 10월 1일 이전에 질병 발생한 사람 6명을 제외한 총 14명임. 분자에 해당하는 인구 수는 1년간 질병이 새로 발생한 사람은 3, 6, 7, 10번 사람으로 총 4명임)

누적 발생률은 0.2857로서 10^n 기준 인당에 대한 환산 값으로 해석해 보면, 10명당 약 2.9명 또는 100명당 약 28.6명이 질병이 발생했다고 해석할 수 있다.

$$평균\ 발생률 = \frac{4}{(13 \times 1 + 1 \times 0.92)} = 0.2873$$

(분모에 해당하는 값은 질병 위험에 노출되어 있는 사람이 14명이고, 13명은 1년 동안 관찰되었으나 6번 대상자는 사망으로 인해 11개월만 관찰되었으므로 인년으로 환산하면 13.92 인년임. 분자에 해당하는 인구 수는 누적 발생률의 분자 값과 동일함)

평균 발생률은 0.2873으로서 10^n 기준 인당에 대한 환산 값으로 해석해 보면, 10명당 약 2.9명 또는 100명당 약 28.7명이 질병이 발생한 것으로 해석할 수 있다. 특정 기간 해당 대상자 중 추적 실패한 대상자가 없고, 사망은 1명이나 사망한 시점이 거의 추적 종료기간 전이라 대상자의 관찰기간이 대상자 수와 거의 같아서 누적 발생률 값과 차이가 거의 없는 것으로 산출되었다.

더 알아보기 5-4

건강위험을 측정하는 상대위험도와 오즈비

상대위험도relative risk(비교위험도)와 오즈비odds ratio(승산비)는 비의 형태로 건강 또는 영양 부문에서 건강위험을 나타내는 데 사용되는 지표이다.

상대위험도(비교위험도)

상대위험도는 발생률을 이용하여 질병 발생과 관련 요인 간의 인과성을 파악할 수 있는 지표로 두 개의 발생률의 몫으로 구성된 비rate ratio이다.

$$\text{상대위험도relative risk} = \frac{\text{질병 발생요인에 노출된 사람들에서의 질병 발생률}}{\text{질병 발생요인에 노출되지 않은 사람들에서의 질병 발생률}}$$

상대위험도는 분모와 분자가 서로 독립적인 대상자에서의 발생률의 비이다. 예를 들면, 식중독이 발생했을 때, 섭취한 식품이 식중독의 원인인지 아닌지를 파악하기 위해서 해당 식품을 섭취한 사람과 섭취하지 않은 사람을 구분하여 섭취한 사람에서의 식중독 발생률과 섭취하지 않은 사람에서의 식중독 발생률을 비로 산출하여 비교한다. 다음 **표 1**은 200명을 조사한 대상자에서 식중독 발생과 관련성이 있는 식품들에 대한 자료이다. 해당 식품을 섭취한 사람 중에서 식중독이 발병한 대상자 수와 섭취하지 않은 사람 중에서 식중독이 발병한 대상자 수를 나타낸다.

표 1 각 식품들의 섭취 여부에 따른 식중독 발병 자료

식품	섭취 대상자 수	식중독 발병 대상자 수	미섭취 대상자 수	식중독 발병 대상자 수
달걀 샌드위치	100	83	100	20
요거트	100	36	100	27
연어 샐러드	100	71	100	69
아이스크림	100	60	100	49
기타	100	78	100	60

식품별로 해당 식품을 섭취한 대상자와 섭취하지 않은 대상자의 식중독 발생률을 이용하여 해당 식품을 섭취하지 않은 사람의 발생률에 비하여 해당 식품을 섭취한 사람의 발생률이 어느 정도인지를 비교하는 상대위험도를 산출한 값은 **표 2**와 같다. 식품들 중에서 상대위험도가 가장 높은 식품은 달걀 샌드위치로서 4.15의 값이다. 값에 대한 해석은 달걀 샌드위치를 섭취하지 않은 사람에 비해서 달걀 샌드위치를 섭취한 사람은 식중독 발생 위험이 4.15배이다. 다른 식품들의 상대위험도는 1보다 약간 높은 값으로 섭취를 한 사람과 섭취하지 않은 사람의 식중독 발생 위험도

는 거의 비슷하다고 볼 수 있다. 따라서 섭취한 식품들 중에서 식중독 발생의 원인 요인으로 가장 가능성이 높은 식품은 달걀 샌드위치로 추정할 수 있다. 이와 같이 상대위험도는 질병 발생에 원인이 되는 요인을 파악하기 위한 유용한 지표이다.

표 2 식중독 발병에 대한 각 식품별 상대위험도

식품	섭취 대상자의 발생률	미섭취 대상자의 발생률	상대위험도(섭취대상자의 발생률 / 미섭취 대상자의 발생률)
달걀 샌드위치	83	20	4.15
요거트	36	27	1.33
연어 샐러드	71	69	1.03
아이스크림	60	49	1.22
기타	78	60	1.30

오즈비

질병 발생에 원인이 되는 요인을 파악하기 위한 또 다른 유용한 지표로 오즈비**odds ratio**가 있다. 오즈비는 분자와 분모가 모두 오즈**odds**의 값으로 구성된 비이다. 여기서 오즈란 어떤 사건이 일어날 확률을 어떤 사건이 일어나지 않을 확률로 나눈 값으로 정의된다.

$$\text{오즈}_{\text{odds}} = \frac{\text{어떤 사건이 일어난 확률(P)}}{\text{어떤 사건이 일어나지 않을 확률(1–P)}}$$

표 3 음주 여부에 따른 비만 여부

	비만자	비 비만자	합계
음주자	50	50	100
비 음주자	25	75	100
합계	75	125	200

표 3은 200명의 남자를 대상으로 음주 여부에 따라 비만인 사람과 비만이 아닌 사람으로 구분한 결과표이다. 비만에 대한 오즈는 비만이 걸릴 확률을 비만이 걸리지 않을 확률로 나눈 값이다. **표 3**에서 비만에 대한 오즈는 두 개의 오즈 값을 산출할 수 있는데, 음주자의 비만 오즈와 비 음주자의 비만 오즈이다.

$$\text{음주자에서의 비만 오즈} = \frac{\text{비만이 걸릴 확률}}{\text{비만이 걸리지 않을 확률}} = \frac{\frac{50}{100}}{\frac{50}{100}} = 1$$

$$\text{비 음주자에서의 비만 오즈} = \frac{\text{비만이 걸릴 확률}}{\text{비만이 걸리지 않을 확률}} = \frac{\frac{25}{100}}{\frac{75}{100}} = \frac{1}{3}$$

음주자와 비 음주자 비만의 두 오즈를 비로 나타내면 음주 여부에 따른 비만 오즈비가 된다. 음주 여부에 따른 비만 오즈비는 3으로 비 음주자에서 비만이 걸릴 사람들에 비하여 음주자에서 비만이 걸릴 오즈가 3배 높다고 해석할 수 있다. 즉, 음주는 비만에 걸릴 가능성(확률)을 높일 수 있는 위험요인이다.

$$\text{음주 여부에 따른 비만 오즈비} = \frac{\text{음주자의 비만 오즈}}{\text{비 음주자의 비만 오즈}} = \frac{1}{\frac{1}{3}} = 3$$

할 수 있고, 질병에 따른 사망률로는 인구 100,000명 당 간암의 연간 사망률을 산출할 수 있다. 각각의 사망률은 다음과 같은 방법으로 계산할 수 있다.

연양인구
한 해의 중간인 7월 1일을 기준으로 하여 산출한 인구

$$\text{인구 1,000명당 60세 이상 노인에서의 연간 사망률} = \frac{\text{65세 이상 노인의 1년간 모든 원인으로 인한 사망자 수}}{\text{65세 이상 노인의 연앙인구}} \times 1{,}000$$

$$\text{인구 100,000명당 간암의 연간 사망률} = \frac{\text{1년간 간암으로 인한 사망자 수}}{\text{연앙인구}} \times 100{,}000$$

(3) 분율

분율proportion은 비의 한 종류로 2개의 숫자의 몫으로 산출하는 데 분자를 구성하는 요인이 분모에 반드시 포함되는 경우이다. 예를 들면, 여자의 수를 남자의 수로 나눈 것은 분율이 아니다. 여자의 수를 남자와 여자의 합한 수로 나눈 것이 분율이다. 즉, 분자는 분모의 일부분이어야 한다. 따라서 분율은 항상 0과 1사이의 값으로 일반적으로는 값에 100을 곱한 백분율percentage로 표시한다.

분율은 보통 신문 기사에서 아침 결식이나 외식과 같은 식행태에 대한 결과 보도자료에서 많이 접할 수 있다. 영양 상태를 파악하는 대표적인 지표인 탄수화물, 지방, 단백질로부터의 에너지 섭취 분율도 여기에 해당한다.

$$\text{아침 결식 분율} = \frac{\text{아침식사를 하지 않은 대상자}}{\text{아침식사를 한 대상자와 하지 않은 대상자를 합한 전체 대상자}}$$

$$\text{탄수화물의 에너지 섭취 분율} = \frac{\text{탄수화물로 섭취한 에너지}}{\text{탄수화물, 지방, 단백질로 섭취한 총 에너지}}$$

3) 자료 수집방법

지역사회 문제진단 시 어떤 자료를 활용할 것인지 결정하기 위해서는 우선 파악하고자 하는 내용을 명확히 결정하는 것이 필요하다. 조사 내용에 따라 기존의 이차 자료를 활용할지 또는 직접 조사를 통한 일차 자료를 수집할지, 더 나아가 직접 조사하는 경우 양적조사와 더불어 질적조사도 필요한지 결정해야 하기 때문이다.

(1) 일차 자료 vs. 이차 자료

지역사회 문제진단에 활용할 수 있는 자료는 크게 일차 자료와 이차 자료로 나눌 수 있다. 일차 자료primary data는 설문지를 이용하여 직접 현장에서 조사하여 얻는 자료로 지역사회에 필요한 자료를 정확히 얻을 수 있다는 장점이 있으나, 조사과정에 비용이 많이 들고 객관적이고 신빙성 있는 자료를 얻기 위해서는 자료 수집을 오랜 기간 준비해야 한다는 단점이 있다.

이차 자료secondary data는 공공기관이나 다른 사람들이 발표한 기존의 보고서나 데이터베이스로 통계청의 생명통계, 질병관리청의 국민건강영양조사와 지역사회건강조사 자료 등이 이에 속한다. 이차 자료는 이미 있는 자료를 활용하므로 시간 절약의 장점이 있으나, 해당 지역사회에 적합한 자료가 아닐 수 있음을 유념해야 한다.

(2) 양적연구 자료 vs. 질적연구 자료

지역사회 진단에 필요한 자료는 조사 자료의 특징에 따라서 양적연구 자료와 질적연구 자료로 나눌 수 있다. 양적연구quantitative research 자료는 양적 측면에 주목하여 통계적인 방법으로 분석할 수 있는 계량화된 자료로 기존의 보고서나 기록뿐만 아니라 직접 구조화된 설문을 만들어 조사하여 수집할 수 있다. 그러나 이러한 양적인 정보는 인구학적인 정보, 식품과 영양 및 건강의 문제 수준 및 이들 간 연관성을 수치로 설명할 수는 있으나, 지역사회 집단을 세밀하게 진단하기에는 자료의 성질상 한계가 있다.

질적연구qualitative research 자료는 관찰이나 면담 등을 통해 사람들의 식행동 패턴이나 현재 식생활 현황을 특정 항목에 국한하지 않고 자유롭게 조사할 수 있으며, 이를 문화적, 물리적, 사회적, 심리적 측면에서 설명할 수 있는 자료의 수집이 가능하다는 장점이 있는 반면, 주관적이며 수치로 표현하기 어렵다는 단점이 있다.

그러므로 양적연구와 질적연구는 서로 배타적이기보다는 상호 보완적이라고 보는 것이 타당하며, 이 두 가지 방법을 혼합해서 자료를 수집하는 혼합연구mixed research가 유용하다.

4. 지역사회 건강 및 영양 문제 진단을 위한 양적조사의 실제

1) 이차 자료를 활용한 지역사회 진단

지역사회 진단 시 현실적인 이유로 시간과 비용이 많이 필요한 직접 조사를 통한 일차 자료보다는 기존에 보고된 이차 자료를 많이 활용하고 있다. 그림 5-3과 같은 이차 자료들을 활용하여 지역사회의 건강 및 영양 문제를 진단할 수 있다.

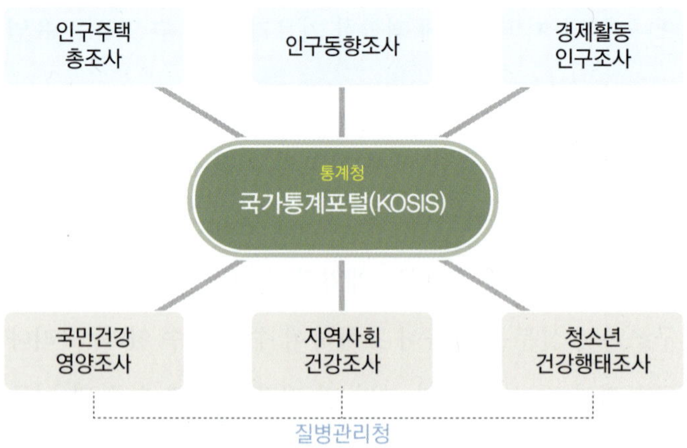

그림 5-3 지역사회 진단을 위한 주요 이차 자료

(1) 국가 및 지역 통계자료(온라인 자료)

① 국가통계포털(KOSIS)

국가통계포털(KOSIS)
https://kosis.kr

국가통계포털Korean Statistical Information Service, KOSIS은 국내외 300여 개 기관이 조사하고 있는 국내·국제·북한의 인구·보건·경제·사회 등에 관한 1,000여 종의 국가승인통계를 한 곳에 모아 사용자가 원하는 통계를 한 번에 찾을 수 있도록 통계청에서 제공하고 있는 One-Stop 통계 서비스이다 그림 5-4. 일반인들도 쉽고 빠르고 정확하게 통계자료를 찾을 수 있도록 편리한 검색기능과 통계 설명자료를 제공하고 있으며, 통계 결과를 사용자의 편의에 따라 표, 그림, 엑셀자료로 받을 수 있고 주요 지표에 대한 통계시각화 자료도 구축되어 있어 바로 활용할 수 있다.

그림 5-4 국가통계포털KOSIS 사이트

② 통계지리정보시스템(SGIS플러스)

통계지리정보시스템(SGIS플러스)
https://sgis.kostat.go.kr

통계지리정보시스템은 SGISStatistical Geographic Information Service를 기반으로 사용자에게 통계정보와 지리정보를 융·복합하여 새로운 서비스를 만들 수 있는 개방형 플랫폼으로 통계청에서 제공하고 있다. 포털 서비스를 통해 사용자가 인구·주택·가구·건강 등과 관련된 다양한 통계 항목을 직접 지도로 볼 수 있는 통계지리정보 서비스(대화형 통계지도), 통계주제도 등을 만들 수 있고, 개인 관심주제에 맞는 공간 통계정보(My통계로)를 제공하고 있다 그림 5-5.

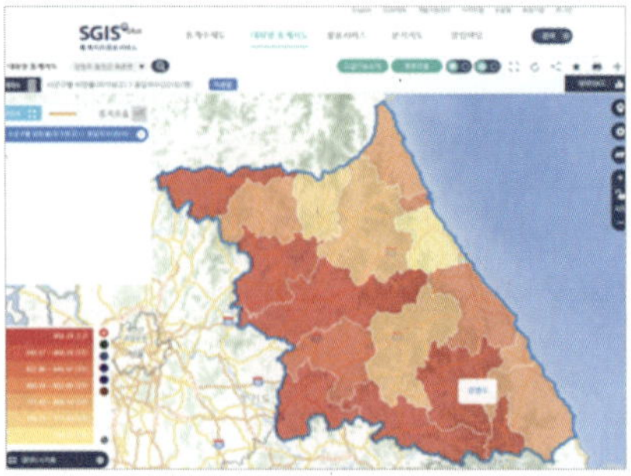

강원도 지역의 비만율 분포

생애주기별 공간통계정보

그림 5-5 통계지리정보시스템(SGIS플러스) 사이트

③ 보건복지데이터포털

보건복지데이터포털
https://data.kihasa.re.kr

보건복지에 특화된 통계정보의 이용 활성화를 위해 관련 자료를 모아 제공하는 사이트로 한국보건사회연구원에서 운영하고 있다. 보건복지부, 식품의약품안전처, 질병관리청, 한국보건사회연구원의 보건의료 및 사회복지와 관련된 국내 통계를 제공하고 있으며, 그 외 관련 국제기구별(UN, OECD, IMF 등) 관련 통계도 제공하고 있다. 자료는 보고서, 마이크로데이터(연구자 분석을 위한 원자료), 통계시각화 자료(소셜데이터, 인포그래픽) 형태로 제공하고 있다. KOSIS 사이트에서 제공하는 자료와 중복 제공되기도 하나, 보건복지 분야에 특화되고 원자료를 제공한다는 차별점이 있다.

④ 만성질환건강통계

만성질환건강통계
https://health.kdca.go.kr/healthinfo/biz/pblcVis/main.do

만성질환건강통계는 국민의 건강 행태와 지역 단위 건강통계 및 공중보건학적 건강요소에 대한 건강·질병관련 정보를 일원화하여 제공하기 위해 질병관리청에서 제공하는 서비스로 질병관리청에서 조사하고 있는 국민건강영양조사, 지역사회건강조사 등의 통계자료를 통합하여 제공한다 그림 5-6 더 알아보기 5-5.

흡연, 음주, 신체활동, 식생활, 체중 조절 등의 건강행태 자료와 비만, 고혈압, 당뇨병, 이상지질혈증, 빈혈 등의 만성질환 자료, 그리고 삶의 질과 의료 이용에 대한 자료를 그림과 지도로 제공하고 있다.

그림 5-6 만성질환건강통계 제공 사이트

⑤ 국민영양통계

국민건강영양조사의 주요 결과를 수록한 '국민건강통계' 보고서는 질병관리청에서 매년 발간하고 있으나, 조사 전반을 다루고 있어 식품 및 영양소 섭취의 상세 결과를 포함하기는 어려운 실정이다. 이에 정부기관, 학계, 산업체 등에서 영양통계를 보다 잘 활용할 수 있도록 한국보건산업진흥원에서 국민건강영양조사의 영양부문 결과에 대한 보다 상세한 분석을 수행하여 그림, 표 등으로 제공하고 있다 그림 5-7.

국민영양통계
https://www.khidi.or.kr/nutristat

그림 5-7 한국보건산업진흥원 국민영양통계 사이트

더 알아보기 5-5

「국민건강영양조사」란?

국민건강영양조사는 「국민건강증진법」 제16조에 의거하여 국민의 건강 수준, 건강 행태, 식품 및 영양 섭취 실태에 대한 국가 단위의 대표성과 신뢰성을 갖춘 국가대표 통계를 산출하고자 진행하는 전국 규모의 법정 조사이다. 1998년 조사가 시작된 이후, 2007년부터 매년 조사가 시행되고 있으며, 매년 '국민건강통계' 보고서를 제공한다.

국민건강영양조사 홈페이지(https://knhanes.kdca.go.kr/knhanes)

「지역사회건강조사」란?

지역사회건강조사는 「지역보건법」 제4조에 의거하여 지역 주민의 건강 상태를 파악하여 과학적 근거에 기초한 지역보건사업의 수립 · 평가를 위해 시 · 군 · 구 단위별로 진행하는 법정 조사이다. 2007년 시범조사가 시작된 이후 지역 주민의 건강 행태(흡연, 음주, 식사) 및 이환, 의료 이용 등 지역 건강통계를 산출하여 매년 '지역사회건강통계' 보고서를 제공한다.

지역사회건강조사 홈페이지(https://chs.kdca.go.kr/chs)

(2) 국가 및 지역 통계자료의 원자료

앞에서 설명한 통계자료 중 일부는 조사 원자료raw data를 공개하고 있어 자료 분석이 가능한 수요자들이 이를 활용할 수 있다. 각 자료의 담당 기관에 원자료를 요청하여 받거나 간단한 회원가입 후 누구나 자료를 다운로드 받아 직접 분석할 수 있다. 통계분석이 가능하다면 이러한 자료도 지역사회 진단에 유용하게 활용될 수 있다. 현재 많이 활용되고 있는 원자료들은 표 5-1과 같다.

표 5-1 원자료 다운로드가 가능한 자료원

자료원	내용	홈페이지 (자료 획득 방법)	Link QR 코드
국민건강 영양조사	• 검진조사(비만, 고혈압, 당뇨병, 이상지질혈증 등) • 건강설문조사(가구조사, 건강행태, 의료이용, 활동제한 등) • 영양조사(식생활행태, 24시간 회상조사, 식품섭취빈도조사, 수유 등)	질병관리청 국민건강영양조사(사용자 정보 제공 후 다운로드) https://knhanes.kdca.go.kr/knhanes/sub03/sub03_02_05.do	
청소년 건강행태 조사	• 온라인 설문조사(흡연, 음주, 신체활동, 식생활, 비만 및 체중조절, 정신건강, 손상 및 안전의식, 구강건강, 개인위생, 아토피·천식 등)	질병관리청(사용자 정보 제공 후 다운로드) https://www.kdca.go.kr/yhs/	
한국인 유전체역학 조사	• 일반인 기반 코호트 : 지역사회코호트, 도시코호트, 농촌코호트 • 유전-환경 모델 코호트 : 쌍둥이 및 가족코호트, 국제협력코호트, 국내이주자코호트 • 검진조사(신체계측, 혈액검사, 소변검사) • 생활습관(흡연, 음주 등), 질환력, 식이조사(식습관, 식품섭취빈도조사, 24시간 회상조사) 등	질병관리청 국립보건연구원(분양신청 필요) https://nih.go.kr/contents.es?mid=a40504060100	
한국 복지패널	• 가구 일반사항, 건강 및 의료, 경제활동상태, 사회보험, 주거, 생활비, 소득, 개구재산, 생활여건, 복지서비스이용 등	한국보건사회연구원 한국복지패널(회원가입 후 다운로드) https://www.koweps.re.kr:442/data/data/list.do	
한국 아동·청소년 데이터 아카이브	• 패널조사 : 한국 아동·청소년패널조사, 한국청소년패널조사, 다문화청소년패널조사, 학업중단청소년패널조사 • 횡단조사 : 한국아동청소년통합조사, 아동청소년인권실태조사, 청년사회경제실태조사	한국청소년정책연구원(사용자 정보 제공 후 다운로드) https://www.nypi.re.kr/archive/mps/program/examinDataCode/dataDwloadAgreeView?menuId=MENU00226	

(계속)

자료원	내용	홈페이지 (자료 획득 방법)	Link QR 코드
기타	• 국민건강정보DB : 전 국민의 보험자격 및 보험료, 건강검진결과, 진료내역, 노인장기요양보험 자료, 요양기관 현황, 암 및 희귀난치성질환자 등록정보 등 • 표본연구DB : 표본코호트 DB, 건강검진코호트 DB, 노인코호트 DB, 영유아검진코호트DB, 직장여성코호트 DB	국민건강보험공단 NHISS (분양신청 필요) https://nhiss.nhis.or.kr/bd/ab/bdaba015lv.do	
	• 통계청에서 자체적으로 조사하는 각 종의 공공데이터 • 정부 각 부처 및 지자체, 연구기관 등의 통계 조사	통계청 MDIS(회원가입 후 다운로드) https://mdis.kostat.go.kr/infoData/serviceData.do?curMenuNo=UI_POR_P9007	
	• 한국보건사회연구원 수행 조사(인구/가구, 보건의료, 사회복지, 지역사회 관련 조사)	한국보건사회연구원 보건복지데이터 포털(분양신청 필요) https://data.kihasa.re.kr/kihasa/kor/contents/ContentsList.html	

(3) 조사 및 연구 보고서

① 질병관리청 발간 보고서

「국민건강통계」, 「지역사회건강통계」, 「청소년건강행태조사통계」는 각 조사의 상세 보고서로 조사별 홈페이지에 이를 공개하고 있으며, 특히 보고서에 수록된 표의 엑셀 자료를 함께 제공하여 수요자가 필요에 따라 표를 편집하거나 그래프를 만들어 사용할 수 있다. 또한, 「건강행태 및 만성질환 통계」, 「국민건강영양조사 팩트시트Fact Sheet」, 「우리 국민의 식생활 현황」 보고서는 국민건강영양조사의 주요 통계치를 요약하여 인포그래픽과 함께 제공한다.

② 기타 보고서

한국건강증진개발원에서 발간하는 「생애주기별 건강·영양문제 현황」, 「국민건강증진종합계획 평가 보고서」, 「국민건강증진종합계획Health Plan」 등의 보고서에 우리나라 주요 건강 및 영양 문제가 제시되어 있다. 한국보건사업진흥원에서는 연도별 「국민영양통계」 보고서를 발간하고 있다. 한국농촌경제연구원에서는 「식품수급표」 보고서를 매년 발간하여 우리나라 국민에게 공급되는 식품의 수급 상황과 1인 1일당 식품 공급량 및 영양 공급량 등을 제시하고 있어 식품수급 정책의 기초

자료와 우리 국민의 영양 및 식생활 개선을 위한 자료로 사용될 수 있으며, 세계 여러 나라의 식품수급 상황에 대한 국제 비교도 가능하다.

(4) 국내외 학술 논문

관련 학계의 학술논문도 지역사회 진단을 위해 활용될 수 있다. 국내외 학술논문을 수록하고 있는 학술자료 검색 사이트표 5-2에서 키워드를 이용해 관심 있는 학술논문들을 검색하여 대상 집단의 건강과 영양 문제 및 이와 관련된 요인들에 대한 근거들을 수집할 수 있다.

표 5-2 국내외 학술논문 검색 사이트

구분	주요 검색 사이트(제공처)	DB 내용	URL 주소
국내 학술논문	RISS(한국교육학술정보원)	국내학술논문, 학위논문, 연구보고서 등 제공	http://www.riss.kr/index.do
	KISS(한국학술정보)	1,330여개 학회의 논문 수록	https://kiss.kstudy.com/index.asp
	DBpia(누리미디어)	학술논문, 전자책, 웹DB 등을 제공하는 통합플랫폼	https://www.dbpia.co.kr/
국외 학술논문	PubMed(미국 NIH)	생명과학 분야의 전 세계 학술논문 제공	https://pubmed.ncbi.nlm.nih.gov/

2) 직접적인 현장조사를 통한 지역사회 진단

국가기관 등에서 제공되는 이차 자료들이 지역사회 진단에 많이 활용되고 있기는 하나, 사업의 목적과 내용 또는 사업의 효과평가를 위한 사전·사후 조사 수행 등의 다양한 이유로 지역사회 현장에 나가 직접 조사를 수행하기도 한다. 이때에는 기존에 개발된 조사도구를 활용할 수도 있고, 필요에 따라 설문지를 새로 개발하여 사용할 수 있다. 대상자의 영양 상태를 알기 위해 기존의 다양한 영양판정 방법들을 조사에 적용할 수 있으므로 이에 대한 개념과 방법을 숙지하고 조사 목적에 따라 적합한 조사방법을 적용하는 것이 필요하다.

(1) 양적 설문지 개발 및 조사

양적 설문조사는 구조화되어 있는 설문지를 이용하여 조사 대상자들에게 필요한 정보와 자료를 수집하는 방법이다. 설문지는 조사의 목적과 내용에 따라 기존의 설문지를 이용하거나 자체 개발할 수 있으며, 타당성과 신뢰성이 있는 조사도구를 이용하는 것이 중요하다 더 알아보기 5-6.

더 알아보기 5-6

타당도와 신뢰도

정확한 자료 수집 및 평가를 위해서는 조사도구로 측정하는 각각의 지표의 타당도와 신뢰도가 높아야 한다. 타당도와 신뢰도의 정의는 다음과 같다.

- 타당도validity란? 원래 측정하고자 한 속성을 제대로 측정했는가의 정도를 뜻한다. 정확도accuracy와 같은 의미로 사용된다.
- 신뢰도reliability란? 측정하고자 하는 것을 일관성 있게 측정했는가의 정도를 뜻한다. 재현성reproducibility 또는 반복성repeatability을 의미하며, 신뢰도는 타당도의 전제 조건이 된다.

	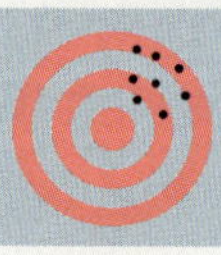	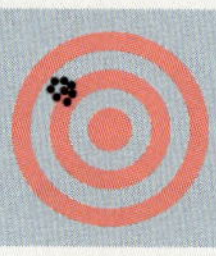	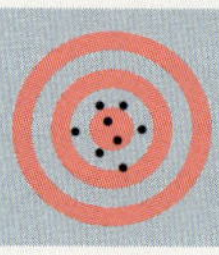	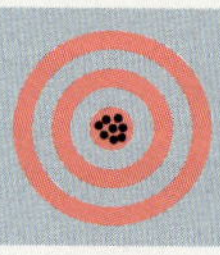
평가지표의 타당도	낮음	낮음	보통	높음
평가지표의 신뢰도	낮음	높음	낮음	높음

설문조사 방법은 면접법interview과 자가작성법self-report으로 크게 나뉘는데, 설문조사 방법에 따라 설문지의 형태나 구성 내용이 달라질 수 있으므로 설문지 문항을 구체적으로 만들기 전에 조사방법을 먼저 결정해야 한다. 면접법을 이용하는 경우 면담자의 면접기술이 중요하므로 표준화 훈련을 충분히 해야 한다. 일반적인 설문지 작성 단계는 표 5-3과 같다.

표 5-3 설문지 작성 단계

설문지 작성 단계	사례) 청년층의 식생활현황 조사
1. 조사 목적에 따라 조사에 포함할 정보를 대략 정한다.	• 조사목적 : 청년층의 식생활 문제 파악 • 필요한 정보 : 식사 빈도, 동반 식사, 먹방, 주요 식품섭취빈도 등
2. 기존의 설문지와 문헌에 근거하여 필요한 정보별로 수집할 내용을 목록으로 작성한다.	• 식사빈도 : 아침/점심/저녁 식사 빈도, 아침 결식 이유, 야식 종류, 외식 빈도, 외식 장소(편의점, 배달, 음식점, 단체급식 등) • 동반식사 : 동반 여부, 동반 대상, 혼밥 이유 • 먹 방: 횟수, 시간, 경로, 음식섭취 여부 • 식품 섭취 : 채소류, 과일류, 전곡류, 육류(구이/튀김), 가공육, 우유 및 유제품, 가당음료 등
3. 우선순위를 정하여 꼭 필요한 내용이 아니면 지면과 시간을 고려하여 제외한다.	• 식사빈도 > 식품섭취 > 동반식사 > 먹방 • 식사빈도: 아침식사 빈도 > 아침결식 이유 > 외식 빈도
4. 자료 수집방법을 결정한다.	• 온라인 조사(자가작성법)
5. 수집 목록별로 질문 문항을 만든다. 이때, 기존의 공신력이 있는 설문 문항을 이용해도 된다.	• 동반식사 문항(국민건강영양조사 설문지 항목) Q1. 최근 1년 동안 저녁식사를 할 때, 대체로 다른 사람과 함께 식사를 하셨습니까? ① 예(Q2로 이동) ② 아니오 ③비해당(안먹음) Q2. 대체로 누구와 함께 식사하셨습니까? ① 가족 ② 가족 외
6. 조사지침을 첨가한다.	• 단어의 범위 설명 Q5. 간편식 식사를 얼마나 자주 하십니까? ☞ 간편식 식사 : 가열 등 간단한 조리과정을 거치면 섭취 가능한 한 끼 식사 제품(삼계탕, 된장국, 볶음밥, 죽, 밀키트 등)으로 식사하는 것을 말합니다.
7. 사전조사를 실시하여 문항의 타당성, 신뢰성, 대상자의 이해도 등을 파악한다.	• 대상자(청년층) 몇 명을 대상으로 실제 자가작성법으로 응답하도록 하여 수정사항을 파악한다.
8. 사전조사 결과에 근거하여 질문을 수정 · 보완하여 설문지를 완성한 후 인쇄한다.	• 사전조사 없이 설문지를 인쇄하지 않는다.

(2) 영양판정 자료 수집

영양판정이란 개인이나 집단의 식사 섭취를 조사하거나 영양과 관련된 건강지표들을 측정함으로써 개인과 집단의 영양 상태를 평가하여 영양문제를 진단하고 더 나아가 그 원인을 파악하는 과정을 말한다. 그러므로 다양한 영양판정 방법들이 지역사회 영양사업 기획을 위한 영양문제 진단 및 효과 평가에 유용하게 활용될 수 있다. 영양판정 방법에는 식사조사, 생화학적 검사, 임상조사, 신체계측조사가 있다.

이 중 식사조사를 이용한 영양판정은 대상자의 식사 섭취를 다양한 방법으로 조사하여 영양소 섭취량을 산출한 후 이를 기준치와 비교하여 평가하는 방법이다. 주요 식사조사 방법으로는 24시간 회상법, 식사일기법, 식품섭취빈도조사법food frequency questionnaire, FFQ이 있다.

표 5-4 식사조사 방법

식사조사 방법	설명
24시간 회상법 24hr-recall method	조사자가 조사대상자와의 면담을 통해 조사 하루 전날 24시간 동안 섭취한 식품의 종류와 양을 회상하도록 하여 기록하는 방법
식사일기법 food record method	일정 기간 조사대상자 본인이 음식물을 먹을 때마다 음식의 종류와 섭취량을 일기식으로 그때그때 직접 기록하는 방법
식품섭취빈도조사법 food frequency questionnaire	대상 집단의 사람들이 흔히 먹는 음식이나 식품별 섭취 빈도와 1회 섭취량을 조사하는 방법

또한, 생화학적 조사는 혈액, 소변, 조직 등의 영양소나 영양소 대사물의 농도, 효소 농도, 면역기능 등을 분석하여 기준치와 비교·평가하는 방법이며, 신체계측조사는 체위 및 체구성 성분을 측정하고 여러 신체 지수를 산출하여 기준치와 비교·평가하는 방법이다. 임상조사는 영양 상태 변화에 의해 나타나는 임상 징후들을 시각적으로 판별하여 영양 상태를 판정하는 방법이다.

영양불량은 영양결핍뿐 아니라 영양과잉까지 포함하는 개념이며, 영양불량은 여러 단계를 거쳐 점진적으로 악화된다. 먼저 식사 필요량에 비해 섭취량이 적절하지 못한 일차적 섭취 이상인 경우 또는 충분한 양을 섭취했다 하더라도 체내의 이용률이 낮아 이차적인 섭취 이상이 나타나는 영양불량 1단계가 발생할 수 있다. 이 단계에서는 혈액 및 조직의 영양소 농도는 변하지 않은 상태이므로 생화학적 방법 등 다른 방법보다는 식사조사를 통해서 영양불량 상태를 확인할 수 있다. 그러나 부적절한 식사 섭취와 이용효율의 저하가 지속되는 경우 영양불량은 더욱 악화되어 체내 조직의 영양소 농도에 이상이 생기고, 더 지속되면 혈액과 소변의 영양소나 대사산물의 농도에 이상이 생기는 2단계 영양불량 상태가 된다. 이 단계에서는 생화학적 방법으로도 영양 상태를 확인할 수 있다. 더 나아가 영양불량이 더욱 장기화되어 체내 대사과정이 원활하게 이루어지지 못하면 신체에 외적 이상징후가 나타나므로 이 단계에서는 임상조사와 신체계측방법으로도 영양판정이 가능해진다.

그러므로 영양불량 진행단계에 따라, 또 조사의 목적과 대상에 따라 적합한 영양판정 방법을 선택하는 것이 중요하다. 영양판정 방법들은 상호 보완적이므로 어느 한 방법보다는 같이 활용하는 것이 정확한 영양판정에 도움이 된다.

5. 지역사회 건강 및 영양 문제 진단을 위한 질적조사의 실제

앞서 설명한 구조화된 설문지를 이용한 설문조사나 국가 자료를 이용한 객관화된 양적 정보 외에 개인적인 면담이나 관찰을 통해 얻은 질적 자료와 정보도 지역사회 진단에 매우 유용하게 활용할 수 있다.

1) 질적조사의 특징과 활용

지금까지 지역사회 진단을 위해 숫자로 된 다양한 자료를 찾아 활용하는 방법을 배웠다면, 이제부터는 글자나 그림으로 대상자와 지역사회를 파악하는 방법을 알아보고자 한다. 질적조사의 자료는 숫자가 아닌 다양한 형태를 띤다. 말 혹은 글text일 수도 있고, 그림일 수도 있으며, 지도나 사진일 수도 있다.

다음은 다양한 질적 조사 방법 중에 지역사회영양과 관련된 현장에서 잘 활용할 수 있는 방법이다.

- 관찰/섀도잉shadowing
- 심층 인터뷰in-depth interview
- 포커스 그룹focus groups

- 프로브probes
- 지역사회 지도 그리기community mapping

(1) 관찰/섀도잉

관찰 혹은 섀도잉은 대상자들이 식품 섭취와 관련된 행동을 하고, 식행동과 관련된 결정을 내리는 순간에 개입하지 않고 대상자들을 자세하게 관찰하며 식사관련 제반 사항을 이해하고자 하는 방법이다. 물론 관찰연구는 식사를 이해하는 데만 사용하지 않고, 인간의 행동과 관련된 다양한 연구에서 사용하는 자료 수집방법이다.

① 관찰조사 활용 방안

관찰조사는 관찰자가 대상자 집단이 속한 지역사회를 잘 알지 못할 때, 대상자가 무의식적으로 하는 행동을 연구할 때, 관찰자와 대상자가 문화적으로 다른 집단에 속해 있을 때 유용한 자료 수집방법이다. 연구하고자 하는 행동이 대상자들이 특별히 생각하고 하는 행동이 아닌, 문화적인 행위라면 관찰조사를 통해 많은 정보를 얻

더 알아보기 5-7

사례: 영양표시 확인 행동 관찰 사례

연구자는 어린이나 어린이가 있는 가족 구성원이 가공식품을 구매할 때 식품 표시사항과 관련하여 어떤 내용을 확인하고, 혹은 확인하지 않고 구매하는지 알아보고자 하였다. 사람들이 가공식품을 선택할 때 영양표시를 확인하는지 설문으로 물어볼 수도 있지만, 실제 사람들이 식품을 구매하는 마트에 방문하여 현장에서 사람들의 가공식품 구매 행동을 관찰할 수 있다.

연구에 앞서 어린이가 있는 주변의 가까운 가구에 확인하여 가구의 상황에 따라 장을 보는 시간을 파악하였다. 직장이 있는 엄마의 경우에는 퇴근을 하면서 장을 볼 수 있고, 주말에 주로 장을 보는 경우로 나뉜다는 것을 파악하였다. 또한 직장이 없는 엄마의 경우, 오전에 아이들을 학교에 데려다주고 돌아가는 길에 마트에 들르는 경우가 많다는 것도 확인할 수 있었다. 따라서 가공식품 구매 시 확인하는 사항을 파악하기 위해 평일 오전 9~10시 사이, 저녁 6~7시 사이, 주말 오전과 오후로 시간을 정하여 대형 마트와 중소형 마트에 방문하였다.

마트 내 과자 코너, 음료 코너, 라면 코너 등에서 영유아의 부모나 학부모로 보이는 남녀, 혹은 자녀와 함께 나온 가족들의 식품구매 행동을 관찰하였다. 그리고 대상자들의 구성(대략의 연령과 누구와 함께 왔는지 등), 구매 물품, 표시사항 확인 여부, 얼마나 빠르게 구매를 결정하고 장바구니에 담는지 등을 체크리스트에 작성하였다. 대상자들을 관찰한 결과, 대부분의 가공식품이나 기호식품의 경우에는 자세하게 표시사항을 확인하고 구매하는 대상자가 거의 없다는 것을 알 수 있었으며, 오히려 영양표시보다는 용량과 가격을 더 꼼꼼하게 비교하는 것을 확인할 수가 있었다.

을 수 있다. 반면 설문조사나 인터뷰로 대상자들의 행동에 대한 이유를 물을 때, 대상자들은 평소 생각했던 내용이 아니라면 대답하기가 어렵다. 또한 사회적으로 바른 답이 정해져 있는 행동이라면, 실제 대상자들은 대면 인터뷰나 설문조사 시에 사회적으로 더 바람직하다고 생각하는socially desirable 응답을 할 가능성이 크다. 예를 들어, 식품 위생을 위해 식사 전 손을 씻는 것이 당연하지만, 실제 한 지역사회 공동체에서 손 씻기 실천율이 떨어진다면, 대상자를 찾아가 왜 식사 전 손을 씻지 않는지 질문을 하는 것보다는 식사 전 대상자들이 처한 상황과 환경을 관찰하는 것이 프로그램 기획자에게 더 많은 정보를 줄 수 있다.

② 관찰조사 수행방법

우리가 궁금한 식사관련 행동이 이루어지는 곳에 가서 관찰을 할 수 있다. 관찰의 방법은 두 가지 정도로 요약할 수 있다. 먼저, 한 장소에서 다양한 사람을 관찰하며 자료를 수집하는 방법과 특정 인물을 하루 종일 그림자처럼 쫓아다니며 하루 동안 어떤 식품 선택을 하고, 어떻게 식사를 하는지 관찰하는 방법이다. 이때 대상자가 관찰자를 인지하게 되면 행동이 평소와 달라질 수 있으므로, 최대한 눈에 띄지 않는 상황에서 대상자의 자연스러운 행동을 관찰하는 것이 중요하다.

(2) 심층 인터뷰

심층 인터뷰는 대상자와 가장 깊이 있는 이야기를 하며, 대상자가 처한 상황과 맥락을 이해할 수 있는 자료 수집방법 중 하나이다.

① 심층 인터뷰 활용 방안

기존 역학 자료나 양적 자료에서 얻을 수 없는 대상자들의 생각이나 문제점, 상황, 숨겨진 요구 등을 파악하기 위해 지역사회의 대상자에게 개방형 질문을 하여 정보를 얻는 것이다. 양적 조사를 위해 설문조사를 하기로 했다 하더라도, 단 몇 건이라도 지역사회에서 해결하고자 하는 영양문제에 대해 가장 잘 알고 있는 대상자(주정보 제공자key informant)를 찾아 이야기를 나누는 것이 설문조사지 개발에도, 과제의 방향성을 잘 설정하는 데도 매우 중요하다. 또한 연구자들이 생각지 못했던 식생활에 영향을 미치는 다양한 환경적·시스템적 요인들을 발견하는 데도 심층 인터뷰가 도움이 된다.

심층 인터뷰는 지역사회 프로그램을 개발하기 위한 진단 시에 주로 활용할 수 있고, 프로그램의 모니터링과 평가 시 대상자들이 프로그램에 참여하여 좋았던 점, 부족했던 점을 알아보기 위해서도 사용할 수 있다.

② 심층 인터뷰 수행방법

양적 설문조사에서 가장 중요한 것이 대상자들을 대표할 수 있는 대표성 있는 샘플을 뽑아 오류 없이, 정보의 뒤틀림(바이어스) 없이 설문조사를 하는 것이다. 그러나 질적연구 방법은 대표성이 있는 대상자 샘플을 추출하는 것 보다 해당 내용에 대해 가장 많이 알고 있으며, 가장 깊이 있는 정보를 제공할 수 있는 사람을 만나는 것이 중요하다. 따라서 연구자는 알고자 하는 지역사회 영양문제에 대해서 가장 이야기를 잘 해줄 수 있는 사람을 만나는 것이 중요하다. 인터뷰를 진행하면서 새로운 내용을 알게 될 경우에는 그 내용에 대해 가장 잘 이야기해 줄 수 있는 사람을 추가로 소개받아 만나는 방법을 쓸 수 있다. 이런 방법을 질적연구에서 사용하는 눈덩이 표집법snowball sampling이라고 한다.

일단 인터뷰 대상자를 찾았다면, 알고 싶은 내용을 간략하게 정리해 본다. 이때 열린 질문open-ended questions이 담긴 인터뷰 가이드를 개발하여 가지고 간다면 인터뷰를 좀 더 알차게 할 수 있다. 그러나 심층 인터뷰에서 중요한 것은 가지고 간 질문을 쭉 물어보고 짧은 대답을 듣는 것이 아니다. 그런 자료 수집방법이라면 오히려 설문조사가 더 유용할 수 있다. 몇 가지 질문만이라도 대상자로 하여금 다양하고 깊은 이야기를 끌어낼 수 있다면 지역사회의 영양문제를 개선하는 데 매우 새로운 시각을 얻을 수 있다.

(3) 포커스 그룹

포커스 그룹은 비슷한 특성을 가진 대상자들이 그룹으로 모여 연구자가 알고자 하는 질문에 돌아가면서 응답하는 자료 수집방법이다. 심층 인터뷰가 대부분 1 : 1로 만나 개인의 깊은 이야기를 할 수 있는 자료 수집방법이라면, 포커스 그룹은 한

더 알아보기 5-8

심층 인터뷰 Tips

누구를 인터뷰 해야 할까?

해결하고 싶은 지역사회영양의 문제에 대해 가장 잘 이야기해 줄 수 있는 사람을 만난다. 청소년들의 영양에 대해 관심이 있다면 청소년 당사자, 부모님, 영양교사, 보건교사, 체육교사, 교장선생님, 교육청 담당자 등을 생각할 수 있다. 노인의 영양에 관심이 있다면, 노인 당사자, 노인 복지나 노인 영양관련 일을 하는 공무원, 복지관 영양사, 보건진료소 소장, 지역의 이장, 노인회장 등이 있다.

어떻게 시작할까?

우선 심층 인터뷰를 하기로 했다면 인터뷰 가이드를 작성한다. 핵심 질문을 정리하고, 그 아래에 세부 질문을 만든다. 이때 중요한 점은 양적 설문으로는 알기 어려운 것을 물어보는 것이다. 예, 아니오나 단답형으로 대답할 수 있는 질문이 아닌 "~에 대해 어떻게 생각하십니까?" "~하게 되는 상황은 어떤 상황인지 설명해 주세요"와 같이 깊이 있는 이야기가 나올 수 있게 질문하는 것이 중요하다.

인터뷰 진행 팁

처음 인터뷰 대상자가 정해져서 인터뷰를 시작할 때는 "보통의 하루 일과를 쭉 설명해 주세요"와 같은 일반적인 질문으로 시작해서 그 중에 더 이야기를 듣고 싶은 흥미로운 부분을 적어두고 추가 질문을 하도록 한다.

"나는 아무것도 모르고, 당신이 전문가이다"라는 말을 처음에 할 필요가 있다. 이야기를 들을 때는 집중하여 들으며, 더 물어보고 싶은 이야기는 빠르게 노트에 표시한다. 질문을 적절히 하고, 관심이 있다는 것을 잘 표현하는 것이 중요하다. 대상자들이 자세히 설명하는 과정에서 흥미로운 이야기들이 나올 수 있기 때문에 인터뷰 중에는 분석하지 않고 말한 내용을 그대로 받아적어 추가 질문을 이어가는 것이 중요하다. 그리고 대화뿐 아니라 얼굴 표정, 행동 등과 같이 말로 나오지 않는 다양한 정보들을 함께 적어놓는 것도 도움이 된다.

다 적기가 어려울 때에는 대상자의 동의하에 녹음을 할 수 있다.

인터뷰가 끝난 후

인터뷰에서 알게 된 것을 정리하여 팀원과 공유한다. 그리고 같은 대상자를 더 만나 물어보고 싶은 것이 있는지, 아니면 다음은 누구를 만나면 좋은지도 이야기 나누며 인터뷰를 정리한다. 가능하면 당일 인터뷰 내용을 바로 정리하고 잊기 전에 인터뷰 후 자신의 느낀 점, 인터뷰 중에 잘 된 점, 안 된 점 등을 적어본다.

그룹당 6명에서 10명까지도 만나 함께 이야기를 나눌 수 있다. 대상자 개인의 깊이 있는 이야기를 꺼내기보다는 대상자들 사이의 상호작용을 통해서 공통된 의견을 도출하는 데 주로 사용된다.

① 포커스 그룹 활용 방안

대상자 간 함께 의견을 나누면서 공통된 의견을 도출하는 것에 더 큰 목적이 있기 때문에, 지역사회영양 프로그램을 기획하는 경우, 대략의 프로그램 안이 나왔을 때 계획된 안이 대상자들에게 보기에 적절한지 등을 알아보는 데 도움이 된다. 또는 영양교육 자료나 홍보 자료를 개발한 경우, 연구자 혹은 기획자들이 의도한 대로 대상자들이 이해하는지 등을 확인하고자 할 때도 큰 도움이 된다.

포커스 그룹은 마케팅 분야에서 소비자를 이해하고 제품의 홍보방안을 마련하기 위해 사용하는 자료 수집방법으로 유명하다. 따라서 많은 경우 "질적연구는 포커스 그룹이다"라는 공식을 믿고 있는 사람들이 있지만, 실제로 여러 명이 짧은 시간을 나누어 이야기를 해야 하기 때문에 연구자가 해결하고자 하는 영양문제에 대해서 다양한 맥락과 환경적·개인적 요인을 융합해서 이해하기에는 한계가 있다.

② 포커스 그룹 수행방법

가장 먼저 동질적인 그룹을 만든다. 성별이나 연령대가 비슷하고, 만약 위계가 있는 조직에서 사람을 모집한다면 비슷한 직급의 사람들이 모이는 것이 더 원활한 그룹토의에 적합하다. 알고자 하는 내용이 간단할 경우에는 좀 더 많은 인원이 한 그룹으로 이야기를 나누어도 되지만, 알고자 하는 내용이 많은 경우라면 너무 긴 시간 토의가 지속되어야 하고, 그럴 경우 집중도가 떨어질 수 있기 때문에 적은 인원으로 만나는 것이 도움이 된다.

또한 포커스 그룹은 여러 명이 모여 하나의 주제에 대해 이야기를 하기 때문에 토의를 이끄는 진행자moderator 혹은 facilitator의 역할이 매우 중요하다. 소외되는 대상자가 없는지 계속 확인하여 대화에 참여하도록 유도하고, 너무 독단적으로 대화를 끌고 가며, 자신의 의견을 남에게 강요하는 참여자가 있다면 제지하는 등 참여자가 동등한 입장에서 비슷한 발언권을 갖으며 토의가 진행될 수 있도록 해야 한다. 보통

포커스 그룹은 보조 진행자도 필요하다. 보조 진행자는 토의 시간에 나오는 이야기를 잘 듣고, 누가 어떤 이야기를 하는지 등을 나중에 다시 보기 쉽게 정리할 수 있도록 기록하는 역할을 한다. 또한 언어로만 표현되지 않는 참여자들의 다양한 표정이나 행동, 반응 등을 잘 기록하여 분석할 때 활용하는 것도 좋다.

(4) 프로브

프로브는 '대상자에게 보내는 무인탐사선'이라고 표현할 수 있는 자료 수집도구이다. 대상자가 주로 생활하는 곳에 대상자의 생각과 느낌을 기록할 수 있는 프로브 패키지를 보내는데, 이는 대상자들의 삶과 생각을 더 잘 이해하도록 하는 자료 수집 방법이다. 프로브는 서비스디자인 분야에서 주로 사용한다.

① 프로브 활용 방안

인터뷰나 설문지를 사용하여 이해하기 어려운 대상자들의 삶의 세세한 면과 생각, 느낌 등을 이해하는 데 가장 도움이 된다. 식생활을 단편적으로 보지 않고, 다양한 삶의 현장에서 느끼는 것과 식생활을 둘러싸고 있는 영향요인을 이해하는 데도 큰 도움이 된다.

② 프로브 수행 방법

프로브 패키지를 어떻게 개발하는지도 매우 중요한 연구과정이다. 연구자들은 자료 수집의 목적에 맞고 대상자들의 삶을 가장 잘 이해할 수 있는 내용을 얻을 수 있도록 패키지를 만드는 것이 필요하다. 대부분 사진이나 글을 포함할 수 있는 일기 형식의 노트를 제공하거나, 연구자가 알고자 하는 대상자들의 삶의 면면을 들여다볼 수 있는 열린 질문들을 넣을 수 있다. 구체적인 예시는 〈더 알아보기 5-9〉를 참고한다.

서비스 디자인
서비스 디자인(service design)은 사람들이 경험하는 서비스의 질과 서비스 제공자와 수혜자의 관계를 향상시기키 위해 다양한 디자인 기법을 사용하는 분야이다. 서비스의 다양한 요소인 사람과 서비스 기반 구조물(infrastructure), 커뮤니케이션과 실제 서비스 관련 내용을 계획하고 재배치하는 구체적인 활동들을 함으로서 다양한 사회 문제를 해결하고자 한다. 최근에는 병원이나 공공기관의 서비스 개선에도 서비스 디자인 방법론들을 많이 사용하고 있다.

더 알아보기 5-9

사례: 청년 식생활 프로그램 개발을 위한 프로브 사용 예시

프로브 제작 배경

대학생을 포함한 청년들의 식생활이 좋지 않다는 다양한 통계자료와 주변 관찰을 바탕으로 연구자들은 청년들의 식생활을 이해하기 위한 프로브를 제작하기로 하였다. 특히 아침식사 결식률이 높고, 과일 및 채소 섭취가 부족하여 식사의 다양성이 다른 연령층에 비해 많이 떨어진다는 것을 알 수 있었다. 또한 코로나19와 같은 신종 감염병의 상황에서 혼자 식사하거나 간단한 가공식품이나 배달음식으로 식사를 때우는 경우가 많다는 것도 기초자료 조사를 통해 알 수 있었다.

프로브를 이용한 자료 수집 목표

언론과 통계자료를 통해 파악한 청년들의 식생활은 대부분 부정적인 면이 많았다. 따라서 프로브를 통해 청년들의 식생활 중재에 적용할 수 있는 긍정적인 면을 찾고자 하였다. 어떤 식사가 행복한 식사인지, 힐링이 되는 음식은 어떤 것인지 등을 알고자 했다. 또한 청년층의 문화생활을 이해하기 위해 소셜 미디어에서 주로 어떤 것을 보는지, 어떤 음악을 듣는지 등을 파악했다. 마지막으로 꿈꾸는 행복한 미래의 모습은 어떤 것인지, 자신에게 건강한 식생활은 중요한지, 지키기 위해 얼마나 노력하는지 등을 물어보았다. 그 외에는 기본적인 하루 일과, 식사 시간 및 식사 내용을 기록하도록 하였다. 총 4일간 작성하였다.

프로브 내용을 좀 더 자세히 알고 싶다면 아래 논문을 참고한다.

– 조은빈 외 (2022) 서비스 디자인 도구의 지역사회영양학 분야 활용: 청년 식생활 가이드 개발 사례
http://dx.doi.org/10.5720/kjcn.2022.27.3.177

프로브 패키지 구성

대학생과 직장인 총 39명에게 프로브 패키지 책자를 제작하여 우편으로 발송하였다. 우편을 발송할 때 색연필을 함께 넣어 아날로그 감성으로 자신의 생활을 기록하도록 하였다.

청년들에게 받은 프로브 패키지 일부

프로브를 통해 확인한 청년들의 식생활관련 주요 내용

- 청년들의 하루 일과를 보면 직장인이 아닌 대학생들의 경우에는 취침시간과 기상시간이 매우 늦었다. 따라서 아침식사를 거를 수밖에 없는 구조적인 이유가 있음을 알 수 있었다. '아침식사를 하자'는 메시지보다는 일찍 잠들고 일찍 일어날 수 있는 생활습관 개선이 먼저임을 알았다.
- 대부분의 청년들은 하루에 2끼를 먹고 있었고, 음료수는 대부분 하루 한 잔 이상 섭취하고 있었다. 음료수의 종류에 따라 다르겠지만 당이 높은 음료수를 줄이도록 노력하자는 메시지가 영양중재 내용에 필요함을 알 수 있었다.
- 행복한 식사나 힐링이 되는 음식은 많은 경우, 가족과 둘러 앉아 이야기를 나누며 먹는 집밥이라는 이야기가 많았다. 따라서 특별한 음식을 특별한 장소에서 먹는 것보다는 어떻게 하면 가족과 더 많은 식사를 함께 할 수 있는지 고민이 필요함을 알 수 있었다.

결과의 활용

다양한 청년들의 이야기를 바탕으로 설문지를 개발하여 전국에서 총 1,000명의 청년을 대상으로 온라인 설문조사를 추가로 진행하였고, 이를 기반으로 청년층을 유형화할 수 있었다. 건강하게 먹으려고 노력하고 실천하는 집단과 유행에 민감하여 다양한 새로운 다이어트를 시도해 보는 집단, 주로 감정에 이끌려 자극적인 음식을 섭취하는 집단, 대부분의 끼니를 간단하게 사먹거나 배달시켜 먹는 집단으로 구분하여 위의 프로브에서 나온 내용을 기반으로 건강한 식생활을 실천할 수 있는 작은 전략들을 개발하였다. 이를 바탕으로 교육 및 홍보 자료를 제작하였다.

(5) 지역사회 자원 지도 그리기

프로그램의 대상자들이 모여 자신들이 설정한 지역사회의 지도를 그리는 것이다. 이는 단지 지리적인 지도를 그리는 것에서 더 나아가, 우리가 당면한 지역사회 영양문제를 해결하기 위해 지역사회에 이미 존재하고 있는 자원을 표시해 보고, 그 과정에서 대상자들 스스로 문제를 해결할 수 있도록 돕는 방법이다.

① 지역사회 자원 지도 활용 방안

대상자들이 생각하는 지역사회의 핵심 자원을 함께 시각화하는 데 도움이 된다. 이를 통해 참여자 개인이 중요하게 생각하는 지역사회 자원을 발견할 수 있으며, 연구자로서 대상자들이 중요하게 생각하는 것들이 어떤 자원인지도 이해할 수 있다.

연구자는 지역사회의 영양문제를 해결하기 위해 어떤 자원을 연계하고 활용할 수 있을지, 혹은 문제가 심각한 곳에 자원이 존재하지 않는다면 결핍을 어떻게 극복할 수 있는지 문제를 구체화하는 데 도움이 된다.

② 지역사회 자원 지도 그리기 수행방법

대상자들이 그룹으로 모여 지역사회를 실제 걸으면서 자원을 찾아보고 지도에 표시를 하는 것으로 작업을 진행할 수 있다. 혹은 각자 돌아보며 미리 지역사회의 지도와 자원을 찾아와서 함께 지도를 완성해 볼 수도 있다.

심화학습

질병 발생의 위험요인 진단: 질병과 위험요인의 인과적 관련성의 조건

지역사회에서의 영양문제를 파악함에 있어 영양문제의 크기나 심각성 정도를 조사하는 것도 중요하지만 해당하는 문제의 원인을 찾는 것도 중요하다. 문제를 해결하기 위해서는 문제 발생의 원인을 해결하는 것이 필수적이다. 어떤 영양 요인이 질병과 관련되어 있다고 관찰되었을 때 이 두 요인이 서로 상관성relationship을 가지는 관계인지, 아님 영양 요인이 질병 발생에 원인 인자로 인과성causation까지 가지는 관계인지를 파악하는 것은 매우 중요하다. 상관성 관계에서는 영양 요인이 질병 발생에 영향을 줄 수도 있으나 질병이 오히려 영양 요인에 영향을 줄 수도 있는 양방향의 관계가 존재하기 때문이다. 이 경우에 두 요인의 상관성 관계만을 확인하고 영양 요인을 제거했다고 해서 질병문제를 해결한다고 확신할 수 없다.

더 알아보기 5-10

사례: 양방향성을 가지는 상관성 관계 사례

사례 1. 우유 섭취와 비만 간의 상관성

어떤 집단에서 우유 섭취와 비만 간의 상관성이 관찰되었다면, 즉 우유를 많이 섭취하는 사람에서 비만자가 많음이 관찰되었다면 우리는 우유를 비만 요인으로 결정할 수 있겠는가? 우유가 비만을 유발한 원인일 가능성도 있으나 비만한 사람들이 오히려 다이어트를 위해 탄산음료 대신 우유를 많이 섭취하여 우유를 많이 섭취한 사람에서 비만자가 많이 관찰되었을 수도 있다.

사례 2. 커피 섭취와 췌장암 간의 상관성

어떤 집단에서 커피 섭취와 췌장암 간의 상관성이 관찰되었다면, 우리는 커피가 췌장암 발생의 원인으로 결정할 수 있겠는가? 커피 섭취가 췌장암 발생에 영향을 미쳤을 가능성도 있으나 또 다른 가능성들도 있다. 예를 들면, 커피를 많이 섭취하는 사람은 대부분 흡연자라서 커피가 아닌 담배가 췌장암 발생에 영향을 미쳤을 가능성이다.

〈더 알아보기 5-10〉의 사례 관찰 결과로부터 우유와 커피를 비만과 췌장암의 질병 발생 원인으로 결정하여 국가적 영양정책으로 우유와 커피 섭취 감소를 주요한 목표로 하고 지역사회 대상자들에게 중재프로그램을 했을 경우, 비만율과 췌장암 발생률 감소에 효과가 있을지는 의문이다. 왜냐하면 영양요인과 질병 발생 간의 인과성이 명확하지 않기 때문이다. 따라서 질병과의 인과성이 확립되지 않은 요인을 영양중재나 정책 결정에 고려한다면 잘못된 결과를 낳게 되는 오류를 범하게 될 것이다.

그렇다면, 질병과 영양요인 간에 관찰된 상관성이 인과적인 관계를 가지는지를 어떻게 결정할 수 있을 것인가? 일반적으로 질병과 요인 간에 인과성을 평가하기 위해서는 미국 보건성US Department of Health and Human Services에서 제시하고 있는 7개의 가이드라인을 적용한다. 각 가이드라인에 대한 설명은 인과적 관계의 근거를 평가하기 위한 우선순위가 높은 순이다.

시간적 선후 관계의 성립temporal relationship

질병과의 상관성이 관찰된 요인이 질병의 원인이라면 요인의 노출이 질병 발생 이전에 이루어져야 한다. 따라서 시간적 선후 관계의 성립이란 위험요인이 질병 발생보다 시간적으로 앞서 있을 때를 의미한다. 식중독 발생의 원인요인을 파악하기 위해서는 식중독 발생 이전에 섭취한 식품들을 조사하는 이유이다. 예를 들면, 가당음료 섭취와 비만 간의 인과성을 보고자 대상자에게 가당음료 섭취 빈도와 체질량지수를 동시에 조사했다고 하자. 가당음료 섭취가 낮은 사람들이 대부분 비만자로 결과가 나왔다면, 가당음료의 높은 섭취는 오히려 비만 예방에 도움이 된다고 잘 못 해석할 수 있다. 사실은 비만자들이 다이어트를 위해 가당음료 섭취를 줄였기 때문에 가당음료 섭취가 낮은 사람들에서 비만자의 비율이 높게 나타난 것일 수 있다. 이와 같이 위험요인이 질병과 동시에 측정되었을 경우, 두 요인 간에 시간적 선후관계가 성립되지 못하므로 인과성이 있다고 결정할 수 없다.

생물학적 설명 가능성biologic plausibility

질병과 영양요인 간에 관찰된 상관성은 생물학적 기전mechanism으로 설명이 가능해야 인과적 관계로 고려될 수 있다. 흡연과 폐암 발생률 간의 관련성이 인과적 관계임을 설명할 수 있는 하나의 근거로 생물학적 설명이 가능하다는 점이다. 담배에는 발암물질로 알려진 수많은 유해물질들을 함유하고 있기 때문에 담배에 지속적으로 노출 시 암 발생 위험도는 증가한다. 예를 들면, 아동을 대상으로 칼슘 섭취와 주의력결핍과잉행동장애ADHD와의 상관성을 관찰한 결과, 칼슘 섭취의 증가는 주의력결핍과잉행동장애 위험을 감소시키는 것으로 나타났다고 하자. 이때 관찰된 결과에서 칼슘이 어떻게 주의력결핍과잉행동장애를 감소시킬 수 있는지 기전을 설명하지 못한다면, 이 두 요인에 대한 상관성은 우연히 발생한 것으로 인과적인 관계가 없다고 판단하게 된다.

연구 결과의 일관성replication of the findings

두 요인 간의 상관관계를 하나의 기정 사실fact로 받아들이는 데 있어서는 하나의 연구만으로는 불가능하다. 다른 연구자에 의해서, 다른 집단에서도, 두 요인 간의 상관성을 관찰했을 때, 동일한 결과들이 반복적으로 나타나면 인과성의 가능성이 높아진다. 그러나 결과가 일관적이지 않다면 그에 대한 명백한 이유가 반드시 설명되어야 한다.

다른 해석의 가능성을 고려consideration of alternate explanations

커피 섭취와 췌장암 발생 간의 상관성 결과에서 흡연과 같은 제3 요인의 영향을 고려하는 것은 중요하다. 흡연과 같이 실제 우리가 연구하고자 하는 관심 요인과 질병 간의 상관성을 교란시키는 요인을 교란인자 confounding factor 또는 혼란인자라고 한다. 관심 요인과 질병 발생 간의 인과성을 파악하기 위해서는 질병 발생에 영향을 미치는 다양한 교란인자로부터의 영향을 배제하고 두 요인 간의 상관성을 해석하는 것이 중요하다. 교란인자의 영향을 배제하는 방법은 연구디자인을 설계하는 단계에서 또는 자료 분석단계에서 할 수 있다. 연구디자인을 설계하는 단계에서는 교란인자 여부에 따라 대상자를 분류하고, 각 집단 내에서 두 요인 간 상관성을 파악하고 비교한다. 자료 분석단계에서는 통계적 분석 모델을 이용하여 교란인자가 질병 발생에 미치는 영향을 배제할 수 있다.

양–반응 상관관계dose–response relationship

관심요인이 질병에 원인요인인지는 요인 노출 수준과 질병 발생 간 선형관계 여부로도 판단할 수 있다. 즉, 관심요인에 많이 노출될수록 질병 발생 위험이 높아지거나, 관심요인에 많이 노출될수록 질병 발생 위험이 낮아진다면 두 요인은 인과적 관계가 있다는 근거가 된다. 두 요인 간의 양–반응의 관련성은 두 요인 모두 양적 속성을 가져야 한다. 예를 들면, 우유 섭취와 비만 위험도 간의 상관성을 볼 때, 우유 섭취를 조사할 경우 우유 섭취 여부(우유 섭취를 하는 사람과 하지 않은 사람)가 아닌 우유 섭취 수준(우유 미섭취자, 일주일에 1회 미만 우유 섭취자, 일주일에 1회 이상~ 하루 1회 미만 우유 섭취자, 하루 1회 이상 우유 섭취자인 4그룹, 또는 일주일에 우유 섭취 빈도) 또는 우유 섭취량과 같이 양적인 개념을 반영하는 지표로 조사하여 비만 위험도 간의 양–반응 상관성을 파악해야 한다.

다음은 대표적인 사례로 흡연량과 사망률 간의 양–반응 상관관계를 보여주는 결과이다.

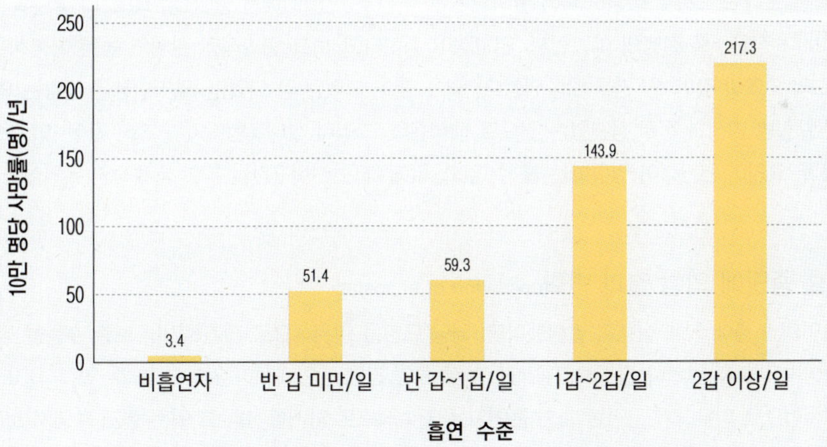

그림 1 현재 흡연량에 의한 기관지암으로부터의 연령 표준화 사망률

출처: Hammond EC, Horn D. Smoking and death rates: Report on 44 months of follow-up of 187,783 men: II. Death rates by cause. JAMA 166;1294-1308. 1958

다음은 소득 수준에 따라 영양섭취부족자와 에너지 및 지방 과잉섭취자 분율의 결과이다. 소득 수준이 증가할수록 영양 섭취 부족자 분율은 감소하고 있고, 에너지 및 지방 과잉섭취자 분율은 증가하고 있다. 따라서 소득 수준과 영양 불량(영양부족과 영양과잉) 간에는 양-반응 상관성이 있다고 해석할 수 있다.

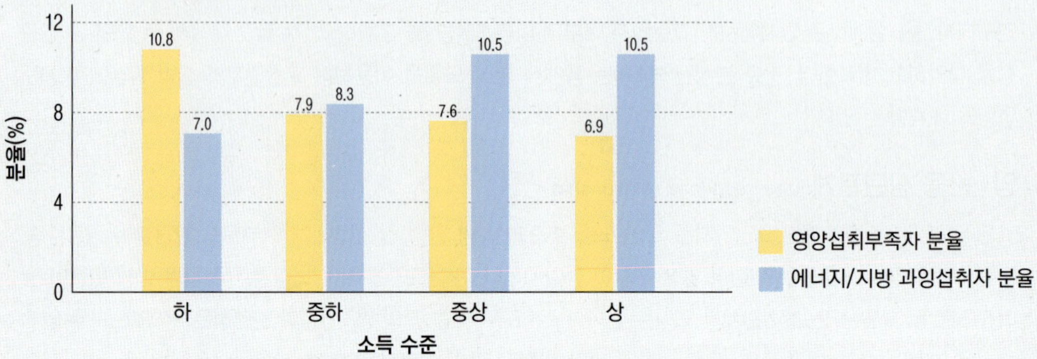

그림 2 국내 소득별 영양섭취부족자 분율 및 에너지/지방 과잉섭취자 분율

출처: 보건복지부, 질병관리청. 2014 국민건강통계

연관성의 강도strength of the association

두 요인 간의 연관성(상관성)이 얼마나 큰지에 따라서 인과적 관계 여부를 설명할 수 있다. 연관성의 강도는 주로 상대위험도나 오즈비로 측정하며(더 알아보기 5-4 참조), 값이 1에서 멀어질수록(1보다 클수록 질병의 위험 인자, 1보다 작을수록 질병의 예방인자) 연관성이 강하다고 보고 인과적인 관계의 높은 가능성을 가진다. 상대위험도와 오즈비 값이 1인 경우에는 위험요인에 노출이 되었던 안 되었던 질병 발생은 같다는 의미이므로 해당 요인은 질병 발생과 전혀 상관없는 것으로 해석된다. 그러나 상대위험도와 오즈비 값이 1이 아니라고 해서 반드시 두 요인이 연관성이 있다고는 볼 수 없고, 값에 대한 신뢰구간을 통한 통계적인 유의성을 고려해야 한다.

요인 노출 중단에 의한 결과 변화cessation of exposure

어떤 요인의 노출에 의해 질병이 발생했다면, 해당 요인을 인위적으로 제거하거나 노출 수준을 감소시켰을 때는 질병이 발생하지 않거나 감소하였을 때, 이 두 요인 간에는 인과성이 있다고 볼 수 있다. 대표적 사례로 담배를 지속적으로 피우다가 금연한 과거 흡연자는 지속적으로 담배를 피우고 있는 현재 흡연자 보다는 폐암 사망 위험도가 낮은 결과를 보인다. 그림 3은 금연기간에 따라 폐암 사망률이 감소하고 있음을 보여주는 결과로, 담배의 노출 수준을 감소시켰을 때 질병 발생 위험도가 감소하고 있어 흡연과 폐암 사망률 간에는 인과성이 있음을 보여주는 근거가 된다.

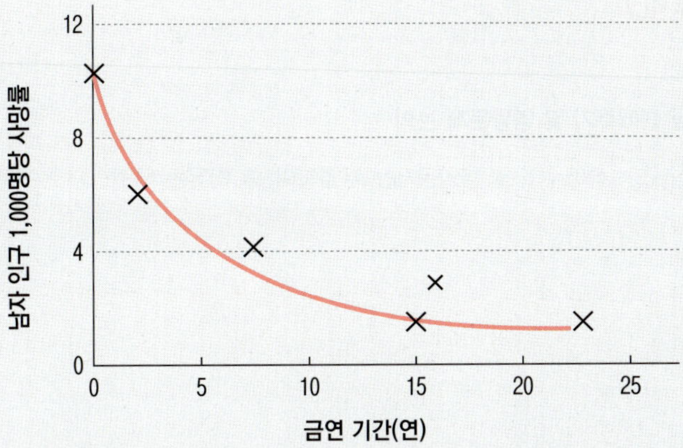

그림 3 노출요인 제거의 효과: 서로 다른 시점에서 금연한 남자에서 담배로 인한 남자 폐암 사망률(연령과 흡연량을 표준화. 비흡연자에서의 사망률은 1,000명당 0.07명이었음

출처: Doll R, Hill AB. Mortality in relation to smoking Ten years' observations of British doctor. BMJ 1:1399-1410, 1964

인과적 관계의 근거를 평가하는 7가지의 가이드라인 중에서도 주요하게 고려되는 기준으로는 시간적 선후관계의 성립, 생물학적 설명 가능성, 연구 결과의 일관성, 다른 해석의 가능성을 고려하는 기준이다. 이 외 나머지 양-반응 상관관계, 연관성의 강도, 요인 노출 중단에 의한 결과 변화의 기준은 인과적 관계의 근거 강도를 높여준다고 볼 수 있다.

활동해 보기

[1] 관심 생애주기 및 영양문제 논의

관심 있는 생애주기 및 영양문제는 무엇이며, 그 이유는 무엇인지 논의해 봅시다.

[2] 이차 자료를 이용한 문제진단

현재 공개되어 있는 국가 통계자료 및 보고서 등 이차 자료를 활용하여 관심을 가지고 있는 생애주기의 건강 및 영양 문제를 진단해 봅시다.

[3] 양적 조사를 위한 설문지 작성

조사할 대상자와 주제를 정한 후, 필요한 정보 수집을 위한 설문지를 설문지 작성 단계에 따라 작성해 봅시다.

활동지 문제진단 1) 이차 자료 활용 연습(개인별 실습)

관련 학습 5장 4. 지역사회 건강 및 영양 문제 진단을 위한 양적조사의 실제
1) 이차 자료를 활용한 지역사회 진단

- 관심 지역/생애주기 : ________________/노인
- 현재 공개되어 있는 국가통계자료 및 보고서 등 이차 자료를 활용하여 아래 각 질문의 결과를 찾아보고 이를 통해 이차 자료의 활용방법을 익혀봅시다.

내용	질문	결과 (수치 포함)
지역(읍면동) 별 노인 인구수	[관심 지역] 해당지역에서 65세 이상 노인 인구수가 가장 많은 곳은? (1~3순위)	1순위: (명) 2순위: (명) 3순위: (명)
65세 이상 노인 인구 분율	[관심 지역] 해당지역에서 65세 이상 노인 분율이 가장 높은 지역은? (1~3순위)	1순위: (%) 2순위: (%) 3순위: (%)
독거노인수	[관심 지역] 해당지역에서 독거노인수가 가장 많은 지역은? (1순위)	1순위 지역: (명)
노인의 고혈압 유병률	[전국] 70세 이상 노인의 고혈압 유병률은?	%
	[관심 지역] 해당지역에서 70세 이상 노인의 고혈압 의사 진단 경험률은?	%
나트륨 과잉 섭취율	[전국] 성인(19세+)의 나트륨 과잉섭취자 분율은?	%
	[전국] 70세 이상 노인의 나트륨 과잉섭취자 분율은?	%
노인의 영양표시 이용률	[전국] 70세 이상 노인의 영양표시 이용률(읽는 분율)은?	%
	[관심 지역] 해당지역에서 70세 이상 노인 영양표시 독해율(읽는 분율)은?	%

참고 각 항목별 이차 자료원

내용	자료원	홈페이지
지역(읍면동)별 인구추계	SGIS>대화형통계지도>인구주택총조사(인구 조건: 연령 65세 이상)	• SGIS
65세 이상 노인 인구 분율	KOSIS>인구>인구총조사>인구부문>총조사인구 총괄(2015년 이후)>연령 및 성별 인구	• KOSIS(엑셀 다운로드 후 % 계산)
독거노인수	SGIS>대화형통계지도>인구주택총조사 (결합 조건: 연령 65세 이상 + 세대구성 1인 가구)	• SGIS
노인의 고혈압 유병률	전국 주요 질환의 유병률(검진) 방법 1. KOSIS>보건>국민건강영양조사>만성질환 방법 2. 국민건강영양조사 HP>국민건강통계 download	• KOSIS or 국민건강통계(고혈압 유병률)
	시 · 군 · 구별 주요 질환의 진단 경험률(설문) 방법 1. KOSIS>보건>지역사회건강조사>이환및의료이용 방법 2. 지역사회건강조사 HP>지역사회건강통계 download	• KOSIS or 지역사회건강통계(고혈압 진단 경험률)
나트륨 과잉 섭취율	전국 연령별 부족 및 과잉 섭취율 국민건강영양조사 HP>국민건강통계 download 시 · 군 · 구별 자료 없음	• 국민건강통계
노인의 영양표시 이용률	전국 연령별 자료 : 국민건강통계 전국 & 시 · 군 · 구별 자료 : 지역사회건강통계	• 국민건강통계 • 지역사회건강통계

이론과 모델을 이용한 지역사회 영양사업의 개발

Chapter 6

Chapter

6

학습목표

1. 건강행동이론과 모델을 구분하여 설명할 수 있다.
2. 자신의 영양문제에 건강행동이론과 모델을 적용하여 건강행동변화 전략을 수립할 수 있다.
3. 혁신확산의 과정을 단계별로 설명할 수 있다.
4. 혁신확산이 일어나도록 하는 요소를 통해 지역사회의 혁신확산 전략을 수립할 수 있다.
5. PRECEDE-PROCEED모델을 이용하여 지역사회 영양사업을 단계적으로 계획할 수 있다.
6. 로직모델의 구성요소를 설명할 수 있다.
7. 사회마케팅을 위한 환경분석을 할 수 있다.
8. 사회마케팅을 위한 집단세분화를 통해 마케팅 믹스를 구성할 수 있다.

지역사회 건강증진이라는 지역사회 영양사업의 궁극적인 목적을 이루기 위해서는 사람들이 건강에 바람직한 행동을 하도록 변화시키는 것이 중요하다. 이러한 행동변화를 위해서는 건강과 관련된 가치, 인식, 지식, 기술, 태도를 변화시키고, 행동을 변화하기 어렵게 하는 다양한 수준의 장애를 극복해야 한다.

건강행동이론들은 사람들의 건강과 식생활에 영향을 미치는 지식, 태도, 행동의 변화와 관련된 요인을 설명하는데, 사회심리학적이론, 커뮤니케이션이론, 학습이론에서 유래한 것들이다. 모델은 건강행동의 원리를 근본적으로 설명하기보다는 전체적인 과정을 보여주기 위해 시각적으로 표현하거나 순차적인 단계로 제시한다. 모델은 다수의 이론과 실험적인 발견들을 적용하여 복잡한 인간 행동을 설명할 수 있도록 구성한다.

인간의 건강관련 행동변화를 탐구하는 이론과 모델을 영양사업의 개발에 적용하면, 그 효과를 정확히 설명할 수 있고 지속적으로 재현하는 것이 쉬워진다. 건강행동을 설명하는 이론과 모델들은 영양사업 기획단계에서부터 궁극적인 목표인 대상자들의 생활습관의 변화에 이르기까지 적용범위가 넓다. 이론과 모델은 사업을 체계적으로 접근하기 위한 사업설계의 틀을 제공한다. 또한 영양개선과 건강증진을 위한 구체적인 사업목적을 위해 목표로 삼아야 할 요인을 도출하여 그에 대한 중재방법을 전략적으로 기획할 수 있도록 한다.

이론과 모델의 적용 효과

- 사람들이 건강증진을 위한 식행동을 실천하지 않는 이유를 찾을 수 있다.
- 영양사업의 대상이 되는 건강문제의 해결을 위해 알아야 원인과 관련 요인을 제시한다.
- 영양사업의 효과를 높이기 위한 전략 수립에 관한 통찰력을 얻을 수 있다.
- 영양사업 평가의 주안점을 제시한다.

1. 건강행동이론과 모델

개인의 행동은 신념, 기대, 동기, 가치, 인식 등 인지적 속성, 감정적·정서적 상태, 기질 등의 인성, 습관과 같은 개인적 특성에 따라 다르게 나타난다. 그러나 이러한 개인적 특성뿐 아니라 개인이 속한 소집단이나 조직의 문화와 규범도 개인의 건강행동에 영향을 미친다.

따라서 개인의 건강행동과 관련된 요소들을 설명하는 건강행동이론과 모델들 중에는 개인에 초점을 두고 행동변화를 설명하기도 하고, 개인 간 상호작용의 영향에 따른 변화를 설명하기도 하며, 지역사회나 소그룹 내 작용과 변화를 설명하기도 한다. 이와 같이 개인 수준, 개인 간 수준, 지역사회 수준의 이론과 모델을 적절히 활용함으로써 건강증진을 위해 요구되는 개인의 대처기술의 향상부터 사회적 변화, 정책의 개발과 적용까지 체계적인 접근이 가능하다.

1) 개인의 건강행동변화를 설명하는 이론과 모델

이 장에서는 개인의 건강행동을 설명하는데 환경의 영향이 직·간접적으로 반영되어 있는 이론과 모델을 중심으로 학습하고자 한다. 해당하는 이론과 모델은 계획된행동이론theory of planned behavior, TPB, 사회인지이론social cognitive theory, SCT, 사회적 지지social support에 관한 이론들, 혁신확산모델diffusion of innovations model, DIM, 지역사회연대community engagement이다.

(1) 계획된행동이론

계획된행동이론은 합리적행동이론에서 확장된 이론이다. 합리적행동이론은 사람의 행동은 자신의 행동의도에 의해 결정되며, 이는 그가 가진 태도나 주관적인 규범에 의해 결정된다는 이론이다. 계획된행동이론은 개인의 태도와 규범에 외에 행동의 실행을 어렵게 하는 장애요인까지 고려하여 인간의 다양한 행동을 설명하고자 한 것이다 그림 6-1 표 6-1.

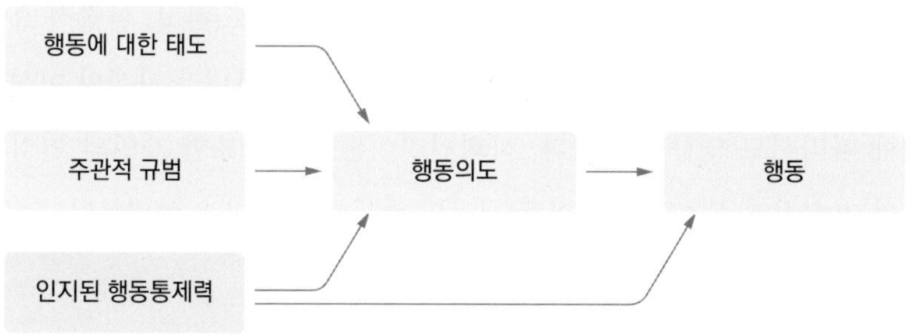

그림 6-1 계획된행동이론의 구성

이 이론들은 행동변화를 가져오는 개인의 동기를 예측하여 행동변화를 유발하는 방법을 모색하는 데 목적이 있다. 금연, 체중 조절, 모유수유, 패스트푸드 이용 등에 적용한 사례들이 있으며, 특히 주변인의 영향을 많이 받는 청소년들의 행동변화에 적용가능하다.

표 6-1 계획된행동이론의 구성요소

구성요소	설명
행동의도intention	행동의 변화를 가져오는 요소 그 행동에 대한 개인의 태도, 개인적으로 따르는 사회적인 영향력, 행동수행의 어려움을 인지하는 정도에 따라 결정됨
행동에 대한 태도attitude	행동에 대한 개인의 긍정적 또는 부정적 태도 (행동 신념behavior belief + 행동결과 평가evaluations of behavioral outcomes)
주관적 규범subjective norm	사회에서 공통적으로 적용되는 규범이라기보다 주변인의 지지 혹은 반대에 관한 개인적인 믿음 (규범적 신념normative belief + 순응동기motivation to comply)
인지된 행동통제력perceived behavioral control	행동에 대해 개인이 쉽거나 어렵다고 느끼는 정도 (통제적 신념control beliefs + 인지된 영향력perceived power)

(2) 사회인지이론

사회인지이론은 행동학습이론behavioral learning theory에 사회적 영향 요소와 개인의 인지적 요소가 반영되면서 확립되었다 표 6-2. 인간의 행동은 행동을 일으키는 자극에 의해 나타나고, 인간은 행동을 통해 직접 경험하는 과정에서 그로 인해 나타나는 결과를 보면서 그 행동을 배우게 된다. 그러나 직접 경험하지 않아도 다른 사람의 행동과 그에 따라 나타나는 결과를 관찰하여 배우기도 하고, 환경적 요인에 의해서 영향을 받기도 한다. 그리고 이러한 외부적 요인뿐 아니라 자신의 이성적 사고와 정서에 따라서도 영향을 받는다. 사회인지이론에서는 또한 개인의 인식과 환경적 요인의 지속적인 상호작용에 의해 개인의 행동이 변한다고 설명한다.

표 6-2 행동학습이론의 발달과정

구분	특성	학습 형태
행동학습이론 behavioral learning theory	자극에 대한 반응과 강화요인을 이용한 점진적 변화를 추구하는 학습	교수자 중심의 수동적 학습
사회학습이론 social learning theory	외부자극을 통해 직접 행동하면서 학습할 뿐 아니라 역할모델의 행동 관찰과 행동결과의 관찰을 통한 학습	멘토가 역할모델로서 새로운 역할과 행동을 이끌어 감(멘토링)
사회인지이론 social cognitive theory	자아효능감이라는 인지적 요소를 도입하여 자기주도적 행동변화 강조 자아효능감 증진과 동기부여를 위해 적절한 목표설정과 긍정적 강화가 중요하므로 작은 목표를 단계적으로 설정하여 점진적인 변화shaping 시도	학습자의 개별적인 상황을 고려한 맞춤형 학습

사회인지이론은 지역사회 영양사업에 널리 활용되는 이론 중 하나이다. 사회인지이론을 통해 개인의 식행동변화에 영향을 주는 다양한 요인들을 파악하여 행동수정방법을 제시할 수 있다. 사회인지이론을 구성하는 주요 요소들의 개념은 표 6-3과 같다. 인지적 요소는 정보를 습득하고 지식을 적용하여 선호하는 것을 변화시킬 수 있는 능력을 다룬다. 환경적 요소는 행동에 영향을 미치는 환경에서 개인이 처한 물리적·사회적 환경을 포함한다. 지지적 행동 요소에서는 개인이 취하는 행동을 건강을 증진시키는 행동과 손상시키는 행동으로 구분한다.

사회인지이론에서 가장 중요한 요소는 자아효능감self efficacy으로 행동수정에 대한 자신감을 반영한다. 또한 행동주의학습이론과 달리 관찰을 통한 학습을 포함하는데, 실제로 행동을 수행하지 않고 타인의 행동을 관찰함으로써 새로운 행동에 대한 인식과 방법을 습득하는 것을 말한다. 행동을 지지하는 요소로 강화에는 긍정적인 행동결과로 행동변화를 유도하는 긍정적인 강화positive reinforcement와 부정적 상황에서 벗어나도록 하여 행동변화를 유도하는 음의 강화negative reinforcement가 있다.

표 6-3 사회인지이론의 구성요소

구성요소		설명
인지	자아효능감self-efficacy	행동수정에 대한 자신감
	집단효능감collective efficacy	집단 내 구성원들이 문제해결을 위한 행동변화 능력을 가진다는 믿음
	결과기대outcome expectation	행동으로 인해 발생할 수 있는 결과에 대한 판단 신체적 결과, 사회적 결과(타인으로 부터의 반응), 자기평가 결과(자신의 내부적 기준으로 평가) 긍정적 결과기대, 부정적 결과기대
	지식knowledge	행동을 수행하는 것과 관련한 이해 수준
환경	관찰학습observational learning	실제로 행동을 수행하지 않고 타인의 행동을 관찰함으로써 새로운 행동에 대한 인식과 방법을 습득 대리경험, 모방경험
	규범적 신념normative beliefs	사회의 수용성과 주된 행동양식에 대한 문화적 규범과 신념
	사회적 지지social support	개인의 사회관계망 내에서 받는 격려와 지지에 대한 인지
	장애와 기회barriers and opportunities	행동 수행을 어렵게 또는 수월하게 하는 사회적 물리적 환경
지지적 행동	행동기술behavioral skills	건강행동의 역량과 문제 상황에 대한 대처 기술
	의도intentions	행동변화의 단기 및 장기 목표
	강화reinforcement	보상, 혜택의 박탈, 벌 등을 통해 행동을 촉진하거나 약화시킴 • 긍정적인 행동결과로 행동변화 유도 (예) 격려, 칭찬, 포상 등 • 부정적 상황에서 벗어나도록 하여 행동변화 유도 (예) 식사요법이나 체중감량을 통해 혈당강하제를 줄이게 됨

생각해 보기

나의 건강을 위해 고쳐야 하지만 잘 되지 않았던 행동은 어떤 것이 있는지 생각해 봅시다.

이러한 행동을 고치기 위해 사회인지이론의 구성요소들이 어떤 영향을 미칠 수 있을지 생각해 봅시다.

(3) 사회적 지지에 관한 이론

① 사회적 지지의 개념

인간이 맺고 있는 사회적 관계는 구조적인 측면과 기능적인 측면에서 살펴볼 수 있다. 사회관계망social network은 구조적인 측면에서의 사회적 관계를 나타내는데 개인들이 맺고 있는 관계의 연결이다. 관계망의 밀도 및 크기, 연락처 수 등으로 측정할 수 있다. 개인들이 사회적 관계에 참여하고 있는 정도로 표현되는 사회적 통합social integration도 구조적 측면의 사회적 관계이다. 여기에는 다양한 사회 활동에 활발한 참여, 공동체와의 일체화, 사회적 역할의 수용 등이 포함된다. 반면, 사회적 지지는 이러한 관계를 통해 제공되는 기능적 측면을 반영한다. 사회적 관계를 통해 얻게 되는 지지의 유형은 정서적 지지, 소속감, 유형물, 정보와 같은 것이 있다 표 6-4.

표 6-4 사회적 지지의 유형

지지 유형	정의
정서적 지지	편안함과 배려의 표현
소속감	사회 활동 공유, 사회적 소속감
유형적 지지	물질적인 지원
정보적 지지	조언 및 지도 제공

이러한 사회적 지지는 실제로 받는 지지와 인지하는 지지로 구분한다. 인지하는 지지perceived support는 필요할 때 다른 사람들이 지원을 제공할 것이라는 기대에 해당한다. 건강결과와 관련된 연구 결과들은 실제로 제공받은 지지보다는 인지하는 지지가 건강행동의 개선과 관련이 있는 것으로 일관성 있게 보고하고 있다.

② 사회적 지지의 신체적 건강결과에 관한 이론

인간이 맺고 있는 사회적 관계는 개인의 건강에 영향을 미친다. 개인의 인지, 정서, 행동은 타인과의 상호작용을 통해 완성되기 때문이다. 사회적 지지는 심리학적 측면과 행동적 측면 모두 건강에 영향을 미치는데, 심리학적으로는 스트레스를 다스리는 과정으로, 행동적 측면에서는 건강과 관련 있는 행동을 변화시키는 과정으로 나타난다. 사회적 지지가 신체적 건강결과에 영향을 미치는 과정을 설명하는 이론은 스트레스 방지, 스트레스 완충, 건강행동을 통한 경로를 제시하고 있다.

스트레스 방지

사회적 지지는 스트레스를 유발할 수 있는 상황에 노출되는 것을 감소시킬 수 있다. 사회관계를 맺고 있는 사람들로부터 제공된 자원들이 삶에서 발생할 수 있는 다양한 스트레스를 감소시키거나 회피하도록 할 수 있다.

- 사회적 지지는 위기상황을 가볍게 인지하도록 함
- 사회적 지지를 통해 위기 상황이 발생하지 않도록 능동적으로 대처함(위기상황에 빠지지 않을 적절한 정보의 제공)
- 이차적인 스트레스의 발생을 감소시킴(스트레스로 인해 발생한 부정적 감정 상태가 또 다른 스트레스 상황을 유발하는 것을 예방함; 예를 들어, 스트레스로 인한 예민한 반응으로 새로운 갈등이 유발될 가능성이 있으나 스트레스를 방지함으로써 이러한 가능성이 제거됨)

스트레스 완충

사회적 지지가 스트레스가 건강에 미치는 부정적 효과를 감소시키는 역할을 한다. 사회적 지지를 통해 스트레스 극복에 도움이 되는 자원을 얻어 스트레스 완충효과를 가지는 것이다. 이러한 완충효과는 인지적 평가과정을 통해 나타나므로 지원의 유형이 스트레스를 유발하는 사건의 특성과 잘 맞을 때 극대화될 수 있다.

- 통제가능한 사건에 적합한 지지 : 스트레스 통제에 도움이 될 정보와 유형물(예: 취업 준비에 대한 스트레스에서 채용정보, 자기소개서 작성법, 첨삭지도 비용 지원, 기출문제집 등)
- 통제할 수 없는 사건에 적합한 지지 : 스트레스를 완화할 수 있는 정서적 지지와 소속감 증진(예: 가까운 관계의 이별을 겪을 때 위로와 모임 활동 등)

건강행동에 직접적인 효과

사회적 지지는 건강 결과에 직접적인 효과를 나타낼 수 있다. 사회적 지지를 통해 타인으로부터 지지와 배려를 받고 있다는 것을 알게 됨으로써 연결감, 자존감, 삶에 대한 통제력이 증진되고, 이는 개인이 바람직한 건강행동을 하게 하는 힘이 된다.

(4) 건강행동변화를 위한 사회적 지지 활용

사회적 지지는 개인이 자발적으로 행동변화를 실천하는 데 영향을 미친다. 사회적 지지를 통해 개인은 건강행동의 변화라는 스트레스 요인에 대한 개인적 대처방안과 행동변화에 필요한 자원을 획득하여 건강행동의 변화를 증진시킬 수 있는 능력과 통제력을 가질 수 있다.

- 개인적 대처능력 향상 : 사회적 지지로 불안과 불확신을 줄이고 목표를 더 쉽게 달성하도록 하는 자기통제력 증진
- 지역사회의 자원 활용: 사회적 지지를 통해 지역사회에서 자원과 문제해결 방법 획득

사회적 지지는 한 개인을 중심으로 형성된 사회관계망을 통한 상호작용으로 이루어질 수 있다. 따라서 사회관계망의 특성, 즉 대상자가 사회적 관계에 참여하고 있는 정도(사회적 통합의 정도), 지지적인 상호작용(제공된 사회적 지지), 사회적 지지의 유용성에 대한 신념(인지된 사회적 지지)에 따라 다른 결과를 가져 온다.

따라서 지역사회 영양사업을 수행하기 전에 대상자의 사회적 관계를 파악하여 그 관계에서 얻어지는 긍정적인 효과를 이용하는 것이 필요하다. 특히, 스트레스가 많이 동반되는 프로그램이나 변화가 큰 생애주기(사춘기, 갱년기)에는 사회적 지지가 더 필요하다.

기존의 사회적 관계가 특별한 행동변화에 필요한 사회적 지지를 제공할 수 없다면 새로운 관계를 조직할 수도 있다. 사회적 지지의 제공자는 사회적으로 비슷한 환경의 사람이나 전문가가 좋으며, 지지자가 적절한 지지를 제공할 수 있도록 훈련하는 과정이 필요할 수도 있다.

지지자를 훈련할 때 제공된 지지보다는 수혜자에게 인지된 지지로부터 긍정적인 효과를 기대할 수 있다는 점에 지지자가 유의하도록 한다. 지지자가 주도하는 지지의 제공보다는 수혜자가 필요로 하는 지지를 표현할 수 있도록 돕고, 수혜자로 하여금 필요할 때 지지를 얻을 수 있다는 신뢰를 가지게 할 수 있도록 지지자를 훈련시킨다.

(5) 혁신확산모델

지역사회 영양사업의 장기적 효과를 증진시키기 위해서는 사업의 적용implementation, 전파dissemination, 확산diffusion이 효율적으로 이루어져야 한다. 혁신확산모델

diffusion of innovations model, DIM은 혁신 도입 시 그 수용과 확산 과정을 설명하는 모델로서 지역사회 영양사업의 장기적 효과를 증진시키기 위한 전략 수립에 활용할 수 있다. 혁신확산모델의 구성요소는 혁신innovation, 혁신의 전파경로channels, 시간time, 지역사회 구성원members이다.

① 확산곡선

지역사회 내에 개혁이 전파되는 경향은 성장곡선과 유사한 S형 곡선을 나타낸다 그림 6-2. 구성원의 10~25%가 개혁을 받아들이면 나머지 구성원들 사이에서 비교적 빨리 개혁이 확산될 수 있다. 따라서 지역사회 내 개혁적인 성향이 있는 몇몇 구성원이 먼저 새로운 개념의 건강행동을 수용함으로써 다른 구성원이 그 효과를 확인하고 따라가도록 유도하는 전략이 필요하다.

- 개혁적 성향 : 개혁을 잘 받아들임
- 관망적 성향 : 선구자들의 성공담에 힘입어 개혁을 수용함. 대부분이 이에 해당함
- 보수적 성향 : 끝까지 개혁을 받아들이지 못함

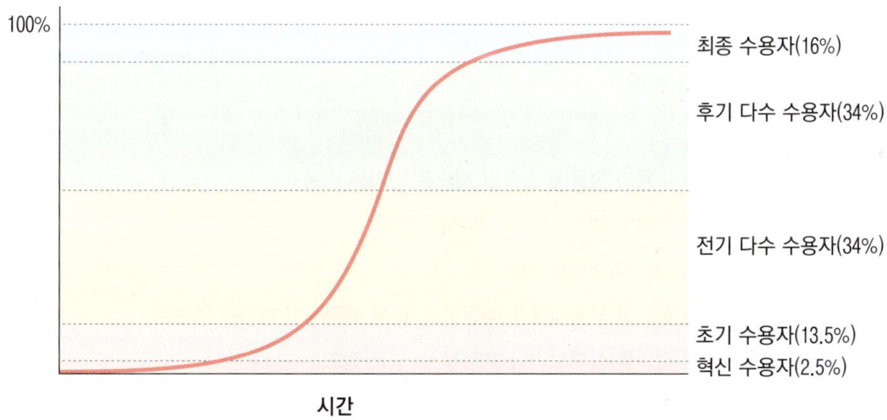

그림 6-2 S형 확산곡선

② 혁신확산의 단계

혁신확산모델에서는 혁신의 확산이 일어나는 단계를 인지awareness, 설득persuasion, 결정decision, 실행implementation, 확인confirmation으로 명시하고 있다 표 6-5.

표 6-5 혁신확산의 단계

단계	설명
인지	혁신에 노출될 때 발생하여 혁신의 기능과 혁신을 통한 문제해결 방법을 이해함
설득	혁신에 대한 찬성 또는 반대의 태도를 형성하는 과정임
결정	수용의 초기단계. 혁신을 수용하거나 거부하는 선택을 해야 하는 활동에 참여하는 것으로 나타남
실행	혁신을 사용하여 행동의 변화가 명백히 나타남
확인	앞서 내린 결정에 대한 강화를 추구하는 과정. 이를 통해 혁신을 완전히 이용하거나 실천하기 않기로 결정함

③ 혁신확산의 결정 요소

혁신확산을 결정짓는 요소로는 비용cost, 효과성(상대적인 이득)effectiveness, 간편성simplicity, 적합성compatibility, 관찰가능성observability, 시행가능성triability이 있다 표 6-6. 빠르게 채택되고 확산되는 속성을 가진 혁신의 특성은 가격과 효과에 있어서 기존의 것보다 비교우위에 있으며, 대상자가 사용하기에 적합하고 사용이 쉬우며, 결과를 관찰할 수 있고 결정하기 전 시험 가능한 점이 있다.

표 6-6 혁신 확산의 결정 요소

개념	정의
비용	혁신의 수용과 적용에 소요될 것으로 인지된 비용
효과성	기존의 것에 비해 혁신이 더 우세한 정도
간편성	혁신이 쉽게 이해되는 정도
적합성	도입된 혁신이 사용자에게 적합한지, 다른 부정적인 영향은 없는지
관찰가능성	혁신의 결과를 살펴보거나 측정할 수 있는 정도
시험가능성	혁신을 완전히 수용하기 전에 시험적으로 시행해 볼 수 있는 정도

생각해 보기

자취를 하는 대학생들이 신선한 채소와 과일을 잘 섭취하도록 하는 캠페인을 할 때 혁신확산의 결정 요소들을 어떻게 적용할 수 있을지 생각해 봅시다.

(5) 지역사회연대

지역사회연대community engagement는 지역사회 구성원들이 협력하여 자신들의 행복well-being에 영향을 미치는 사안을 해결하는 과정이다. 비슷한 개념으로는 지역사회조직community organization과 지역사회구축community building이 있는데, 지역사회의 문제를 해결하기 위한 의사결정에 해당 지역사회의 이해관계자들이 주도적으로 참여한다는 공통점이 있으나 지역사회조직은 문제해결을 위한 전략개발과 적용에 초점을 둔 것이고, 지역사회구축은 연대의 역량을 강화하는데 중점을 둔 것이다. 여기서 지역사회 문제해결을 가능하게 하는 지역사회의 역량이 곧 그 지역사회의 사회적 자본social capital이 된다. 지역사회연대의 주요 개념과 원리는 표 6-7와 같다.

표 6-7 지역사회연대의 주요 개념과 원리

개념 및 원리	정의 및 설명
지역사회 역량capacity	지역사회의 문제를 규명하고 자원을 동원하여 처리하는 능력
역량강화empowerment	자신과 자신의 지역사회에서의 삶에 대한 지배력을 획득하는 사회적 과정으로 기술, 지식, 역량을 상호 교환하는 공동 학습을 장려함
비판적 의식critical consciousness	사회변화를 위해 숙고하고 이를 행동하는 과정을 순환함
참여와 적절성participation and relevance	구성원의 동등한 참여
건강 형평성health equity	자신의 건강 잠재력을 확보할 기회를 사회적 위치나 상황에 상관없이 동등하게 가짐

더 알아보기 6-1

지역사회기반 참여연구

일정한 지역에 거주하며 요구를 공유하는 특정 집단이 자신들의 요구를 적극적으로 규명하고, 이러한 요구를 충족시킬 수 있도록 스스로 필요한 결정을 내리며 체계를 확립해가는 사회적 과정이다.

활동해 보기

야식을 먹는 습관을 고치고 과일과 채소를 충분히 섭취하는 행동변화를 위해 건강행동이론들을 적용하여 봅시다.

- 계획된행동이론의 구성요소를 적용하여 변화방법을 설명해 봅시다.
- 나의 행동변화를 위해 필요한 사회적 지지에 설명해 봅시다.
- 내가 포함된 사회조직은 어떤 것이 있나요? 이러한 사회조직은 나의 행동변화를 위해 어떠한 사회적 지지를 제공할 수 있는지 설명해 봅시다.

2) 건강행동이론의 전략적 적용방법을 제시하는 모델

생태학적모델과 범이론적모델은 그 자체로 개인의 건강행동을 설명한다기보다는 여러 수준의 이론들이 효과적으로 적용될 수 있는 틀로 의미를 가진다. 생태학적 모델은 건강행동에 영향을 미치는 요인들을 개인과 환경으로 구분하고 환경을 특성에 따라 여러 수준으로 나누어 제시하고 있다. 이 모델은 지역사회 수준의 건강행동이론으로 소개되기도 하지만, 각 수준에 위치한 요인들이 어떻게 건강행동의 변화를 유도하는지를 설명하지는 않는다. 개인의 행동변화를 성공적으로 유도하기 위해 개인과 환경의 여러 수준에서 중재가 이루어져야 함을 보여 주고 각 수준에서 건강행동의 변화를 설명하는 다양한 이론과 모델들을 적용하여 행동변화를 위한 전략을 마련할 수 있도록 한다.

개인 내 수준의 건강행동 모델로 소개되는 범이론적모델은 행동변화의 원인을 설명하는 다양한 이론들을 통합하는 측면이 있다. 범이론적모델에서는 목표로 하는 행동을 실천하고 유지하는 변화가 나타나기까지의 단계를 구분하고, 다음 단계로 이행하기 위해서는 단계마다 특정한 심리적 변화의 경험이 필요함을 설명하고 있다. 따라서 범이론적모델은 대상자의 변화단계에서 충족되어야 할 심리적 측면에 맞는 건강행동이론을 적용하여 건강행동의 변화를 효과적으로 유도해 낼 수 있도록 한다.

(1) 생태학적모델

생태학적모델ecological model은 인간의 발달과 환경 간의 상호작용을 다루는 생태체계이론bioecological system theory에 기반을 두고 있다. 처음 제시된 생태학적모델은 건강증진을 위한 중재를 위해 개인 및 사회적 환경에 초점을 둔 모델이었다. 이후 인간의 행동에 영향을 미치는 요인들을 개인과 환경의 여러 수준으로 구분하는 다양한 생태학적모델이 등장하였다.

생태학적모델은 건강행동변화를 위한 다수준적 접근방식을 강조한다. 즉, 행동에 영향을 미치는 여러 수준의 요인들은 서로 상호작용을 하므로 개인의 행동변화에 영향을 미치는 여러 수준에서 함께 중재하는 접근방식이 행동변화에 가장 효과적임을 설명하고 있다. 생태학적모델의 여러 수준, 즉 가까운 인간관계, 소속된 조직, 법과 제도 등은 개인의 건강행동변화를 지지하는 환경으로서 중재의 대상이 되기도 하고, 개인의 건강행동을 촉진하는 환경으로서 다양한 중재전략을 채택하도록 하는 중재의 수준을 나타내기도 하면서, 건강행동변화를 설명하는 여러 요인들을 수준별로 적용할 수 있는 틀을 제공한다.

식행동변화, 체중 조절, 운동, 금연 등을 목적으로 하는 건강증진사업에서 생태학적모델을 이용함으로써 개인의 행동뿐 아니라 환경적 요소를 고려한 접근을 가

더 알아보기 6-2

생태체계이론

Bronfenbrenner(1977)는 인간의 발달이 전 생애동안 환경과의 지속적인 상호 작용을 통해 이루지는 것으로 설명하였고, 인간의 행동에 영향을 주는 5가지 수준의 체계를 제시하였다. 이 생태체계이론bioecological system theory은 건강증진 프로그램에서 활용되는 생태학적모델의 원형이 되는 이론이다. 최근에는 자연 재해에 대한 지역사회 회복력community resilience의 모델링 및 평가 모델 구축을 위한 기본이론으로 제안되고 있다.

- 미시체계microsystem : 특정 상황(직계 가족, 비공식 소셜 네트워크 또는 직장 그룹)에서 면대면 영향
- 중간체계mesosystem : 다양한 환경(가족, 학교, 또래집단, 교회) 간의 상호관계, 미시체계의 체계system of microsystem
- 외부체계exosystem : 경제, 문화, 정치와 같은 더 큰 사회 시스템
- 거시체계macrosystem : 문화적 신념, 가치, 법률 등
- 시간체계chronosystem : 사회 역사적 조건, 삶의 과정에 대한 전환

능하도록 한다. 특히 개인 및 사회적 상호작용의 영향과 거시적 환경 및 정치적 맥락에서의 중재 가능성을 보여줌으로써 정부나 정책기관에서 포괄적인 건강증진 프로그램을 시행하고자 할 때 많이 이용된다. 다만 생태학적모델을 적용하기 위해서는 건강문제를 일으키는 행동 및 환경요인을 규명하여, 문제의 우선순위를 정하고, 사업의 목적을 기술하는 것이 선행되어야 한다.

① 생태학적모델을 구성하는 수준

McLeroy 등(1988)이 제안한 생태학적모델은 개인과 여러 수준의 사회적 환경으로 구성된 사회생태모델이다. 이 모델을 구성하는 수준은 개인 내 수준, 개인 간 수준의 소집단, 조직, 지역사회, 공공 정책 같은 것들이다. 각 수준들을 구성하는 요인은 표 6-8과 같다.

표 6-8 사회생태모델에서 각 수준을 구성하는 요인

수준	구성 요인
개인 내 요인intrapersonal factors	지식, 태도, 행동, 기술 등과 같은 개인의 특성
대인 관계 프로세스 및 기본 그룹 interpersonal process and primary groups	공식 · 비공식적인 소셜 네트워크, 사회적 지지 시스템(가족, 친구, 동료 등)
조직적 요인organizational factors	조직의 특성을 가지고 있으며, 조직 운영에 필요한 규칙 및 규정을 갖춘 기관들
지역사회 요인community factors	조직, 기관 및 비공식 네트워크 간의 관계
공공 정책public policy	중앙행정기관 및 지방자치단체의 정책과 법규

② 중재의 수준과 중재의 대상

중재가 어느 수준의 변화를 목표로 하는지, 중재방법이 어느 수준에서 이루어지는지에 따라 중재의 대상targets for intervention actions, TIA과 중재의 수준levels of intervention으로 구분할 수 있다. 개인의 건강행동을 변화시키고자 할 때 직접적으로는 행동에 영향을 미치는 개인의 특성변화를 유도한다. 이때, 중재의 수준은 개인 내 수준뿐 아니라, 상위 수준을 이용하여 개인의 변화를 유도할 수도 있다. 예를 들어, 매일 규칙적인 운동을 하도록 가족과 친구의 격려와 지지를 활용한다면 중재의 수준은 개인 간 수준에서 이루어지고 있지만 궁극적으로는 대상자의 건강행동(규칙적인 운동)

을 유발하기 위한 것이므로 중재의 대상은 개인이 된다. 이밖에도 개인의 행동변화를 위해 여러 수준에서 취할 수 있는 중재 전략을 표 6-9에 제시하였다.

표 6-9 사회생태모델에서 개인의 행동변화를 위한 수준별 중재 전략

중재 수준	전략
개인 내	• 개인의 지식, 태도, 행동, 기술 등과 같은 개인의 특성 변화를 유도함
개인 간	• 사회적 관계를 이용하여 개인의 행동에 영향력을 미침
조직	• 조직을 통해 사회규범과 가치를 전달하고 사회적 지지 획득의 기회 제공 • 건강증진 프로그램 도입
지역사회	• 사회적 자원과 사회적 정체성을 제공하고, 지역사회 내 조직 간의 관계를 형성하여 서비스 전달체계의 역할을 함
공공정책	• 제도와 법규를 통해 행동 규제와 장려, 자원의 분배와 접근성에 영향을 미침

또한 사회생태모델에서 개인 내 수준보다 상위에 해당하는 수준들이 개인의 행동변화에 긍정적인 영향을 미칠 수 있도록 각 수준을 중재의 대상으로 하여 변화시키는 것도 중요하다. 중재 대상별 중재 내용은 표 6-10에 제시하였다.

표 6-10 사회생태모델에서 개인 내 수준의 변화를 촉진하기 위한 대상별 중재 내용

대상	중재 내용
개인 간	• 바람직하지 않은 행동이 지속되도록 영향을 미치는 사회규범의 변화
조직	• 의사결정 시 건강을 고려하도록 하고, 건강관련 규범과 가치를 가지는 문화 형성함으로써 건강증진프로그램의 도입을 용이하게 함
지역사회	• 조직 간 자원에 대한 경쟁을 조정하고 프로그램 진행 시 조직 간 협력이 가능하도록 함
공공정책	• 정책개발 참여, 정책분석, 옹호 활동

옹호(advocacy)
정치, 경제, 법, 환경, 건강 등 여러 사회적 이슈에 대한 사회변화를 추구하는 적극적인 활동이다.

③ 생태학적모델 기반의 식품섭취모델

Story 등(2008)은 생태학적모델을 통해 식품 선택에 영향을 미치는 환경에 관한 이해를 높이고, 건강한 식사를 촉진하는 인구집단 수준에서의 유효한 중재방안과 정책을 강조하였다. 이 생태학적 식품섭취모델에서는 개인 수준, 사회적 환경, 물리적 환경, 거시수준의 환경이 식품의 선택과 섭취행동에 미치는 다수준적인 영향을

보여준다. 각 수준과 관련 있는 요인들을 표 6-11에 제시하였다.

특히, 이 모델은 식사를 하거나 식품을 구매하는 물리적 환경에 주목하고 있다. 이는 집, 직장, 학교, 어린이집, 동네와 같이 인간 간의 사회적 관계가 형성되는 다양한 장setting과 레스토랑, 패스트푸드점, 슈퍼마켓, 편의점, 상점과 같은 곳들이다. 이러한 물리적 환경은 식품 접근성과 가용성을 통해 식품 섭취에 영향을 미치며, 접근성과 가용성 대한 장애와 기회의 요소가 될 수 있다.

거시수준의 환경은 식품 섭취에 간접적으로 영향을 미치는 원위적 환경이다. 이에 속하는 요인들은 식품 마케팅, 사회적 규범, 식품 생산 및 분배 시스템, 농업 정책, 가격 구조 등이 있다.

표 6-11 생태학적 식품섭취모델에서 각 수준을 구성하는 요인

수준	구성요인	영향력
개인 수준	인지, 생활 습관, 생물학적 · 인구학적 요인	동기, 자아효능감, 결과에 대한 기대, 행동수행능력을 통하여 식품 선택에 영향
사회적 환경	가족, 친구, 동료, 모임의 일원	모델링, 사회적 지지, 사회적 규범과 같은 기전을 통해 식품 선택에 영향
물리적 환경	집, 직장, 학교, 어린이집, 동네, 레스토랑, 패스트푸드점, 슈퍼마켓, 편의점, 상점	접근성, 가용성, 장애, 기회 제공
거시수준의 환경	사회 문화적 규범과 가치, 식품 · 음료 산업, 식품 마케팅과 대중매체, 식품과 농업 정책, 시장 가격 구조, 식품 생산 및 분배 시스템, 정부와 정치의 구조와 정책, 식품지원 프로그램, 보건의료 시스템, 경작과 운송	법제화, 정책 수립과 실행을 통해 식행동에 영향

(2) 범이론적모델

범이론적모델transtheoretical model, TTM에서는 목표로 하는 행동을 실천하고 유지하기까지의 행동의 변화단계stages of change를 5단계로 구분하였다. 각 단계는 고려전contemplation, 고려contemplation, 준비preparation, 행동action, 유지maintenance로 구성되어 있다.

또한 모델에서는 행동의 변화단계를 이행하는 데 필요한 심리적 변화의 과정과

원리processes and principles of change를 설명한다. 이러한 변화과정은 그 진행이 명백하게 드러나는 것도 있지만, 잘 드러나지 않는 것도 있다 표 6-12. 단계의 이행을 위해서 필요한 과정으로는 사람들의 의식증가consciousness raising, 자극조절stimulus control, 상황에 따른 관리contingency management, 도움관계helping relationship 등이 있으며, 이러한 이행을 촉진하기 위한 전략으로 건강행동이론들을 적용할 수 있다 그림 6-3.

단계의 이행과정에서 사람들은 변화의 이득과 변화로 지불해야 할 대가에 대해 저울질하며 행동변화를 결정한다decisional balance. 단계를 이행하며 어떤 상황에서도 변화 이전으로 돌아가고자 하는 유혹을 받지 않고 이에 대한 완벽한 확신을 가지는 자아효능감self efficacy을 획득할 때 행동변화는 종료된다.

표 6-12 범이론적모델의 변화단계와 단계 이행을 위해 필요한 과정

변화단계	단계 설명	단계 이행을 위해 필요한 과정
고려 전	6개월 이내 행동할 의도 없음	• 문제행동에 대한 원인, 결과, 교정방법에 대한 인지 증가 (예) 영양교육 • 건강행동에 대한 동기부여 (건강을 해치는 행동의 결과에 대한 두려움이나 건강행동변화의 바람직한 결과에 고무되도록 함) (예) 실제사례 소개 • 자신의 건강을 해치는 행동이 사회적으로 미치는 영향을 인지적, 정서적으로 평가 (예) 공감 훈련
고려	6개월 안에 행동할 의도 있음	• 건강을 해치는 행동 유무에 따른 자신의 이미지를 인지적 정서적으로 평가 (예) 가치설명
준비	30일 안에 행동할 의도가 있어 행동을 위한 조치를 취함	• 행동변화를 실행할 수 있다는 신념을 가지고 그 신념대로 몇 번이고 실행 (예) 새해의 결심
행동	행동변화가 있었으나 6개월이 경과하지 않음	• 문제행동을 대체할 보다 건강한 행동학습 (예) 술 대신 명상
유지	행동변화가 있었고 6개월이 경과하였음	• 건강행동변화에 대해 타인으로부터 얻는 지지와 관심, 신임, 관대, 수용 (예) 사회관계망 • 발전적인 변화에 대한 보상 (예) 상금 • 건강을 해치는 행동을 유발하는 요소를 제거하고 건강한 대체행동 자극을 부가함 (예) 먹을 것을 보이는 곳에 두지 않음
종료	어떠한 상황에서도 이전 문제행동에 대한 열망이 없고, 퇴보하지 않을 완벽한 확신이 있음	

그림 6-3 범이론적모델의 변화단계별 건강행동이론 적용

생각해 보기

신선한 채소를 섭취하는 건강행동을 위해 범이론적모델의 변화단계마다 어떤 지식이 필요할 지 생각해 봅시다.

2. 지역사회 영양사업 기획과정을 제시하는 모델

이 장에서는 지역사회 영양사업의 계획, 실행, 평가의 전반적인 과정을 제시하는 모델로서 PRECEDE-PROCEED모델, 로직모델(논리모형), 사회마케팅을 학습한다. PRECEDE-PROCEED모델은 문제진단, 실행, 평가 과정을 단계적으로 제시하고 있으며, 보건정책의 계획 등에 활발히 이용되고 있다. 로직모델은 프로그램의 계획, 운영, 효과에 이르는 과정을 단계적으로 제시하여 지역사회 영양사업의 성과관리에 많이 이용된다. 사회마케팅은 물건의 판매를 촉진하는 비즈니스 마케팅의 방법을 적용하여 사회적으로 유용한 가치의 수용을 촉진하도록 계획하고 실행하는 과정을 제시한다.

1) PRECEDE-PROCEED모델

PRECEDE-PROCEED모델은 영양사업 계획에 필요한 문제진단, 계획, 실행, 평가 과정을 총 8개의 단계로 제시하며, 건강행동이론을 체계적으로 적용할 수 있는 구조를 제공한다 그림 6-4. PRECEDE-PROCEED모델은 사회적 맥락이 개인의 건강과 건강행동에 미치는 영향과 삶의 질을 강조한다. 따라서 PRECEDE-PROCEED모델을 이용하여 계획을 수립하는 과정은 지역사회나 대상 집단의 요구, 건강이나 삶의 질 문제의 결정요인과 이에 영향을 미치는 환경적인 원인들의 이해를 높인다.

PRECEDE-PROCEED모델은 PRECEDE와 PROCEED의 두 부분으로 나뉜다. PRECEDEPredisposing, Reinforcing and Enabling Construct in Educational Diagnosis and Evaluation

는 사회적 진단, 역학적 진단, 교육적·생태학적 진단, 행정적·정책적 진단을 포함하는 처음의 4단계로 건강·영양 문제 및 관련 요인을 파악하는 과정이다. 삶의 질과 같은 궁극적 문제에서 시작하여 건강문제의 원인을 생태학적 여러 수준에서 세부적으로 찾아가는 과정으로 건강과 관련하여 수정이 가능한 행동과 환경요인을 중심으로 프로그램을 개발할 수 있도록 한다.

PROCEEDpolicy, Regulatory and Organizational Constructs in Educational and Environmental Development는 PRECEDE에 근거하여 계획된 지역사회 영양사업을 실행, 평가하는 단계이다. 1970년대 PRECEDE 과정이 먼저 개발되었고, 이후 사업의 실행과 평가를 계획하는 PROCEED 단계가 추가되었다. 이후 여러 차례 모델의 수정이 있었는데, 이 책에서는 2022년에 개정된 모델을 제시하였다 그림 6-4.

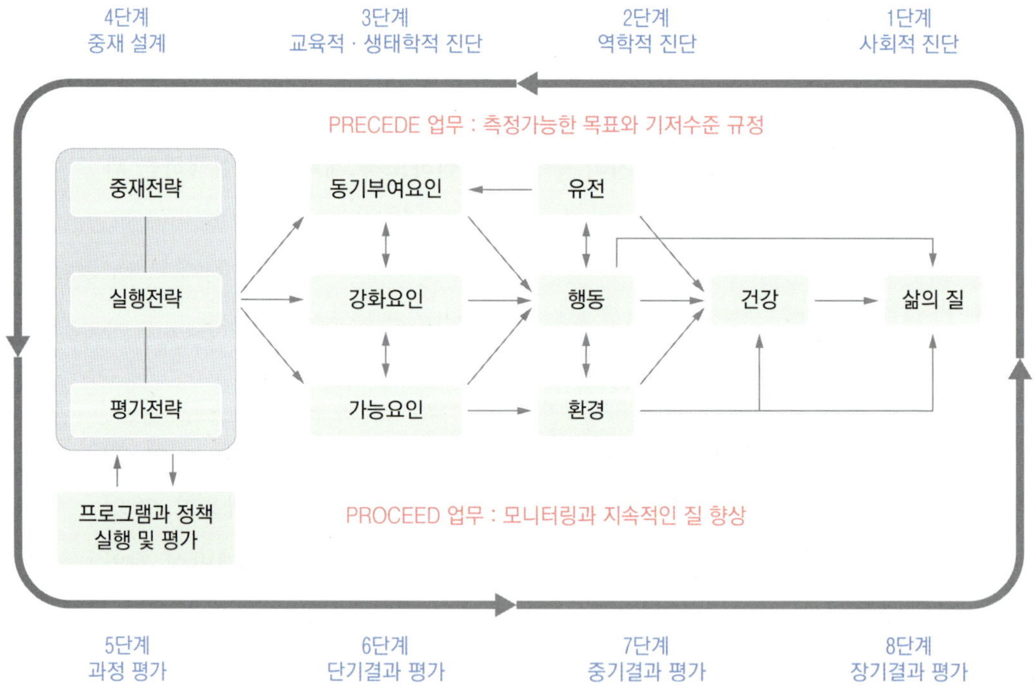

그림 6-4 PRECEDE-PROCEED모델

① 1단계: 사회적 진단

사회적 진단 단계에서는 대상 지역사회를 이해하고자 하는 노력이 이루어진다. 다양한 유형의 지역사회는 각기 가치관, 문화, 규범, 언어, 건강문제, 삶의 질 문제와 같은 것들을 공유한다. 사회적 진단을 위해 지역사회로 들어가 특성을 파악하고 지역사회가 처한 상황을 분석하여 공통된 요구와 건강문제를 발견하고 그에 대한 해결방안의 단서를 얻을 수 있다.

이 단계에서는 질적조사방법을 통해 지역사회 구성원들로부터 정보를 수집하고 의견을 구하기도 한다. 면담, 포커스 그룹, 설문조사 등 다양한 방법을 함께 이용하는 것이 필요한 정보를 얻는 데 도움이 된다. 지역사회의 구성원들은 지역사회의 요구에 맞는 프로그램의 개발, 해당 지역사회에 적합한 중재방안 도출, 중재방안을 마련하는 지역사회의 역량 개발을 돕는다. 이러한 측면에서 이 단계에서는 지역사회 연대, 사회관계망, 사회적 자본과 같은 이론들이 적용될 수 있다.

② 2단계: 역학적 진단

역학적 진단은 대상 지역사회 건강문제의 인과관계 모델을 구축하는 것에서 시작된다. 지역사회의 건강문제에 대해 기술하고, 건강문제의 행동적 원인과 건강문제나 건강에 유해한 행동의 환경적 원인을 분석한다. 이 단계에서 건강과 관련된 행동적 요인과 환경적 요인을 분석하는 데 사회인지이론이 유용하며, 범이론적모델은 지역사회의 대상자들의 행동변화단계를 이해하는 데 도움이 된다.

건강문제는 질병의 사망률, 발생률, 유병률 등 객관적 통계자료를 이용하여 파악할 수 있다. 건강에 영향을 미치는 요인 중 운동, 영양, 음주, 흡연과 같은 건강행동과 이와 관련된 사회적 환경은 개발될 프로그램에서 건강문제와 삶의 질 향상을 위해 다루게 될 요소이다. 이 단계에서 파악된 여러 건강문제와 영향 요인들은 중요성이나 변화가능성 등에 따라 우선순위를 정하여 선택될 수 있다. 우선순위를 정하는 방법은 7장에서 자세히 학습한다.

③ 3단계: 교육 · 생태학적 진단

이 단계는 역학적 진단에서 정한 행동, 환경적 요소에 영향을 주는 요인을 찾는 단계이다. 교육적 요소, 즉 변화가능한 요인을 파악하여 프로그램의 목표로 삼는다. 표 6-13에는 교육·생태학적 진단 단계의 교육적 요소를 제시하였다.

표 6-13 교육·생태학적 진단 단계의 교육적 요소

교육적 요소	설명
동기부여요인 predisposing factor	• 경향요인, 선행요인 • 행동 수행이나 변화에 대한 동기를 갖게 하는 요인으로 개인이 가지고 있는 특성 • 본인의 지식, 태도, 신념, 가치, 인식, 자아효능감
강화요인 reinforcing factor	• 건강행동이 지속 또는 중지되도록 하는 요인 • 보상, 타인의 반응 (예) 가족, 친구 등 주변인의 칭찬, 지지, 협조
가능요인 enabling factor	• 가용요인, 촉진요인 • 행동과 환경 변화에 필요한 구체적 능력, 기술, 자원(시간, 경제, 교통수단 등), 또는 이에 대한 장애

④ 4단계: 건강 프로그램과 정책 개발

4단계는 PRECEDE의 진단 평가가 PROCEED의 실행 및 평가로 전환되는 모델의 전환점이다. 4단계에서는 1~3단계에 이어 지역사회 영양사업을 실행하고 발전시키는데 필요한 조직, 행정적 능력, 자원을 검토하고 평가한다. 이를 통해 지원할 수 있는 인력, 예산, 가능한 자원, 실행의 장애요인, 관련된 현재의 정책과 향후 개선점 등을 고려하여 1~3단계의 진단 결과를 통해 도출한 요인에 대한 중재를 설계하고, 실행과 평가를 위한 전략을 개발하여 이에 대한 실행을 시작한다.

- 중재전략 : 바람직한 변화에 요구되는 프로그램과 중재 구성
- 실행전략 : 프로그램을 현실화하기 위한 정책, 조직, 관리 능력과 자원 확보
- 평가전략 : 프로그램 또는 정책의 성공 여부를 결정할 기준과 방법

⑤ 5~8단계: 단계적 평가

PROCEED 단계에서는 지속적인 모니터링과 질 관리를 수행하며 PRECEDE 단계에서 설정한 단계별 목표를 달성했는지 확인한다. 5단계는 과정평가로서 계획대로 실행되고 있는지 평가하는데, 실행 중 자원의 제약, 시간적 장애, 프로그램 실행 인력들의 자질 등을 확인하고, 중재방법 검토, 행정적 문제파악, 자원의 배분상태

점검 등이 이루어진다. 6~8단계는 결과평가로서 단기, 중기, 장기로 나누어 단계적으로 프로그램과 정책의 결과를 평가한다. PROCEED 단계는 로직모델을 이용한 평가와 유사한 점이 많은데 이는 8장 '지역사회 영양사업의 실행 및 평가'에서 다루도록 한다.

생각해 보기

자취를 하는 대학생들의 규칙적인 식사를 위한 PRECEED 단계의 교육적 요소는 어떤 것이 있는지 생각해 봅시다.

2) 로직모델

로직모델logic model은 사업의 운영을 통해 의도한 결과를 도출하는 과정을 논리적인 흐름으로 보여주는 방법이다. 경영분야에서 성과관리를 위한 도구로 이용되었고, 지역사회 영양사업 분야에서 프로그램의 로드맵을 제공하는 프로그램 계획 도구로 활용되고 있다. 로직모델을 구성하는 핵심요소는 표 6-14와 같다.

표 6-14 로직모델의 구성

구성요소	설명	예시
투입	영양사업 활동에 직접 투입한 인적 · 물적 · 경제적 자원	인력, 시설, 장비, 시간, 예산, 정보
산출	참여하거나 대상이 되는 사람들에게 도달하는 활동, 서비스, 이벤트 및 제품	교육, 훈련, 워크숍, 서비스, 상담, 홍보, 영양교육 횟수, 영양교육을 받은 사람의 수, 개발된 생산물(교재), 참여자 만족도
결과 및 영향	영양사업 활동이 대상자 또는 지역사회에 일으킨 변화	단기–영양과 관련된 지식, 태도변화 중기–행동변화, 정책 및 사회적 조치 장기–건강수준의 변화, 사회경제적 파급효과 등
투입과 산출 설정을 위한 가정	프로그램, 관련된 사람들, 맥락에 대한 신념 프로그램의 작동 방식	예산 수준, 정책 방향, 지역사회 인구 구성, 전문인력 수급 상황
외부요인	프로그램 활동과 상호 작용하고 영향을 미치는 다양한 외부 요인	예산 상황, 정책 시행, 사회문화적 상황

출처: Enhancing Program Performance with Logic Models(https://logicmodel.extension.wisc.edu/)

그림 6-5 지역사회 영양사업 개발을 위한 로직모델

출처: Enhancing Program Performance with Logic Models(https://logicmodel.extension.wisc.edu/)

지역사회에서 문제상황에 직면하여 중재가 필요할 때, 사업수행에 필요한 자원(투입)을 이용하여 문제상황을 해결하기 위한 중재활동을 설계하게 된다. 그리고 사업을 통해 정량적인 산물(산출)이 발생하고 사업의 성과로서 참여자들은 사업과정 중 또는 사업 후에 단기·중기·장기적 이익이나 변화(결과)를 얻으며, 사회에 미치는 파급효과가 발생하는데, 로직모델은 이러한 구성요소 간의 관계를 도식화하여 나타낸다 그림 6-5.

지역사회 영양사업을 개발하기 위해 로직모델을 활용할 때는 다음과 같은 순서에 따라 논리적 흐름을 가지고 작성한다. 먼저 현재 상황을 분석하여 제시하고 이에 대해 지역사회 영양사업으로 변하기를 희망하는 것을 기술한다. 그리고 이러한 변화를 위해 계획하는 활동이 무엇이고 누구와 함께(누구를 위해) 할 것인지, 사업에 투입해야 하는 자원이 무엇인지 구체적으로 작성한다. 이와 함께 자원의 투입과 활동에 필요한 가정과 결과에 영향을 미치는 외부 요인을 명시한다.

① 로직모델의 활용

사업계획 단계에서 로직모델을 잘 활용하면 사업구성요소를 체계화함으로써 효율적인 실행전략을 세울 수 있고, 전체 과정을 도식화함으로써 이해를 높여서 이해관계자들에게 사업을 이해시키는 중요한 수단이 된다. 또한 사업의 목적을 달성하기 위해 관리해야하는 사업의 구성요소를 구체화하여 평가목표 설정을 용이하게 함으로써 사업평가의 청사진이 된다.

3) 사회마케팅

(1) 사회마케팅의 개념

사회마케팅social marketing은 대상이 되는 지역사회의 구성원들이 건강한 선택을 할 수 있도록 매력적인 혜택을 제공하고 장애를 제거함으로써 바람직한 행동이 자발적으로 이루어지도록 촉진하는 과정이다. 여기서 사회마케팅의 중요한 특징은 다음과 같다.

첫째, 개인과 그 지역사회 전체의 복지를 다룬다는 것

둘째, 자발적인 행동을 추구한다는 것

셋째, 프로그램의 계획과 평가, 지역사회 구성원의 자발적 행동을 이끌어내기 위한 분석 과정에 상업마케팅 기술을 적용한다는 것

사회마케팅이 성공을 거두기 위해서는 대상 집단의 인식과 요구를 정확히 파악하여 그것을 만족시킬 수 있는 것이어야 한다. 따라서 사회마케팅을 적용한 사업은 공급자 중심의 서비스가 아닌 수혜자 중심의 서비스가 제공될 수 있게 한다.

사회마케팅과 상업마케팅의 중요한 차이는 마케팅의 수혜자에 있다. 상업적 마케팅에서의 판매 대상은 유형의 물건이며 마케팅의 수익이 물건의 소유자, 생산자, 판매자에게 돌아가지만 사회마케팅은 무형의 아이디어, 행동변화, 서비스 등을 판매하여 그 혜택은 마케팅을 시행하는 주체뿐 아니라 그것을 수용하는 개인과 사회 전체에 돌아간다. 사회마케팅에서는 마케팅의 시행주체와 대상자가 사회 전체의

이익을 증진시킨다는 같은 목적을 추구하기 때문에 개인과 지역사회 전체의 복지 증진을 위해 자발적으로 변해 갈 수 있다.

(2) 사회마케팅의 기본원리

건강증진을 위한 전략으로서 사회마케팅이 효과를 거두기 위해서는 몇 가지 고려해야 할 점이 있다.

① 행동에 초점

사회마케팅의 제품은 개념에서부터 태도, 서비스, 행동에 이르기까지 광범위하지만 궁극적으로는 행동변화를 추구하여야 한다. 상업마케팅에서는 소비자가 구매한 이후 사용 여부에는 큰 관심을 가지지 않지만, 건강증진을 위한 사회마케팅에서 건강에 바람직한 개념과 태도를 수용하더라도 그것을 행동으로 실천하지 않는다면 성공한 사회마케팅이라 말하기 어렵다.

② 대상자의 이익 우선

사회마케팅이 대상자의 이익을 우선한다는 것은 대상자의 행동변화를 유도하는 성공을 거둔다는 것과 밀접한 관련이 있다. 상업마케팅은 제품의 구입으로 소비자가 필요한 것을 소유하게 되었다는 혜택도 있지만, 상업마케팅의 궁극적 목적은 제품의 생산자나 소유자의 이익 창출이다. 그러나 사회마케팅의 혜택은 대상자 개인과 사회 전체에 돌아가고, 그것은 사회에 바람직한 결과이다. 건강증진을 위해 사회마케팅을 시행하는 정부의 입장에서, 사회마케팅을 통해 지역사회 구성원들이 건강을 지키는 행동변화를 취하게 되면 사회의 질병 부담과 공중보건 자원에 대한 요구가 줄어들게 됨으로써 얻는 이득이 있으므로 정부에게도 혜택이 돌아가는 측면이 있다. 그러나 개인과 사회에 돌아가는 혜택에는 비할 바가 되지 않는다.

③ 시장의 관점 유지

사회마케팅이 단순히 구매를 설득하는 커뮤니케이션이 아닌 것은 시장의 관점이 적용된다는 점에서이다. 시장은 소비자 지향의 특성이 있고, 제품 정보에 의존하여 작동하며 경쟁이 있다.

- 시장은 소비자의 필요와 요구에 따라 그 요구를 만족시키는 결정이 내려지는 방식으로 운영된다. (예: 갱년기 증상을 완화하는 효과가 있는 식품들을 식품영양전문가나 의학전문가가 소개하면 신뢰를 줄 수 있지만 갱년기에 있지 않은 소비자의 선택은 다를 수 있다.)
- 제품의 종류, 비용, 사용법, 혜택, 구매 장소 등 제품에 대한 정보의 유입을 통해 시장이 기능한다. (예: 소비자가 필요한 제품을 찾고 비슷한 것들 중 비교하여 선택하기 위해서는 여러 정보가 필요하다.)
- 소비자의 관심과 자원에 대해 경쟁하는 다른 선택들이 존재한다. (예: 비슷한 가격대의 여드름 완화 효능에 신뢰를 주는 여러 제품이 있다.)

즉, 마케팅 대상자가 수용하는 것은 대상자의 필요를 충족시키는 것이며, 필요를 충족하는 여러 대안들과 비교할 때 대상자의 흥미와 지불해야 하는 비용에 있어서 더 나은 위치에 있는 것이다. 그리고 이러한 선택을 위해서는 제품에 관한 다양한 정보가 제공되어야 한다.

④ 환경분석

지역사회 영양사업을 시행할 환경을 분석하기 위해서 SWOT분석을 실시할 수 있다. SWOT 분석이란 강점strength, 약점weakness, 기회opportunities, 위기threats의 첫 자를 조합한 이름이다. 프로그램별 시행 환경을 내부적 환경과 외부적 환경으로 나누고 각각에 대해 긍정적 상황과 부정적 상황으로 나누어 분석하는 것이다 그림 6-6. 분석된 결과에 따라 '강점-기회', '강점-위기', '약점-기회', '약점-위기'에 대

	긍정적 상황	부정적 상황
내부적	강점 (Strength)	약점 (Weakness)
외부적	기회 (Opportunities)	위기 (Treats)

그림 6-6 SWOT 분석

한 전략을 수립한다.

⑤ 시장세분화

시장세분화market segmentation는 프로그램의 차별화가 필요한 하위집단을 규명하여 대상 집단을 세분화하는 것이다. 세분화의 기준이 되는 요소들은 인구사회학적, 지리적, 심리적 특성 등이 있다 표 6-15. 대상 집단의 인구학적, 사회심리학적 요인 파악이 프로그램의 내용을 구성하는 데 중요하기 때문에 이러한 요인별로 인구집단을 분류하는 것이 필요하다.

표 6-15 시장세분화를 위한 기준

세분화 기준		예시
인구사회학적 특성	성별	남자, 여자
	생애주기	영유아, 임산부, 성인, 노인
	교육수준	무학, 초졸, 중졸, 고졸, 대졸 이상
	소득수준	수급권자, 차상위계층, 저소득층, 중산층, 고소득층
	직업	사무직, 노동직, 판매직, 전문직, 생산직, 학생
	가구	1인가구, 노인가구, 부모자녀가구, 한부모가구, 조손가구, 다문화가구
지리적 특성	지역	서울, 부산, 대구, 광주, 대전, 경기, 충청, 영남, 호남
	산업	도시, 농어촌, 산간지방
심리적 특성	지향	업무지향, 관계지향
	인성	외향적, 내성적, 사회적, 경쟁적
행동적 특성	가치추구	품질, 편의, 경제성, 안전, 서비스수준
	이용경험	처음이용자, 과거경험자, 현재이용자
	이용횟수	정기적, 간헐적
	순응도	높음, 보통, 낮음
	자아효능감	자신감 높음, 상황극복노력, 낮음
	프로그램에 대한 태도	열성적, 호의적, 긍정적, 부정적, 적대적

⑥ 마케팅 믹스의 전략적 구성

마케팅 믹스marketing mix는 소비자와 제공 상품 또는 서비스 간 교환이 이뤄지도록 하는 마케팅의 요인을 말한다. 마케팅 믹스는 4Ps라고도 하는데, 마케팅의 요소가 영문으로 P로 시작하는 4개의 단어, 상품product, 가격price, 장소place, 판촉promotion으로 구성되기 때문이다.

프로그램의 성공을 위한 마케팅 믹스를 구성하기 위해서는 대상 집단의 특성과 요구를 잘 이해해야 한다. 대상 집단의 특성과 요구에 따라 대상 집단을 세분화하여 대상 집단의 구체적인 특성과 요구에 맞추어 마케팅 믹스를 결정한다. 예를 들어 프로그램의 전달체계를 설계할 때 청소년의 경우는 또래와 대중매체 영향이 크므로, 바람직한 영향력을 끼칠 수 있는 역할모델role model을 이용하는 방법이 있고, 노인의 경우는 온라인 통신보다는 인쇄매체나 대면접촉을 통한 방법을 고려해 볼 수 있다. 마케팅 믹스를 정하고 나면 사전조사를 시행하고 그 결과를 검토하여 필요한 경우 마케팅 믹스를 수정한다.

- 제품 : 마케팅을 통해서 판매하고자 하는 정책과 프로그램 (예) 힘나는 아침밥: 아침결식 학생들에게 아침밥을 제공하는 영양사업 프로그램
- 가격 : 프로그램에 참여하거나 정책을 수행함으로써 변하는 행동에 따라 치러야 하는 유형·무형의 비용
- 장소 : 프로그램이 제공되는 장소로서 접근성과 가용성의 의미까지 포함
- 판촉 : 프로그램의 홍보과정으로 메시지의 제작과 전달과정

(3) 사회마케팅을 위한 이론 적용과 조사연구

건강행동이론을 통해 행동을 결정하는 요인을 통찰하고, 조사연구를 통해 대상 집단의 특성을 파악하여 사회마케팅을 계획한다. 건강행동이론의 구성요소들을 통해 행동변화를 유도해 낼 동기요인에 대한 단서를 얻고, 제품(메시지)의 구성전략을 세우고, 마케팅의 대상을 세분화하고, 사회마케팅의 주요 대상 집단과 주요 대상 집단에 영향력을 행사하는 집단을 규명할 수 있다 표 6-16.

표 6-16 건강행동이론을 적용한 사회마케팅

건강행동이론	적용점
계획된행동이론	• 행동변화의 동기: 건강행동으로 인해 개인적이나 사회적으로 받게 되는 이득과 불이익을 무엇으로 인지하는가를 조사함 • 메시지 전략: 건강행동에 대한 신념과 결과에 대한 평가 변화, 주관적 규범의 인식 변화, 주관적 규범 준수의 동기 변화를 위한 메시지를 개발하고 이를 위해 현재 대상자의 신념과 인식을 조사함 • 대상: 사회마케팅의 주요 대상, 주요 대상과 중요한 사회적 관계를 맺고 주관적 규범을 제공하는 주변 사람
사회인지이론	• 행동변화의 동기: 학습과 행동변화에 영향을 미치는 사회적 강화요인과 장애요인으로 무엇을 인식하고 있는지 조사함 • 메시지 전략: 행동변화의 역할모델을 통한 메시지 제시, 역할모델로 적절한 대상 파악, 행동변화의 시도와 성공에 대한 피드백과 인센티브 제공 • 대상: 사회마케팅의 주요 대상, 역할모델 등 주요 대상의 행동변화를 이끌어낼 주변인
범이론적모델	• 메시지 전략: 대상자의 변화단계 이행을 위해 필요한 메시지 개발 • 대상: 대상자의 변화단계를 조사하여 세분화

사회마케팅은 대상자들에게 문화적으로나 지리적으로 적절한 것으로 계획되어야 한다. 이를 위해 사회마케팅 대상자들의 특성을 다각적으로 파악할 수 있도록 조사 연구를 계획한다. 이러한 조사에서 생태학적모델이나 사회인지이론과 같은 이론과 모델은 조사의 전반적인 방향성을 제공한다.

프로그램의 개발과 적용을 위해 대상자들의 특성을 다각적으로 파악하는 조사연구를 형성연구(formative research)라 한다. 대상자들로부터 다양한 질적·양적 자료를 수집한다.

조사 연구의 결과는 사회마케팅의 마케팅 믹스 개발에 활용된다. 즉, 사회마케팅에 사용될 중재 메시지의 주요 주제 규명, 메시지 개발에 필요한 사회규범의 확인, 중재대상이 될 핵심적인 행동의 규명, 대상자의 지식수준 평가, 적절한 전달체계의 결정, 대상 집단의 건강개념 이해를 통한 신뢰 형성, 세부집단에 맞는 메시지 개발에 조사연구의 주요 결과들을 활용할 수 있다.

(4) 보건커뮤니케이션과 사회마케팅

보건커뮤니케이션health communication은 건강관련 문제에 대한 메시지를 대상 집단에 전달하는 과정이다. 보건커뮤니케이션은 개인의 건강행동이 변화하는 이전의 단계, 즉, 지식, 태도, 인식, 사회규범의 변화를 다루기 때문에 건강문제를 근본적으로 해결하지는 못한다. 그러나 건강문제에 대해 직접적 메시지를 전달함으로써 건강행동의 변화를 유도하기 위해 필요한 사회적인 의사결정에 영향을 미치는 것을 목적으로 한다.

보건커뮤니케이션은 정치사회적 환경, 프로그램전달체계, 지역사회와 가정 내 개인 간에 이루어진다. 이를 통해 건강행동을 실천하는 데 보다 지지적인 환경으로 변하고, 지역사회 영양사업의 성과가 증진되고, 질병 예방을 위해 필요한 건강행동의 실천이 증가하는 것을 기대할 수 있다.

사회마케팅은 이러한 보건커뮤니케이션의 전략적인 모델로 활용된다. 생태학적 모델의 모든 수준을 망라하는 사회마케팅이 반드시 이루어져야 하는 것은 아니지만 지역사회의 사회적, 정치적, 경제적 상황은 사회마케팅이 이루어지는 시장 환경을 형성하므로 이에 기반을 두어야 한다. 그리고 대상 집단의 요구와 확보한 자원이 허용하는 범위에서 사회마케팅의 접근방식을 선택한다.

- 제품 주도의 접근방식 : 사회마케팅에서 전달하고자 하는 메시지, 정책 프로그램 등의 차별화된 매력을 강조하는 접근방식. 제품이 가진 바람직한 속성을 통해 독창적인 분류로 브랜드화branding하는 방법이 있음
- 소비자 주도의 접근방식 : 소비자의 자발적인 제품 요구를 구축하는 접근방식. 사회규범을 통해 작동하는 방식으로 사람들의 행동은 사회적 수용성에 대한 인식, 사회규범의 준수와 일탈에 따른 보상과 제제에 영향을 받는다는 것에 기초하여 제품을 선택하도록 하는 사회적 압력을 창출하는 방법임. 사회적 관계나 제도를 활용함
- 시장 주도의 접근방식 : 경쟁하는 다른 제품이 있을 때 소비자의 요구가 중요한

더 알아보기 6-3

미디어 옹호활동

미디어 옹호활동media advocacy은 보건커뮤니케이션 방법 중 하나로, 대중매체를 전략적으로 활용하는 옹호활동이다. 미디어 옹호활동은 건강위험행동에 대한 개인적 책임론보다 사회적 책임론에 기초한다. 따라서 미디어 옹호활동을 통한 프로그램의 궁극적 목적은 사회적인 변화이다. 전통적인 보건커뮤니케이션은 개인의 건강행동변화를 설득하기 위한 목적으로 대중매체를 활용하지만 미디어 옹호활동은 정치적 목적이 강하다. 제도와 법규에 영향을 미쳐서 환경의 변화를 유도하고, 그 안에서 사람들이 스스로 행동변화에 대한 결정을 내리도록 유도한다.

결정요인이 되므로 소비자 주도의 접근방식에서 확장된 형태로 볼 수 있음. 마케팅하는 제품이 표준으로서 받아들여진다거나 경쟁하는 다른 선택보다 매력적인 것이어야 함

더 알아보기 6-4

CDCynergy

CDCynergy는 미국 CDC의 건강행동변화를 위한 포괄적인 프로그램 개발 모델로서 프로그램의 개발과정을 문제설명, 문제분석, 중재계획, 중재개발, 평가 계획, 실행의 6단계로 구분하고 있다.

이 모델은 보건커뮤니케이션을 기반으로 하는 프로그램의 계획과정을 체계화하고 프로그램 수행에 필요한 기술을 다루고 있다. 3년간의 개발과정을 거쳐 1998년 처음 프로그램 계획 모델로 배포되어 프로그램의 계획과 수행 인력의 훈련에 활용되었다. 이후 "CDCynergy 2001"이란 개정판이 발간되고, 사용처의 특성과 요구에 따라 다양하게 수정 보완되어 이용되면서 공중보건활동 계획을 위한 모델로서 이름을 얻게 되었다.

출처: https://www.cdc.gov/healthcommunication/cdcynergylite.html

생각해 보기

프로그램 기획단계에서 건강행동이론이나 모델을 적용하여 기획하는 것이 중요한 이유에 대해 생각해 봅시다.

활동해 보기

청년들의 건강한 식사를 위해 신선한 채소와 과일 섭취를 독려하는 사회마케팅을 계획하고자 한다.

- SWOT분석을 통해 사회마케팅을 위한 환경분석을 시행해 봅시다.

- 구체적인 프로그램 개발을 위한 청년층의 시장세분화를 시행해 봅시다.

문제 진단 | 계획 | 실행 | 평가

활동지 사회적 지지와 사회관계망을 적용한 이해관계자 지도

핵심대상과 관련된 이해관계자의 정의

- 직접적 이해관계자 :

- 간접적 이해관계자 :

사용 설명

1. 그림의 중심에 핵심대상을 기재합니다.
2. 핵심대상(정책 수요자)를 기준으로 가까운 영역일수록 직접적인 이해관계자를 기록하고, 중심에서 멀어질수록 간접적인 이해관계자를 적습니다.
3. 각 이해관계자들 사이에 어떤 관계성이 있는지, 어떠한 사회적 지지를 제시하는지 표시해 줍니다.

핵심대상과 관련된 이해관계자의 정의 **예시**

- 직접적 이해관계자 :
  직접 사회적 지지를 제공하는 이해관계자

- 간접적 이해관계자 :
  사회적 지지의 제공을 촉진하는 환경을 구축하는 이해관계자

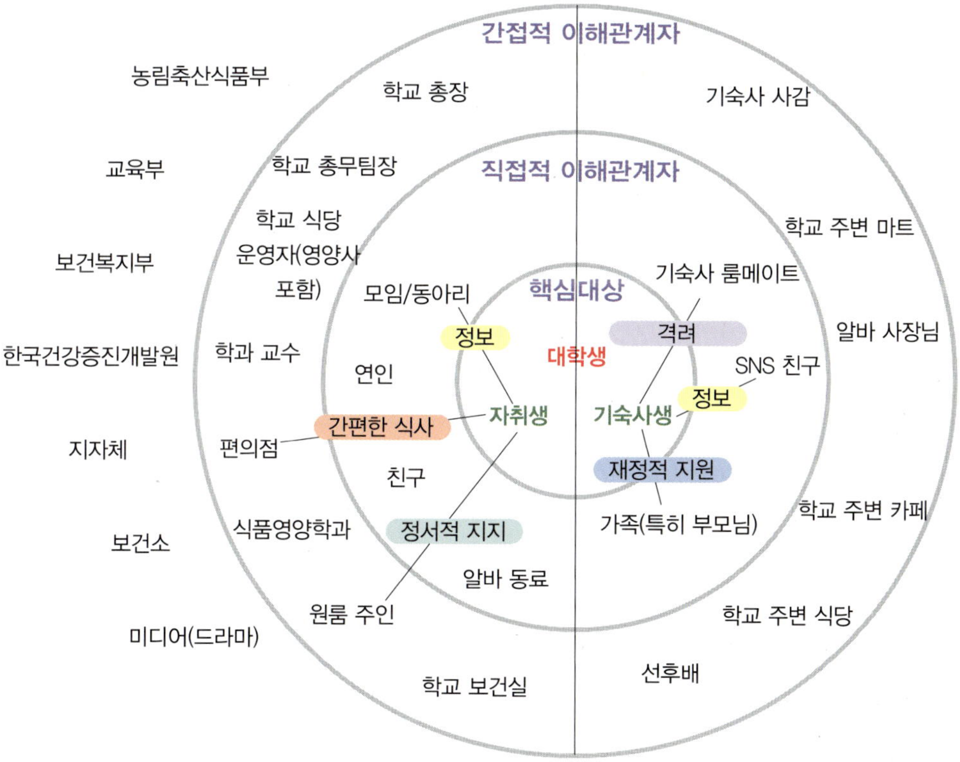

지역사회 영양사업의 목표 설정과 설계

Chapter 7

Chapter

7

학습목표

1. 문제 진단에 따른 사업의 우선순위를 결정할 수 있다.
2. 사업 목적과 목표 개념을 이해하고 작성할 수 있다.
3. 목표의 수준(위계화)과 유형을 구분하여 설정할 수 있다.
4. 지역사회 영양사업을 중재 수준별로 설계할 수 있다.

지역사회 진단을 통해 발견한 여러 문제를 한 번에 모두 해결할 수는 없으므로 여러 요소를 검토하여 사업의 우선순위를 정해야 한다. 그 다음은 우선순위에 따라 선정된 건강 또는 영양 문제 해결을 위한 사업의 목적과 목표를 설정하고, 사업의 내용과 방법을 구체화하여 사업을 설계한다. 대상 집단의 건강 또는 영양 문제를 해결하기 위해서는 관련된 요인들을 파악해야 하는데, 건강 및 영양 문제에 대한 개인의 행동뿐 아니라 행동결과에 영향을 미치는 요인, 환경과 제도 등 여러 수준에서 다면적으로 포함하는 것이 필요하다. 이러한 다면적이고 포괄적 접근과 체계적인 수행을 계획하는 데는 6장에서 학습한 건강행동의 변화를 설명하거나 사업의 기획에 사용되는 다양한 이론과 모델을 이용한다. 사업을 실행한 후에는 목표와 비교한 평가과정을 거치는데 사업 설계 시 이러한 평가에 대한 계획도 함께 수립해야 한다. 이 장에서는 사업의 목적 및 목표 설정과 사업의 설계과정을 학습하고 평가와 실행의 계획은 8장에서 학습한다.

1. 문제 진단에 따른 사업의 우선순위 결정

지역사회의 건강 및 영양 문제를 개선하기 위한 사업의 효과성과 효율성을 높이기 위해서는 지역사회 요구에 기반한 사업의 우선순위를 선정하는 것이 중요하다. 한 지역사회 내에 건강과 영양 문제들은 다양하게 존재하나, 이러한 문제들을 해결하기 위한 인력과 자원은 한정되어 있으므로 사업 효과를 극대화하기 위해서는 사업의 순위를 매겨 순차적으로 수행하는 것이 필요하다. 우선순위의 선정과정은 지역사회 내 가장 중요한 건강 및 영양 문제에 자원을 활용하기 위해 사업의 선택과 집중을 위한 과정으로서 사업 이해관계자들의 가치, 비전, 목적 및 목표, 전략에서의 차이를 조정하고 연구, 정책, 실행 간의 과학적 근거를 제공하기 위한 것이다.

1) 지역사회 건강 및 영양 문제의 우선순위 결정 원칙

지역사회 내 확인된 여러 건강 및 영양 문제들 중 우선적으로 해결할 문제를 결정하기 위하여 수행될 사업이나 연구에서 고려되어야 할 원칙으로 보건연구발전위원회Commission on Health Research for Development, COHERD가 제시한 기준은 다음과 같다.

① 적절성appropriateness : 윤리적·법적으로 적절하고 정치적으로 수용가능해야 하며 기존의 정보에 부가적으로 유용함이 있어야 한다.

② 연관성relevance : 얼마나 많은 사람이 문제를 가지고 있는지의 문제 크기, 문제를 해결하지 않았을 때 그 영향이 얼마나 심각한지의 문제의 심각성, 문제에 대한 지역사회의 관심도, 국가보건정책과의 부합성을 고려한다.

③ 사업의 실행 가능성feasibility : 주어진 가용자원(인적·물적 자원, 재원 등)의 범위 내에서 해결가능한 문제를 선정하고, 기술, 경제, 정치, 사회문화, 윤리적 측면에서 사업 수행이 가능한지를 고려한다.

④ 문제 해결을 위한 사업의 효과성impact : 사업 수행으로 인한 장단기 편익, 효율성, 효과성, 형평성을 고려한다.

2) 우선순위 결정을 위한 방법

(1) 우선순위평정시스템

우선순위평정시스템basic priority rating system, BPRS은 Hanlon과 Pickett에 의해서 제시된 우선순위평정과정priority rating process 모형을 1990년에 Vilnius와 Dandoy가 우선순위평정basic priority rating 모형으로 재정립하였다. 보건사업에서 가장 많이 사용되고 있는 우선순위평정과정은 문제의 크기, 문제의 심각성, 사업의 중재 효과인 세 가지 기준에 의해서 이루어진다 그림 7-1.

① 문제의 크기

만성질환에서의 문제의 크기는 일반적으로 유병률 또는 발생률로, 건강행동에서

문제의 크기 계산

문제의 크기 계산	평점
25 % 이상	9-10
10.0~24.9 %	7-8
1.00~9.99 %	5-6
0.10~0.09 %	3-4
0.01~0.09 %	1-2
0.01 % 미만	0

또는

문제행동을 가진 인구의 크기	평점
80 % 이상	9-10
60~79 %	7-8
40~59 %	5-6
30~39 %	3-4
20~29 %	1-2
20 % 미만	0

문제의 심각성 계산

문제의 심각도	평점
매우 심각함	9-10
심각함	6-8
다소 심각함	3-5
심각하지 않음	0-2

사업의 중재 효과 계산

문제 해결 사업 효과	평점
매우 효과적	9-10
상당한 정도 효과적	7-8
어느 정도 효과적	5-6
약간 효과적	3-4
아주 약간 효과적	1-2
비효과적	0

문제	요소			BPRS	순위
	문제 크기	문제 심각성	사업 효과		
	A(0~10)	B(0~10)	C(0~10)	(A+2B)*C	

그림 7-1 우선순위평정시스템BPRS을 활용한 우선순위 선정

의 문제 크기는 주로 건강행동문제를 가진 사람의 비율을 지표로 사용한다. 문제의 크기를 결정할 경우, 해당 지표 값의 크기에 따른 점수화 구간을 사용할 수 있다.

② 문제의 심각성(중대성)

문제의 심각성은 몇 가지 요인들을 고려하여 결정할 수 있다. 해당 요인으로는 긴급성(문제가 긴급한 정도, 주민 입장에서의 상대적 중시도 등), 경증도(조기사망률, 잠재수명 손실일수, 장애 정도 등), 경제적인 손실, 타인(집단 또는 가정)에 미치는 잠재적 영향, 문제의 해결 의지 등을 포함한다. 이들 요인은 객관적으로 판단하기 위한 자료 수집이 어렵기 때문에 일반적으로 문헌 고찰의 결과나 해당 분야의 전문가나 사업 담당자 또는 이용자의 주관적인 의견을 통해서 결정된다. 문제의 심각성 결정은 심각 수준에 따라 네 구간으로 구분하여 점수를 부여한다.

③ 사업의 중재 효과

사업의 중재 효과는 사업의 추정 효과를 의미하는 데 판단하기 위한 객관적인 정보를 얻기 어렵기 때문에 문제의 심각성을 판단하는 방법과 유사한 주관적인 판단 방법으로 결정된다. 일반적으로 Neiger 등이 제시한 6단계의 효과성 범위를 구분하여 점수를 부여한다.

우선순위평정시스템의 세 가지 결정 기준에 대한 점수를 결정하면, 우선순위평정시스템의 산출공식에 의해서 최종 점수를 산출한다. 최종 점수는 문제의 크기보다는 문제의 심각성에 좀 더 가중치를 부여하여 심각성에 2를 곱해 주고, 문제의 크기와 심각성의 합에 사업의 중재 효과를 곱해서 산출한다.

(2) 지역보건의료계획 접근법

지역보건의료계획 접근법planned approach to community health, PATCH은 1983년 미국질병관리예방센터CDC에서 지역보건요원의 보건사업기획의 지침서로 개발한 것으로 사업의 우선순위는 수집된 건강행동 자료와 기타 추가된 자료를 이용하여 건강문제의 중요성과 변화가능성에 따라 결정한다. 지역보건의료계획 접근법의 결정 기준 중에 건강문제의 중요성은 우선순위평정시스템BPRS 모형에서의 문제의 크기와 심각성 요인과 유사한 개념이고, 변화가능성은 건강문제 해결을 위한 중재방법 또는 사업의 실현가능성으로 문제 개입에 의해 얼마나 용이하게 변화될 수 있는지를 평가하는 것으로 우선순위평정시스템 모형에서 사업의 중재 효과 크기와 유사한 의미를 가진다.

순위의 결정과정은 일반적으로 해당 분야의 전문가, 사업 담당자, 이용자의 주관적인 의견 수렴을 통해 이루어지는데, 브레인스토밍을 통해 주요 건강문제의 목록을 작성하고, 중요성과 변화가능성에 따라 목록 내용을 구분한 후, 중요성과 변화가능성 둘 다 높은 문제를 우선문제로 결정한다. 다음으로는 변화가능성은 높으나 중요성은 낮은 문제, 변화가능성은 낮으나 중요성은 높은 문제를 각 목적에 맞게 결정한다 그림 7-2.

	변화 가능성 높음	변화 가능성 낮음
중요성 높음	우선순위 높음	혁신적 시도
중요성 낮음	변화 결과 가시화 목적	시도하지 않음

그림 7-2 지역보건의료계획 접근법PATCH에 의한 우선순위 결정

3) 단계별 문제 진단에서의 우선순위 결정

지역사회 영양사업 계획과정에서 문제 진단은 크게 세 가지 단계로 이루어진다. 첫 번째 단계는 지역사회 내 건강 또는 영양 문제가 무엇인지이고, 두 번째 단계는 건강 또는 영양 문제의 원인 중 영양프로그램으로 교정가능한 요인을 규명하는 것이고, 세 번째 단계는 문제의 원인에 영향을 미치는 요인으로서 영양프로그램에

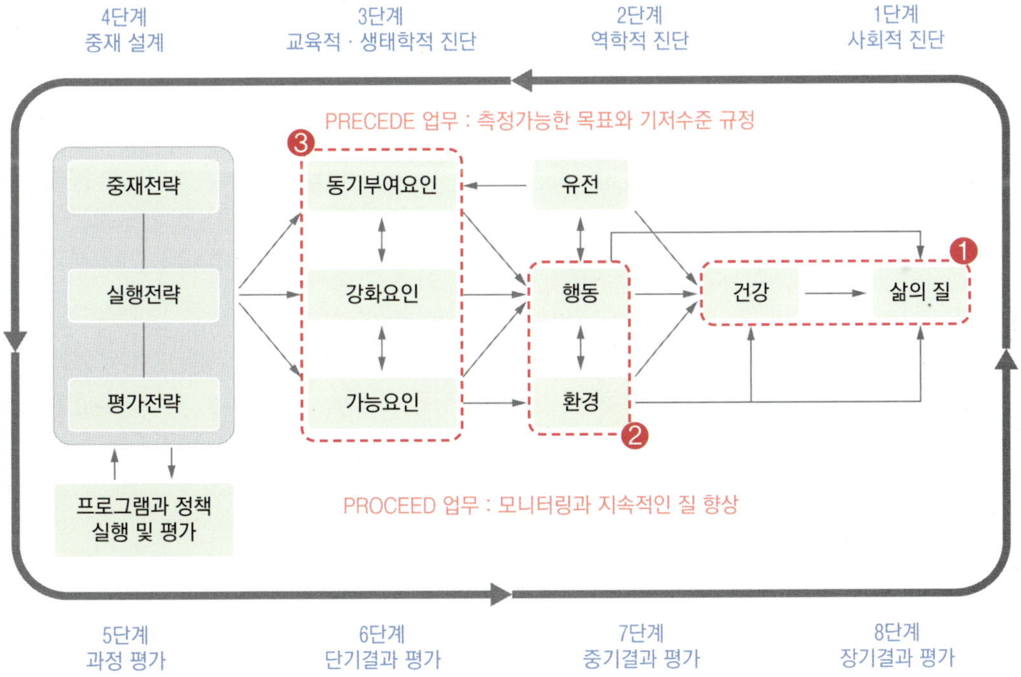

❶ 지역사회의 삶의 질과 관련된 건강 또는 영양 문제 ❷ 건강 또는 영양 문제에 영향을 미치는 행동과 환경 요인
❸ 행동과 환경에 영향을 미치는 요인

그림 7-3 PRECEDE-PROCEED모델을 활용한 단계별 문제 진단과정

서 다루게 될 요인을 선별하는 것이다. 이러한 문제 진단의 과정에 건강행동 이론과 모델이나 프로그램기획모델을 활용하는데, 그중 대표적인 모델이 PRECEDE-PROCEED모델이다. 다음은 PRECEDE-PROCEED모델을 활용하여 단계별 문제 진단과정에서 우선순위를 결정하는 과정이다 그림 7-3.

더 알아보기 7-1

사례: A지역 대학생의 건강 또는 영양 문제의 우선순위 선정과정

A 지역 대학생에서 식생활 문제 중에 가장 우선적으로 해결해야 하는 문제가 무엇인지를 결정하기 위하여 우선순위평정시스템BPRS의 기준에 따라 평가한 결과는 다음과 같다. 국민건강영양조사에서는 국민건강증진종합계획의 영양 부문의 모니터링 지표 중 에너지로부터의 포화지방산의 적정섭취분율 이내 섭취, 1일 나트륨 섭취량이 2,000 mg 이내, 과일류와 채소류 섭취량 합계가 1일 500 g 이상, 가공식품 선택 시 영양표시를 읽는 경우의 4개 지표를 활용하여 4개 중에서 2개 이상을 만족하는 분율을 건강식생활 실천율로 산출한다. 국민건강영양조사의 결과에 의하면 19~29세의 건강식생활 미 실천율은 65%였다. 따라서 A 지역 대학생의 식생활 문제를 건강식생활 실천율에 해당하는 지표 중 포화지방산 과잉 섭취, 나트륨 과잉 섭취, 과일 및 채소 섭취 부족을 문제로 선정하였다. 이들 영양문제 중 우선적으로 해결해야 할 문제를 선정하기 위하여 우선순위평정시스템의 기준을 적용한 결과는 다음과 같다.

문제의 크기에서는 국가 조사에서 19~29세 대상자에 해당하는 영역별 식생활 문제의 유병률을 활용한 결과, 과일 및 채소의 섭취 부족 비율이 가장 큰 점수를 받았다. 문제의 심각성과 사업의 중재 효과에서는 세 항목은 모두 같은 점수를 받았다. 우선순위평정시스템 공식에 따른 최종 산출 값에서는 과일 및 채소 섭취 부족의 문제가 가장 높은 점수를 받아 세 개의 문제 중에서 우선사업 대상으로 결정되었다.

A: 문제의 크기

문제행동을 가진 인구의 크기	20% 미만	20~29%	30~39%	40~59%	60~79%	80% 이상
평점	0	1-2	3-4	5-6	7-8	9-10

구분	문제	문제 크기	점수
영양 문제	포화지방산 과잉 섭취	31.7%	3
	나트륨 과잉 섭취	72%	8
	과일 및 채소 섭취 부족	88%	10

2020 국민건강통계(질병관리청) 결과 중 19~29세 대상 결과
포화지방산 과잉 섭취자 분율: 포화지방산 섭취량이 포화지방산 에너지적정비율의 상한선 초과인 분율
나트륨 과잉 섭취 : 1일 섭취량이 2,000 mg 이상
과일 및 채소 섭취 부족 : 과일류와 채소류 섭취량 합계가 1일 500 g 미만

B. 문제의 심각성(항목별로 2.5점씩 총 10점)

구분	긴급성	경증도	경제적 손실	타인에 의한 영향	점수 합계
포화지방산 과잉 섭취	1	1.5	1.5	0.5	4.5
나트륨 과잉 섭취	1	1.5	1.5	0.5	4.5
과일 및 채소 섭취 부족	1	1.5	1.5	0.5	4.5

C: 사업의 중재 효과

문제 해결을 위한 사업효과	매우 효과적	상대적으로 효과적	효과적	다소 효과적	상대적으로 비효과적	거의 전적으로 비효과적
평점	9–10	7–8	5–6	3–4	1–2	0

구분	문제	사업 추정 효과의 점수
영양 문제	포화지방산 과잉 섭취	10
	나트륨 과잉 섭취	10
	과일 및 채소 섭취 부족	10

D: BPRS 공식에 의한 우선순위 결정

Basic Priority Rating(BPR) = (A+2B)*C

A: 문제의 크기, B: 문제의 심각성, C: 사업의 중재 효과

구분	요소			BPRS (A+2B)×C	순위
	A	B	C		
포화지방산 과잉 섭취	3	4.5	10	120	3
나트륨 과잉 섭취	8	4.5	10	170	2
과일 및 채소 섭취 부족	10	4.5	10	190	1

(1) 지역사회의 건강 또는 영양 문제 결정

지역사회 내 여러 건강 또는 영양 문제 중에서 어떤 문제를 우선적으로 선정할지 결정하기 위해서는 우선순위평정시스템 방법을 활용할 수 있다. 제안된 문제들에 대해서 문제의 크기, 문제의 심각성, 사업의 중재 효과에 관한 결과를 근거로 사업 대상의 문제를 결정한다.

(2) 건강 또는 영양 문제에 영향을 미치는 행동과 환경 요인 선정

건강 또는 영양 문제를 결정하면 다음은 이러한 문제에 영향을 미치는 행동과 환경 요인이 무엇인지를 파악한다. 파악한 모든 요인을 동시에 해결하기에는 인적 및 물적 자원이 부족하므로 이들 요인 중에 가장 우선적으로 해결할 요인이 무엇인지를 결정해야 한다. 이때 가장 자주 활용되는 우선순위 결정 방법은 지역보건의료계획 접근법PATCH이다.

즉, 건강 또는 영양 문제에 미치는 행동과 환경 요인 중에서도 어떤 요인들이 중요한지 그리고 프로그램에 의해 변화가능성이 있는지를 구분하고 정리하여 가장 중요하고 변화가능성이 높은 요인을 선정한다. 그러나 파악된 행동과 환경 요인 항목이 많지 않은 경우에는 우선 항목을 선정하지 않고, 행동과 환경 요인에 영향을

더 알아보기 7-2

사례: A 지역 대학생의 건강 또는 영양 문제에 영향을 미치는 행동과 환경 요인의 우선순위 선정과정

A 지역 대학생에서 가장 우선적으로 해결해야 할 식생활 문제로 과일 및 채소 섭취 부족 문제를 결정하였다. 과일 및 채소 섭취 부족에 영향을 미치는 행동과 환경 요인을 파악한 결과, 행동 요인으로는 과일 및 채소의 낮은 선택이었고, 환경 요인으로는 외식 증가 및 가공식품 산업의 발전과 가구 내 과일 및 채소의 낮은 가용성이었다. 행동과 환경 요인의 항목이 많지 않으므로 우선순위 선정 없이 모든 요인을 포함하고, 다음 단계로 이들 요인에 영향을 미치는 동기부여요인, 강화요인, 가능요인을 파악한다.

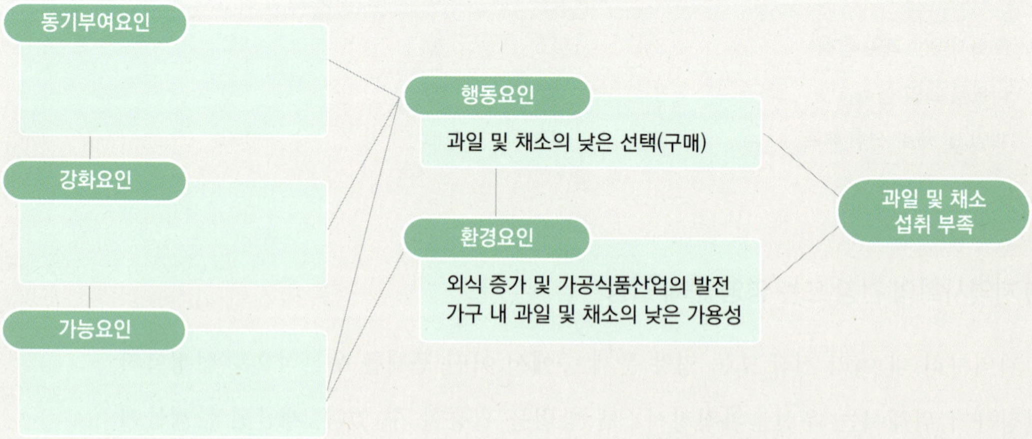

미치는 동기부여요인, 강화요인, 가능요인을 파악하여 이들 요인 중에서 우선적으로 해결할 요인을 선정할 수 있다.

(3) 행동과 환경 요인에 영향을 미치는 요인 선정

건강 또는 영양문제에 미치는 행동과 환경 요인을 결정하면, 행동 또는 환경 요인에 영향을 미치는 동기부여요인, 강화요인, 가능요인들을 파악한다. 파악한 요인들 중에서 우선적으로 해결할 요인을 선정하기 위해서는 어떤 요인이 중요한지, 어떤 요인이 프로그램에 의해 변화가능성이 있는지를 구분하는 지역보건의료계획 접근법PATCH을 이용한다.

더 알아보기 7-3

사례: A 지역 대학생의 행동과 환경 요인에 영향을 미치는 동기부여요인, 강화요인, 가능요인 중 가장 우선적으로 영양프로그램 내용으로 다룰 요인 선정 과정

A 지역 대학생에서 과일 및 채소 섭취 부족에 영향을 미치는 행동과 환경 요인인 과일 및 채소의 낮은 선택, 외식 증가 및 가공식품 산업의 발전, 가구 내 과일 및 채소의 낮은 가용성에 영향을 미치는 동기부여요인, 강화요인, 가능요인들을 파악한 결과는 다음과 같다.

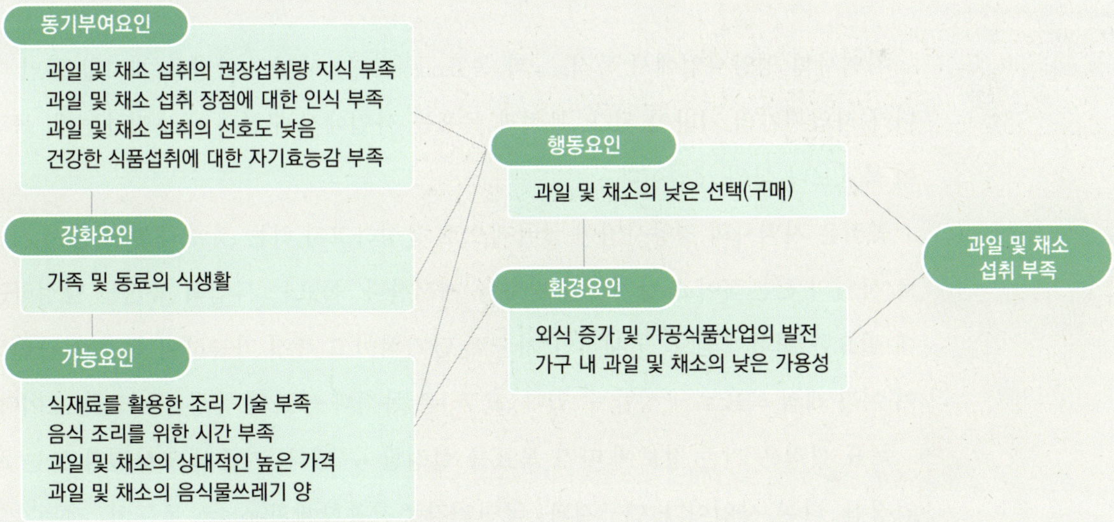

조사한 동기부여요인, 강화요인, 가능요인들 중에서 우선적으로 해결하기 위한 요인을 선정하기 위하여 지역보건의료계획 접근법PATCH을 이용하여 문제의 중요성, 변화가능성 여부에 따른 우선순위를 구분한다. 결과적으로 과일 및 채소 섭취 부족 문제를 해결하기 위해 영양프로그램 내용으로 다룰 가장 우선적인 요인은 동기부여요인에 해당하는 모든 요인과 가능요인 중에 식재료를 활용한 조리 기술 부족을 선정하였다.

		변화가능성	
		높음	낮음
문제의 중요성	중요함	과일 및 채소 섭취의 권장섭취량 지식 부족 과일 및 채소 섭취 장점에 대한 인식 부족 과일 및 채소 섭취의 선호도 낮음 건강한 식품 섭취에 대한 자아효능감 부족 식재료를 활용한 조리 기술 부족	과일 및 채소의 음식물 쓰레기 양 과일 및 채소의 상대적인 높은 가격
	중요하지 않음	음식 조리를 위한 시간 부족	가족 및 동료의 식생활

2. 목적과 목표 설정

1) 목적과 목표의 개념

지역사회 영양사업에서 목적goal과 목표objective는 사업의 방향을 제시할 뿐만 아니라 사업평가의 기반이 된다. 목적과 목표는 사업에서 구분하여 설명하는데, 목적이 목표보다 상위 개념이다.

목적은 지역사회 영양사업이 궁극적으로 달성하고자 하는 것에 대한 일반적 기술로 사업의 근본적이고 장기적인 방향을 제시한다. 목표는 사업의 목적을 달성하는데 필요한 변화에 대한 구체적인 기술로 단기적이고 측정 가능하며 목적과 관련하여 여러 개의 목표로 구성할 수 있다. 표 7-1은 목적과 목표의 특성을 비교한 표이다.

목표 설정은 기존 정보에 따라 목표를 설정할 수 있다. 기존의 조사결과 또는 사업경험, 다른 사업이나 연구결과, 국민건강증진종합계획HP2030 목표치, 전문가의 의견을 근거로 목표를 계량화하여 설정하는데, 목표를 위한 계량화가 어려운 경우,

표 7-1 목적과 목표의 특성

구분	목적(goal)	목표(objective)
내용	국가 정책, 경제적 상황 등 원하는 변화나 결과, 성과에 대한 광범위한 서술로 프로그램 방향 제시	문제에 대한 중요한 결정인자, 변이 원인 등 프로그램에 의한 영양지식, 인식, 행동 등의 변화 여부 및 변화 수준
기술방법	궁극적으로 달성하고자 하는 것에 대한 일반적 기술 : 광범위(포괄적), 정신적, 철학적	구체적 기술: 누구에게, 무엇을, 어디서, 언제까지, 얼마나, 어떤 방법으로
시간적 범위	장기적(5~10년)	단기적(1~3년)
평가여부	목적 자체가 관리나 평가 대상이 되는 경우는 드묾	목표 자체가 관리나 평가 대상이 됨
변경가능성	한 번 정해지면 거의 변경되지 않음	사업 진행에 따라 변경되기도 함
측정가능성	측정이 가능하지 않은 경우가 많음	측정 가능함
달성기한	달성 기간이 정해져 있지 않음	달성 기간이 정해져 있음

추세(경향) 정도로도 제시할 수도 있다. 목표의 수준으로는 기존 결과보다 더 높은 수치, 최고 수준의 수치(예: 상위 10%), 기준값 대비 % 향상도, 완전 달성도 수준(예: 100%), 다른 사업이나 유사 지역의 결과 수치 수준, 기존의 목표 수치를 유지하는 수준 등으로 목표를 설정할 수 있다.

2) 목표의 기술원칙

목표를 구체적으로 설정하여 기술하는 방법으로 SMART 원칙을 기반하여 기술하는 방법이 있다. SMART는 5개 기술원칙의 첫 영단어 앞자를 따서 명명한 것이다. 5개 원칙에는 구체성specific, 측정가능성measurable, 적극성과 성취가능성aggressive and achievable, 연관성relevant, 기한time limited으로 구성된다. 각 원칙의 구체적인 내용은 다음과 같다.

① 구체성specific : 목표는 구체적으로 기술해야 한다. 사업대상(who/whom), 건강문제/사업내용(what), 목표량 설정(how much), 시기(when) 등이 포함되도록 기술한다.

② 측정가능성measurable : 목표는 측정이 가능하여야 한다.

③ 적극성과 성취가능성aggressive and achievable : 목표는 성취가능한 수준이어야 한다. 더불어, 별 노력이 없이도 성취가 가능한 소극적인 목표는 지양한다.

④ 연관성relevant : 목적 및 관심을 두고 있는 건강문제(질병, 건강행태) 해결과 직접적인 관련성이 있어야 한다. 즉, 목표를 달성하면 해당 건강문제가 개선된다는 인과관계가 존재하여야 한다.

⑤ 기한time limited : 목표 달성을 위한 기한을 명시해야 한다.

더 알아보기 7-4

사례: SMART 원칙 기반의 목표 기술 예시

A 지역 대학생에서 과일 및 채소 섭취 실천율은 15%였다. 전국 대학생의 과일 및 채소 섭취 실천율은 22%로 보고되었다. 따라서 A 지역 대학생의 과일 및 채소 섭취 부족 문제를 해결하기 위한 사업의 목적과 목표는 다음과 같다.

- 목적 : 사업 대상 지역 대학생들의 과일 및 채소 섭취의 향상
- 목표 : 사업 대상 지역 대학생들의 과일 및 채소 1일 500 g 이상 섭취자 분율을 1년 이내 22%로 증가시킨다.

설정된 목표가 SMART 원칙에 의해서 이루어졌는지 평가한 결과는 다음과 같다.

항목	검토 내용	검토 결과	평가 결과
specific	구체적으로 제시되었는가? (who, what, how much, when)?	누가 : 사업 대상 지역의 대학생 무엇을 : 과일 및 채소 섭취 수준 얼마만큼 : 22% 언제 : 1년 이내	☑ 예 ☐ 아니오 ☐ 보완필요
measurable	측정가능한가?	과일 및 채소 1일 500 g 이상 섭취 여부는 산출 가능	☑ 예 ☐ 아니오 ☐ 보완필요
aggressive & achievable	성취가능하며 성취가능한 적극적인 목표인가?	전국 대학생의 과일 및 채소 1일 500 g 이상 섭취자 분율이 22%이므로 전국 평균 수준으로 설정	☑ 예 ☐ 아니오 ☐ 보완필요
relevant	목적 및 문제 해결과 직접적으로 관련성이 있는가?	과일 및 채소 섭취 향상을 위해 1일 500 g 이상 섭취 항목이 포함되어 있음	☑ 예 ☐ 아니오 ☐ 보완필요
time limited	목표 달성을 위한 기한이 명시되었는가?	1년 이내 목표 달성으로 설정	☑ 예 ☐ 아니오 ☐ 보완필요

3) 목표의 수준과 유형

목표는 사업의 목적과 내용에 따라 수준(위계화)과 유형을 구분하여 설정한다. 목표를 수준과 유형에 따라 구분할 수 있는 분류 기준으로는 건강문제 원인분석 결과에 따라 과정목표, 영향목표, 결과목표로 분류할 수 있고, 투입-산출 모형에 따라 산출목표, 투입목표, 결과목표로 분류할 수 있으며 목표 달성 소요 예상 기간에 따른 단기, 중기, 장기 목표로 분류할 수 있다.

(1) 건강문제 원인분석 결과에 따른 목표 분류

사업의 우선순위 선정과정에서 결정된 건강 또는 영양 문제와 이들 문제에 영향을 미치는 요인들은 문제 또는 요인의 수준에 따라서 결과목표, 영향목표(효과목표), 과정목표로 분류한다. 최종적으로 해결하고자 하는 건강 또는 영양 문제는 결과목표의 대상이 된다. 그리고 건강 또는 영양 문제에 영향을 미치는 요인은 영향목표의 대상이 된다. 예를 들면, 문제 진단 과정에서 사용되었던 이론적 모형 중에서 PRECEDE-PROCEED모델에 의해 선정된 요인 중 행동 또는 환경문제 요인이나 이들 요인에 영향을 미치는 동기부여요인, 강화요인, 가능요인은 영향목표의 대상이 된다. 건강 또는 영양 문제에 영향을 미치는 요인들을 해결하기 위해 활동한 내용에 대한 투입 및 산출의 적절성과 관련된 요인들은 과정목표의 대상이 될 수 있다 표 7-2. 결과목표, 영향목표, 과정목표는 목표 달성 소요 예상 기간에 따른 장기, 중기, 단기 목표와도 연결시켜 설정할 수 있다.

표 7-2 원인분석 결과에 따른 목표 분류

목표 종류	관련 요인	목표 내용	기간에 따른 목표
결과목표	건강 또는 영양 문제	질병 사망률/유병률/발생률 또는 영양문제 크기의 변화	장기(5~10년)
영향목표	행동 또는 환경 문제 동기부여요인, 강화요인, 가능요인	관련 요인의 변화	중기(1~4년)
과정목표	영향요인들을 해결하기 위해 활동한 내용에 대한 양적 수준 또는 투입 및 산출의 적절성	투입자원의 목표량 활동내용의 목표량	단기(일반적으로 1년 이내)

(2) 투입–산출 모형에 따른 목표 분류

투입-산출 모형은 로직모델logic model(논리모형)을 기반으로 한다. 로직모델이란 필요한 활동과 과업들을 수행함으로써 투입된 자원input이 특정한 산출물output과 결과물outcome로 변환된다는 이론이다. 투입-산출 모형을 이용한 목표 설정은 투입목표, 산출목표, 결과목표로 구분하여 기술하고, 이러한 목표들은 사업의 단계별 평가 지표로도 연결되어 활용된다 그림 7-4. 사업에 투입되는 인력, 시간, 돈, 장비, 시설 등 자원의 변화는 투입목표의 대상이 되고, 목적을 성취하기 위한 활동, 이벤트, 서비스, 생산물 등의 사업 결과로 나타나는 활동 크기는 산출목표의 대상이 되며 사업의 결과로 나타나는 건강 수준이나 건강 결정요인의 변화는 결과목표의 대상이 된다. 결과목표는 추가로 목표 달성 소요 예상 기간에 따른 단기, 중기, 장기 목표로도 구분된다. 단기 또는 중기 목표는 건강 또는 영양 문제에 영향을 미치는 행동 또는 환경 요인의 변화를 대상으로 구성하고, 장기 목표는 건강 또는 영양 문제를 개선하는 것으로 구성한다.

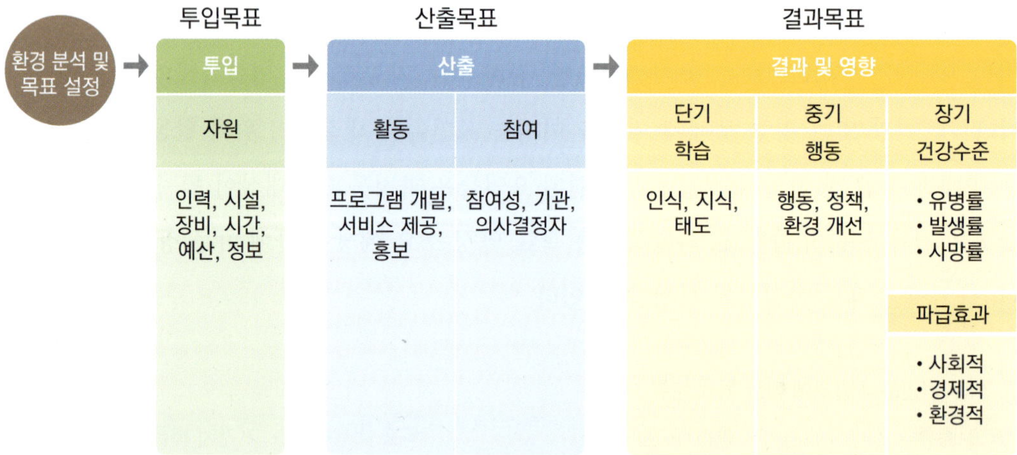

그림 7-4 투입-산출 모형에 따른 목표 분류

더 알아보기 7-5

사례: 투입-산출 모형을 이용한 목표 분류 및 적용 예시

결과outcome목표 : 건강 수준이나 건강 결정요인의 변화
산출output목표 : 의도하는 사업 활동량activity의 크기
투입input목표 : 사업기반 조성에 관한 지표로 인력, 예산, 시설, 장비 등의 변화

〈더 알아보기 7-3〉에서 A 지역 대학생의 과일 및 채소 섭취 부족 문제에 영향을 미치는 요인들 중 해결해야 할 우선 요인으로 선정된 요인들을 중심으로 투입-산출 모형에 적용하여 좀 더 구체적인 목표로 설정하면 다음과 같다.

투입-산출 모형에 따른 목표의 내용

목표 분류	내용
결과목표	과일 및 채소 섭취 증가 과일 및 채소 선택(구매) 증가 가구 내 과일 및 채소의 가용성 증가 지식, 인식, 자아효능감, 선호도의 변화
산출목표	교육 대상자 수, 교육 제공횟수, 참여율, 사업 만족도 등
투입목표	인력, 시설, 예산, 정보

(3) 시간 기반에 따른 목표 분류

목표 달성 소요 예상기간에 따른 목표는 단기, 중기, 장기 목표로 구분한다. 단기 목표는 일반적으로 1년 이내 달성되는 목표이다. 원인분석 결과에 따른 목표 분류에서는 과정목표 또는 지식이나 태도 변화와 같은 영향목표가 여기에 해당되고, 투입-산출 모형에 따른 목표 분류에서는 투입목표, 산출목표, 그리고 결과목표 중에서 단기 결과목표가 이에 해당된다. 중기 목표는 1~5년에 달성되는 목표로 원인분석 결과에 따른 목표 분류에서는 문제행동 개선과 같은 영향목표가 여기에 해당되고, 투입-산출 모형에 따른 목표 분류에서는 결과목표 중에서 중기 결과목표가 이에 해당된다. 장기 목표는 5~10년에 달성되는 목표로 원인분석 결과에 따른 목표 분류에서는 결과목표가 이에 해당되고, 투입-산출 모형에 따른 목표 분류에서는 결과목표 중에서 장기 결과목표가 이에 해당된다.

3. 지역사회 영양사업의 설계

지역사회 영양사업의 목적과 목표를 설정하면, 다음은 사업의 방법과 활동내용을 결정해야 한다. 지역사회 건강 및 영양 문제의 중재를 위해 채택하는 사업방법의 종류로는 영양교육과 상담, 급식이나 식품의 공급, 사회마케팅, 정책변화 등이 있다. 사업의 방법과 활동 내용은 6장에서 소개된 다양한 건강행동 이론과 모델에서 제시하고 있는 중재 수준(개인 내 수준, 개인 간 수준, 지역사회 수준)에서 선택할 수 있다. 사업 방법은 여러 수준에서 선택하여 적용할 수도 있고, 한 가지 수준에서만 선택하여 적용할 수 있다. 표 7-3은 수준별 영양사업의 방법을 요약한 것이다.

표 7-3 중재 수준별 지역사회 영양사업의 방법

단계		사업 방법
개인 내 수준		• 개인의 지식, 태도, 자아효능감, 동기, 기술 등에 대한 교육 및 상담 • 행동 개선을 위한 기술 제공(훈련) • 유인할 수 있는 이익 또는 불이익 제공 • 직접적인 서비스 제공(식품 지원, 급식 지원 등)
개인 간 수준		• 공식 및 비공식 사회적 관계망 내(가족, 친구, 동료 등) 상호 관계, 사회적 지지 활용 • 모델링, 사회 규범의 활용
지역사회 수준	조직 요인	• 조직을 통해 사회규범과 가치를 전달하고 사회적지지 획득의 기회 제공 • 건강을 고려한 의사결정, 건강관련 규범과 가치를 가지는 문화 형성
	지역사회 요인	• 행동 수행을 어렵게 또는 수월하게 하는 사회적 물리적 환경중재 • 지역사회 역량 및 연대 강화 • 특별 이벤트 • 사회마케팅
	정책 요인	• 법, 규제, 정책 개발 및 적용

미국, 영국, 유럽, 호주 등 국가차원에서 공통적으로 운영되었던 국외 지역사회 영양프로그램 중 아동 및 청소년을 대상으로 과일 및 채소 섭취 증진을 위한 영양프로그램(five a day, gimme five 등)이 있다. 이 사업은 매일 다섯 번 이상의 과일과 채소 섭취를 권장하는 프로그램으로 여러 수준에서의 프로그램 방법을 적용하였다. 각 수준별로 대표적으로 적용된 프로그램 방법으로 개인 내 수준에서는 과일과 채

소 섭취에 관련된 지식, 인식, 태도 변화를 위한 영양교육 및 상담을 실시하였다. 개인 간 수준으로는 아동의 부모님과 교사를 대상으로 과일과 채소 섭취 향상을 위한 프로그램을 통해 아동의 롤모델로 활용하여 아동들이 관찰학습을 통해 채소 및 과일 섭취를 늘릴 수 있도록 하거나 부모님과 선생님이 과일 및 채소 섭취를 늘린 아동에게 칭찬과 지지를 하도록 한다. 지역사회 수준으로는 학교의 조직 차원에서 급

더 알아보기 7-6

사례: 중재 수준별 대학생 대상의 지역사회 영양프로그램의 예시

〈더 알아보기 7-3〉에서 A 지역 대학생의 과일 및 채소 섭취 부족에 영향을 미치는 요인들 중에서 지역보건의료계획 접근법PATCH을 이용한 영양프로그램의 우선순위를 선정한 결과는 다음과 같았다.

		변화가능성	
		높음	낮음
문제의 중요성	중요함	과일 및 채소 섭취의 권장섭취량 지식 부족 과일 및 채소 섭취 장점에 대한 인식 부족 과일 및 채소 섭취의 선호도 낮음 건강한 식품 섭취에 대한 자아효능감 부족 식재료를 활용한 조리 기술 부족	과일 및 채소의 음식물 쓰레기 양 과일 및 채소의 상대적인 높은 가격
	중요하지 않음	음식 조리를 위한 시간 부족	가족 및 동료의 식생활

선정된 문제 중에서 가장 우선적으로 해결이 필요한 요인으로는 지식, 인식, 선호도, 자아효능감 부족과 조리기술 부족과 같은 개인 내 수준의 요인이었다. 따라서 개인 내 수준의 문제 요인을 해결하기 위한 영양프로그램으로는 과일 및 채소 섭취를 증가시키기 위해 지식, 인식, 선호도를 개선하기 위한 이론적 교육과 상담 프로그램을 설계하고, 식재료를 활용한 조리기술을 늘리기 위해 조리역량강화 훈련 프로그램을 설계할 수 있다.

다음으로 높은 우선순위를 보인 문제 요인은 주로 환경 요인이었는데, 음식 조리를 위한 시간 부족의 문제 원인을 해결하기 위해서는 개인 수준에서는 시간관리방법을 교육해 줄 수 있고, 지역사회 수준에서 공동체 식당을 운영하는 프로그램을 설계할 수 있다. 음식물 쓰레기의 양을 감소시키기 위해서는 음식물 쓰레기 처리기기를 지원하는 프로그램을 설계할 수 있다. 상대적인 식재료의 높은 가격은 정책적으로 과일 및 채소의 가격 안정화를 위한 시스템을 개발하는 프로그램을 포함하여 설계할 수 있다.

수준별 프로그램은 동시에 같이 진행할 수도 있으나 단계별로 진행할 수도 있다. 단계별로 진행할 경우 우선순위가 높았던 개인 내 수준에서의 프로그램을 먼저 진행하고, 이후 지역사회 수준의 프로그램을 진행할 수 있다.

식으로 과일 및 채소를 자주 제공하고, 모든 교과목에 과일과 채소 섭취를 높일 수 있는 사례들을 적용하도록 하는 교내 규정 등을 만들 수 있다. 좀 더 포괄적인 지역사회 수준에서의 사업방법으로는 대중매체 등을 활용한 사회마케팅을 실시하거나 과일과 채소가 안정적으로 적정한 가격으로 공급될 수 있는 유통시스템을 마련한다. 국가적으로는 학교급식에 과일과 채소의 제공 기준(제공 횟수, 제공량 등)을 법제화하거나 가구의 사회경제적 수준에 따른 과일 및 채소의 식품지원 제도를 마련한다.

활동해 보기

[1] 생애주기별로 해결해야 할 건강 또는 영양 관련 문제를 선정해 보자.

[2] PRECEDE-PROCEED모델을 근거로 하여 문제 원인을 진단해 보자.

[3] 문제해결을 위한 사업의 목적과 목표를 설정하고 영양프로그램을 설계해 보자.

활동지 문제진단 1) 지역사회 건강관련 문제 우선순위 결정

• 다음 자료들을 근거로 우선적으로 해결해야 할 건강 관련 문제를 선정하시오.

건강문제	지표	국민건강영양조사 및 사망원인통계	
		현재	최근 10년간 추세
비만	비만유병률(만30세 이상)(%)		
	남자	43.1	증가
	여자	27.4	감소
고혈압	고혈압 유병률(만30세 이상)(%)		
	남자	31.1	유지
	여자	22.8	유지
	질환 원인별 사망률(인구 10만명당 명)	11.0	증가
당뇨병	당뇨병 유병률(만30세 이상)(%)		
	남자	14.0	유지
	여자	9.5	유지
	질환 원인별 사망률(인구 10만명당 명)	15.8	증가
이상지질혈증	고콜레스테롤혈증 유병률(만30세 이상)(%)		
	남자	21.0	증가
	여자	23.1	증가

BPRS [Basic Priority Rating System)를 활용한 문제 우선순위 결정

건강 관련 문제	문제 크기 (A)	심각도 (B)	중재 효과 (C)	계산 (A+2B)×C	순위

활동지 문제진단 2) **문제 요인에 대한 우선순위 결정**

- PPRECEDE–PROCEED모델을 활용하여 선정된 건강관련 문제에 영향을 미치는 요인 목록 선정하기

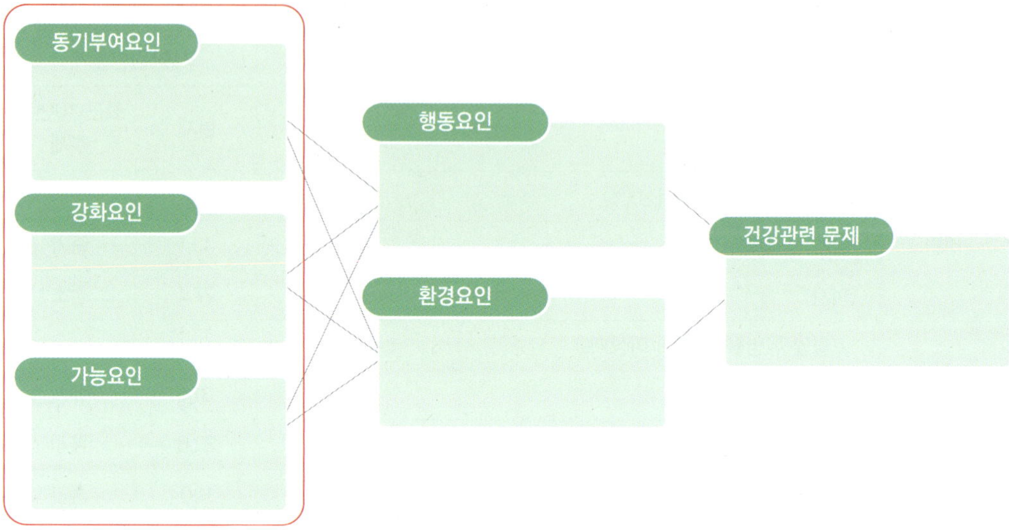

- PPRECEDE–PROCEED모델에 선정된 영향요인(경향요인, 강화요인, 가용요인) 중 PATCH 모형을 활용한 우선순위 요인 결정하기

	변화가능성 높음	변화가능성 낮음
중요성 높음	우선순위 높음	혁신적 시도
중요성 낮음	변화결과 가시화 목적	시도하지 않음

활동지 계획 1) 목표 설정 및 평가

• **원인분석 결과에 따른 목표 설정**

목표 종류	관련요인	목표 내용	목표 작성
결과목표	건강 또는 영양 문제	질병 사망률/유병률/발생률 또는 영양문제 크기의 변화	
영향목표	행동 또는 환경 문제 동기부여요인, 강화요인, 가능요인	관련 요인의 변화	
과정목표	영향요인들을 해결하기 위해 활동한 내용에 대한 양적 수준 또는 투입 및 산출의 적절성	투입자원의 목표량 활동내용의 목표량	

• **SMART 기반의 목표 평가**

◎ 대상자 :

◎ 주제 :

◎ 목적 :

◎ 목표 :

※ 목표 설정에 대한 평가(SMART)

항목	검토 내용	평가 결과
Specific	구체적으로 제시되었는가? (who, what, how much, when)	☐ 예 ☐ 아니오 ☐ 보완필요
Measurable	측정가능한가?	☐ 예 ☐ 아니오 ☐ 보완필요
Aggressive & achievable	성취가능하며 전향적인가?	☐ 예 ☐ 아니오 ☐ 보완필요
Relevant	목적 및 문제 해결과 직접적으로 관련성이 있는가?	☐ 예 ☐ 아니오 ☐ 보완필요
Time limited	목표달성을 위한 기간이 명시되었는가?	☐ 예 ☐ 아니오 ☐ 보완필요

활동지 계획 2) 지역사회 영양사업의 설계

• 중재 수준별 지역사회 영양사업의 방법

단계		사업 방법
개인 내 수준		
개인 간 수준		
지역 사회 수준	조직 요인	
	지역사회 요인	
	정책 요인	

지역사회 영양사업의 실행과 평가

Chapter 8

Chapter

8

학습목표

1. 영양프로그램의 실행계획을 작성할 수 있다.
2. 영양프로그램 평가의 목적을 이해할 수 있다.
3. 영양프로그램의 평가 유형별 평가 내용 및 지표를 기술할 수 있다.
4. 영양프로그램 평가 계획을 수립하기 위해 PRECEDE-PROCEED모델, 로직모델 등을 활용할 수 있다.
5. 영양프로그램 평가의 실행 과정을 이해할 수 있다.

실행이란 계획에 따라 사업 참가자를 대상으로 활동을 전개하여 의도한 목표를 달성하는 과정이며, 평가는 목표를 어느 정도 달성하였는지 결정하는 과정이다. 이 장에서는 지역사회 영양사업의 프로그램 단위에서 실행과 평가를 다루고자 한다. 좁은 의미에서 실행은 프로그램을 매개로 프로그램의 공급자와 참가자 간의 상호작용을 통해 프로그램의 활동이 직접 전개되는 과정이다. 그러나 넓게는 프로그램 수행을 위한 운영조직 편성, 참가자 모집과 같은 프로그램 수행 전 단계와 수행 후 결과 정리, 평가, 결과보고서 작성까지의 전 과정을 포함하기도 한다. 실제로 평가는 프로그램을 실행한 후에만 이루어지는 것이 아니라 프로그램 수행 전의 준비상태, 수행과정, 수행결과의 전 과정에 걸쳐 이루어지기 때문에 시간적인 순서에 따라 실행과 평가를 구분하기는 어렵다.

1. 영양프로그램의 성공요소와 실행 전략

영양프로그램의 성공적인 수행을 위해서는 다음과 같은 요소들이 충족되어야 한다.

- 영양프로그램의 목적과 목표가 분명해야 한다.
- 단순한 지식이 아닌 실행능력과 같은 기능적인 부분까지 통합적으로 다루어야 한다.
- 영양프로그램 참가자들의 자발성이 요구된다.
- 영양프로그램 운영주체들은 환경의 변화에 따라 융통성 있게 대응하여야 한다.
- 전략적으로 기획한 영양프로그램의 요소들을 잘 관리할 수 있어야 한다.

그러나 영양프로그램이 성공한다는 것은 의도한 목표를 달성하는 것에서 그치지 않는다. 이보다 더 나아가 영양프로그램이 지속성을 가지고 수행됨으로써 더 많은 참가자들에게 긍정적인 결과를 가져올 수 있다. 영양프로그램이 일회성으로 끝나지 않고 지속성을 가지기 위해서는 영양프로그램의 관리뿐 아니라 예산의 확보와 사회정치적인 측면에서의 지지, 지역사회의 연대와 참여, 영양프로그램의 수행 조직과 시설 장비와 같은 하드웨어적 요소의 안정적인 확보가 요구된다. 이를 위한 전략적 접근으로 다음과 같은 접근방법이 필요하다.

- 사전에 구체적인 실행계획이 마련되어야 한다.
- 수혜자 중심의 접근방법이 요구된다.
- 지역사회의 특성을 이해하여 문화적으로 수용 가능한 영양프로그램을 개발하고, 행동변화를 촉진할 수 있도록 적절한 이론과 모델(예: 혁신확산모델)을 적용한다.
- 문제를 공통의 관심사로 인식하여 자발적으로 참여할 수 있도록 지역사회를 조직하고, 이해관계자의 협력체계를 통해 다분야 전문가와 관련기관의 자원을 충분히 활용한다.
- 이해관계자들의 역량 강화로 문제해결력이 향상될 수 있도록 지역사회를 구축한다.
- 영양프로그램의 실행을 관리함에 있어 적절한 권한 분산과 위임이 필요한데, 특히 영양사를 중심으로 한 책임과 권한의 위임이 필요하다.

2. 영양프로그램의 실행계획과 관리

영양프로그램이 성공을 거두기 위해서는 실행에 앞서 목표달성을 위해 기획한 전략들이 잘 실현될 수 있도록 구체적인 실행계획을 수립하고 이에 따라 영양프로그램을 관리하는 과정이 필요하다. 로직모델을 이용하면 영양프로그램 구성요소를 체계화하여 실행전략을 수립하는데 도움이 될 수 있다. 그림 8-1은 지역 보건소 영양사의 상담역량 강화 프로그램을 개발하고, 실행계획 수립에 앞서 로직모델을 이용하여 프로그램의 구성요소를 체계화한 것이다. 이는 지역 보건소에서 관내 청년들의 영양문제로 나타난 불규칙한 식습관을 개선하여 건강을 증진하기 위한 영양사업의 일환으로 시행되는 것을 가정한 것이다. 지역 보건소 영양사들의 서비스 제공 역량을 향상하여 지역사회 청년대상 건강증진 프로그램의 성과가 축적됨으로써 궁극적으로 청년들의 건강증진이라는 장기적 결과를 기대할 수 있을 것이다.

목적 : 지역 보건소에서 관내 청년들의 불규칙한 식습관 개선을 위한 서비스 제공역량을 향상시켜 청년의 건강증진에 기여한다.
목표 : 교육프로그램 종료 후 당해년도의 표준화된 교육프로그램을 계획하고 시행할 수 있다.

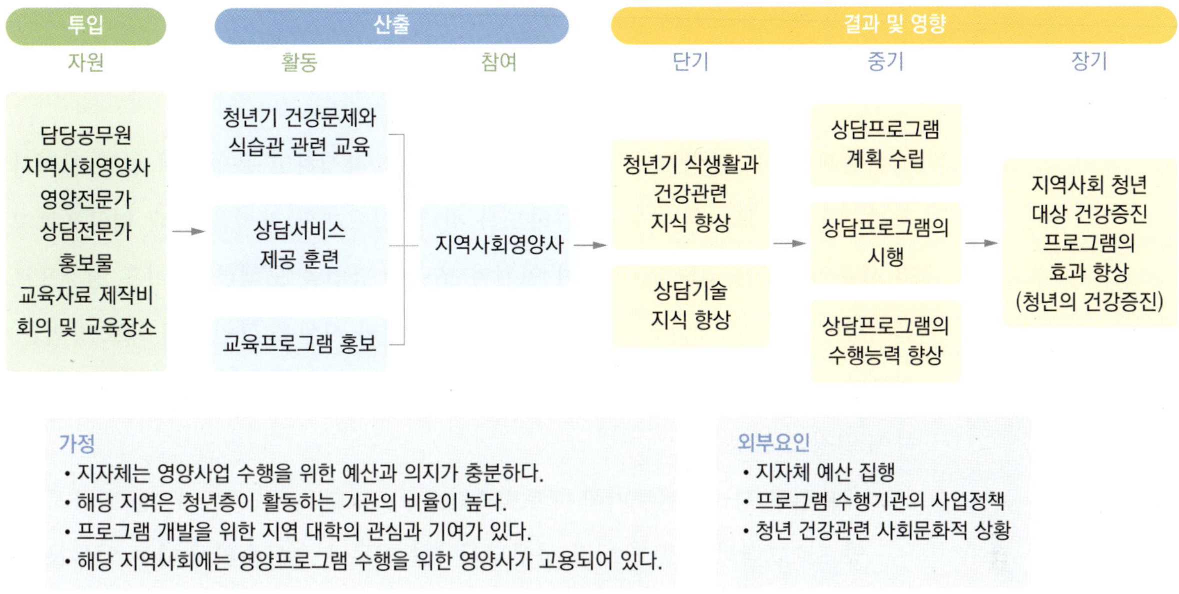

그림 8-1 로직모델을 이용한 영양프로그램 구성요소 체계화

1) 영양프로그램 실행계획

실행계획에는 업무내용, 구성원의 역할, 수행기간 중 업무별 일정과 소요예산을 포함하며, 세부적인 내용별 수행방법을 명시한 실천방안을 제시한다. 영양프로그램의 실행계획은 다음과 같은 기능을 위해 필요하다.

(1) 실행계획의 필요성

- 영양프로그램 참여자들 간의 협의 및 상호 이해
- 단계별 구체적 업무를 성공적으로 추진하기 위한 방안
- 업무순서 및 우선순위 결정
- 순차적으로 수행할 업무의 고찰과 평가
- 전체 영양프로그램 수행기간의 예측

- 영양프로그램 지연 시 원인분석의 근거
- 업무수행을 위한 자원의 적정배분

(2) 실행계획서의 작성

실행계획서는 영양프로그램 담당자가 초안을 작성하고 운영진이 함께 참여하여 전체 계획을 검토 후 수정·보완하도록 한다. 실행계획 작성을 위해 영양프로그램별 세부업무를 정리하고, 필요한 인원과 조달할 방법을 모색한다. 이후 영양프로그램 추진에 필요한 예산을 수립하고, 필요한 장비와 시설을 확인하여 확보 방법을 마련한다. 그리고 영양프로그램의 준비와 실행 과정의 업무순서와 소요시간을 예측하여 일정을 결정한다.

- 세부업무 정리 : 업무기획 매트릭스activity planning matrix 그림 8-2를 활용하여 영양프로그램의 실행 단계별 선행되어야할 업무나 우선순위에 따른 업무를 체계적으로 분류할 수 있고, 의사결정나무decision tree 그림 8-3는 구체적인 절차를 계획하는 데 이용할 수 있다.

단계	연번	선행업무 또는 업무 우선순위				
		1	2	3	4	5
준비	1					
	2					
	3					
	4					
	5					
실행	6					
	7					
	8					
	9					
	10					
평가	11					
	12					
	13					
	14					
	15					

그림 8-2 단계별 업무기획 매트릭스

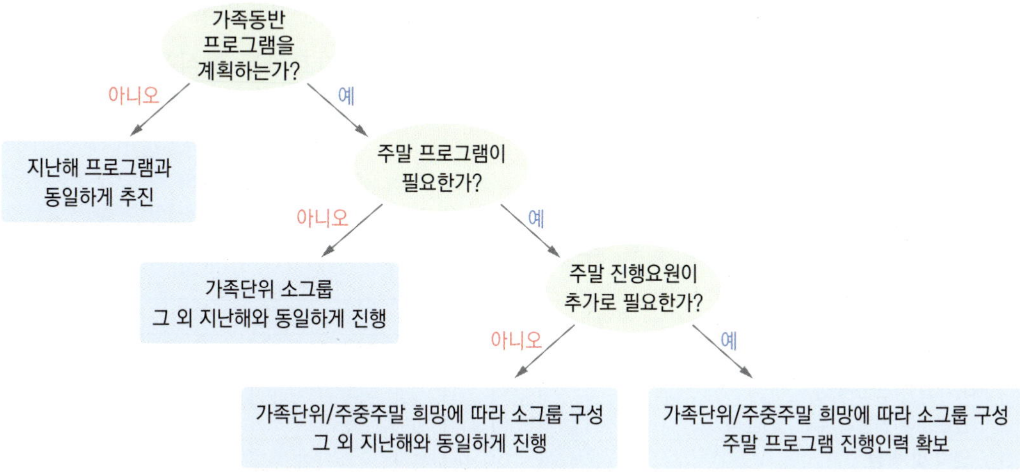

그림 8-3 의사결정나무

- 실행계획서 작성 : 실행계획서의 구체적인 내용은 그림 8-4와 같은 서식을 활용할 수 있으며, 구체적인 추진일정을 포함한다.

실행계획서

프로그램명 : 대학생의 따뜻한 밥상

우선순위 : 1순위

책임자 : 김영양

최종검토일 : 2021. 08. 19

단계	내용	담당자	예산	장비/시설	일정		비고
					착수일	완료일	
준비	메뉴개발 자문단 구성	박기혁	3,000,000	-	210615	210630	
	메뉴개발	이맛나	5,000,000	조리실	210701	210731	
	예약 앱 개방	서제작	2,000,000	외부 제작	210701	210815	
	판매카트 제작	서제작	2,000,000	외부 제작	210715	210815	
	도시락 용기 구매	장구매	2,000,000	-	210801	210810	
	홍보물 제작	박기획	1,000,000	외부 제작	210801	210820	
	판매원 모집	박기획	300,000	온라인 구인	210801	210820	
	모의시행	박기획	1,000,000	회의실/조리실	210821	210831	

그림 8-4 영양프로그램 실행계획서 예시

• 추진일정표 : 영양프로그램 실행기간을 정하고 세부업무별로 시행시기를 나타낸다. 세부업무별 소요기간을 막대로 표시하는 간트차트 형식을 활용할 수 있다 그림 8-5.

추진일정표

세부계획	소요기간(월)											
	1	2	3	4	5	6	7	8	9	10	11	12
메뉴개발 자문단 구성												
관련분야 전문가 추천 및 탐색	■											
연락 및 확정	■											
메뉴개발												
재료구입		■										
실험조리		■										
관능평가		■										
예약 앱 개발												
서비스요소 구성		■										
제작		■	■									
도시락 용기 구매			■									
홍보물 제작			■									
판매원 모집			■									
모의시행												

그림 8-5 간트차트를 이용한 추진일정표 작성

2) 영양프로그램의 관리

영양프로그램의 관리는 프로그램의 준비단계와 실시단계로 나누어 이루어진다. 먼저 준비단계에서는 프로그램 수행을 위한 준비상황을 점검, 정비, 확인하는 과정이 필요하고 실시단계에서는 프로그램의 운영과 함께 운영과정 중 발생할 수 있는 위기상황에 대한 대응이 필요하므로 사전에 발생가능한 문제점을 예측하여 대응할 수 있는 해결방안을 준비하도록 한다.

(1) 준비단계의 관리

- 운영 계획 점검 : 자체운영이나 위탁 등 운영주체 결정 및 역할 분담, 점검에 따른 계획 보완
- 실행 기반 조성 : 담당자 지정 및 업무의 책임과 권한 명시(지침서와 서식 마련), 예산 및 소요 자원(인력, 장비, 시설) 확보, 업무별 예산 배분, 장비와 시설 정비, 인력 훈련
- 참가자 모집 : 홍보, 안내서 발송 등

(2) 실시단계의 관리

- 영양프로그램의 운영 및 모니터링 : 일정에 맞는 진행상황 확인
- 위기대응 : 영양프로그램을 운영하는 과정에서 문제가 발생하면 사전에 수립한 문제별 대응방안을 기초로 상황에 따라 유연하게 대처함

3. 영양프로그램의 평가 계획

1) 평가의 개념 및 내용

(1) 평가의 개념 및 목적

영양프로그램의 평가는 영양프로그램의 목표를 어느 정도 달성하였는지 결정하는 과정이다. 또한 영양프로그램의 과정 및 결과를 평가하는 것은 프로그램의 효율적 운영을 도모하며, 프로그램의 효과를 높이는 데 중요한 역할을 한다. 따라서 영양프로그램을 계획하는 과정에서 평가에 대한 계획도 함께 수립되어야 하며, 이를 바탕으로 영양프로그램의 평가가 적절히 실행되어야 한다.

① 평가의 개념

영양프로그램 평가의 개념은 보건사업 프로그램의 평가 개념과 유사하다고 볼

수 있으며, 이는 사업에 관한 의사결정을 지원하기 위해 체계적으로 정보를 수집, 분석, 보고하는 일련의 과정으로 정의되었다. 영양프로그램의 평가는 계획 시 설정한 목적 및 목표를 달성하였는지 파악하고, 기존의 프로그램을 수정 또는 보완하기 위해서 반드시 필요하다. 따라서 평가는 영양프로그램이 종료된 이후에만 수행하는 것이 아니라 영양프로그램의 전 과정에 걸쳐 진행될 수 있다. 영양프로그램의 평가를 위해서는 평가의 유형 및 내용, 지표에 따라 어떤 정보를 어떻게 수집하여 분석할 것인지 미리 계획한 뒤, 프로그램의 실행 중 또는 실행 후에 여러 가지 종류의 정보를 수집하여 분석하며, 얻어진 결과를 활용하여 프로그램에 대한 보다 체계적인 의사결정을 할 수 있다.

② 평가의 목적

영양프로그램을 평가하는 목적은 다양하다. 영양프로그램의 목적과 목표를 달성하였는지 확인하기 위한 목적뿐만 아니라 예산 대비 영양프로그램의 성과가 어느 정도 인지 파악하거나 프로그램의 개선 방향은 무엇인지를 파악하기 위해 평가를 수행할 수도 있다. 영양프로그램을 수행하는 동안 계획대로 적절히 자원이 활용되었는지 평가하거나 프로그램의 내용, 활동, 운영 등이 계획대로 수행되었는지도 평가할 수 있다. 이를 통해 프로그램 운영의 효율성을 파악하며, 향후 수행할 프로그램에 필요한 자원을 계획하고, 분배하는 데에도 평가 결과를 활용할 수 있다. 또한 영양프로그램이 계획대로 진행되지 않을 시 원인을 찾아 수정할 수 있다. 따라서 평가 결과는 계속하여 축적 및 관리되어야 하며, 평가의 목적에 따라 평가 내용 및 방법, 평가 지표 등이 달라질 수 있다.

영양프로그램 평가의 주요한 목적은 아래와 같다.

- 영양프로그램의 목적 및 목표 달성 파악
- 영양프로그램이 계획대로 수행되었는지 확인
- 영양프로그램에 투입된 자원 활용의 적절성 및 효율성 파악
- 영양프로그램의 개선 방안 및 새로운 프로그램 계획을 위한 정보 제공
- 영양프로그램의 성패를 확인하고, 원인 분석
- 영양중재의 효과에 대한 새로운 지식이나 근거 마련

(2) 평가의 유형 및 내용

영양프로그램의 목적과 방향에 따라 평가의 유형 및 내용이 달라질 수 있으나 대체로 평가의 유형을 구조평가, 과정평가, 결과평가로 나누며, 구조평가는 투입에 대한 평가, 과정평가는 활동 및 산출 영역에 대한 평가, 결과평가는 결과 및 영향에 대한 평가로 볼 수 있다. 이에 따라 주로 구조평가와 과정평가는 영양프로그램 운영의 효율성을 높이고, 결과평가는 영양프로그램의 효과를 검증하기 위해 실시한다.

① 평가의 유형

- 구조평가structure evaluation : 영양프로그램을 수행하는 동안 투입된 자원에 대한 정보를 수집하여 계획한 대로 자원이 활용되었는지 또한 적절한 시기에 적절한 정도의 자원이 활용되었는지를 평가한다. 이를 통해 인적·물적 자원의 사용, 시설이나 장비, 공간 등의 확보 및 적절성을 평가한다.
- 과정평가process evaluation : 영양프로그램이 수행되는 동안 프로그램의 내용, 활동, 운영 등이 계획대로 수행되었는지 평가한다. 과정평가를 통해 프로그램 운영의 효율성을 파악하며, 영양프로그램이 계획대로 진행되지 않을 시 원인을 찾아 수정할 수 있다. 또한 과정평가는 프로그램 내용의 적합성 및 서비스의 질을 평가하며, 대상자들이 중재 과정에 어떻게 참여하고 받아들이는지도 확인할 수 있다. 프로그램에 참여한 인원 수, 프로그램의 내용 및 진행 횟수와 방법, 프로그램에 대한 만족도, 영양프로그램의 홍보 과정 등에 대한 평가가 포함된다.
- 결과평가outcome evaluation : 영양프로그램으로 인해 나타나는 결과나 영향, 파급효과에 대한 평가이다. 즉 영양프로그램의 목적과 목표가 달성되었는지에 대한 평가로서 영양문제와 관련한 지식, 인식이나 태도, 동기부여요인 등의 변화, 식행동에 영향을 미치는 요인의 개선, 식행동 및 식습관의 개선, 영양문제의 해결, 영양 및 건강 상태 개선 등을 평가한다.

② 평가의 내용

로직모델에 기반하여 투입, 산출, 결과 측면에서 평가의 내용을 고려할 수 있다.

- 투입inputs : 구조평가의 요소들이며, 투입 요소들이 영양프로그램의 계획에 따라 적절히 활용되었는지 평가한다. 인력, 시간, 예산, 재료, 공간, 시설 및 장비, 조직구조 등
- 산출outputs : 과정평가의 요소들이며, 사업의 목표 달성을 위해 수행한 프로그램의 활동, 내용을 평가한다. 프로그램의 진행 정도, 프로그램의 내용 및 전달 방식의 적절성, 서비스의 질, 담당자의 적합성, 대상자의 참여도 및 만족도 등
- 결과outcomes : 결과평가의 요소들이며, 대상자에게서 나타나는 단기, 중기, 장기 결과로 나눌 수 있다. 영양 지식 및 태도 변화, 식행동 변화, 생화학적 결과, 건강 상태 개선 등

(3) 평가의 지표 및 측정

정확한 평가를 위해서는 적절한 평가 지표 및 측정 도구를 개발 또는 선택해야 한다.

① 평가 지표의 조건

평가를 통해 측정하고자 하는 것, 즉 알고 싶은 내용의 정보를 지표라고 할 수 있다. 평가 지표가 갖추어야 하는 몇 가지 조건은 아래와 같다.

- 관찰 및 측정이 가능해야 한다.
- 측정하고자 하는 바를 정확하고, 민감하게 측정하여야 한다(더 알아보기 5-6 참고).
- 모든 사람이 지표가 무엇을 의미하는지 동일하게 이해할 수 있어야 하며, 명확하고 구체적이어야 한다.
- 유용하게 활용될 수 있어야 한다.
- 적시에 측정이 가능하며, 경제적이어야 한다.
- 윤리적이어야 한다.

② 평가 지표의 종류

- 구조평가의 지표 : 인력 활용(투입 인력 수, 교육훈련 이수자 수, 최소 배치 기준 충족 정도), 예산(사업 예산, 활동별 예산, 교육훈련을 위한 예산), 시설 및 장비의 보유 수 등

• 과정평가의 지표 : 영양프로그램의 도달 범위(인원 수, 의도된 대상에게 제공되었는지 여부), 대상자 만족도(프로그램의 내용이나 전달 방식 등에 대한 만족도, 프로그램의 유용도, 보완할 점 등), 영양프로그램의 충실도(계획한 내용 및 자료 등을 얼마나 전달하였는지, 영양프로그램을 설계한 대로 실행했는지, 대상자의 수용도 등) 등

• 결과평가의 지표 : 영양 지식 및 태도의 변화, 식행동의 변화, 생화학적 수치, 건강 수준(질병 발생, 유병률, 사망률) 등

③ 평가 지표 측정을 위한 조사 설계

영양프로그램의 효과effectiveness를 평가하기 위해 평가 과정에서 다양한 지표를 측정한다. 이러한 평가 지표를 측정하기 위한 조사의 설계 방법은 아래와 같다 그림 8-6.

• 진실험설계true experimental design : 진실험설계의 대표적 방법은 무작위비교실험randomized controlled trial, RCT이다. 즉 대상자를 실험군(중재군)과 대조군(비교군)으로 무작위 배정한 뒤, 사업 후 그 효과를 비교하는 방법이다. 사업 전후 동일한 기간 및 강도로 두 집단 모두에 대해 평가를 실시한다. 이 설계 방법은 무작위 배정에 따라 사업의 효과에 영향을 줄 수 있으나 측정할 수 없는 변수들을 통제하여 사업의 효과를 적절히 측정할 수 있다. 또는 무작위 배정한 실험군과 대조군에 대해 사후 평가만 실시하는 조사 설계도 있다.

• 준실험설계quasi-experimental design : 진실험설계가 무작위 배정과 대조군의 두 가지 요건을 갖추고 조사하는 설계 방법이라면, 준실험설계는 이러한 요건을 갖추지 못한 설계이다. 사업에 참여하는 집단과 사업에 참여하지 않는 유사한 집단을 무작위 할당이 아닌 다른 방법으로 구성하여 사업 전후 평가를 실시하는 비교(유사) 집단 사전사후비교 방법이 해당된다. 이때 유의할 점은 실험 집단과 비교 집단의 특성을 비교 가능한 수준으로 구성하는 것이다. 또한 실험군이나 실험군과 비교군 모두에서 연구 대상에 대한 반복적인 측정을 통해 변화를 살피는 시계열 설계도 있다.

• 전실험설계pre-experimental design : 다른 비교 집단이 없이 단일 집단에서 사후 평가를 실시하거나 사전사후 비교 평가를 실시하는 방법이 해당된다. 또한 비교 집단이 있으나 사후 조사만 실시하는 조사 설계도 있다. 따라서 전실험설계

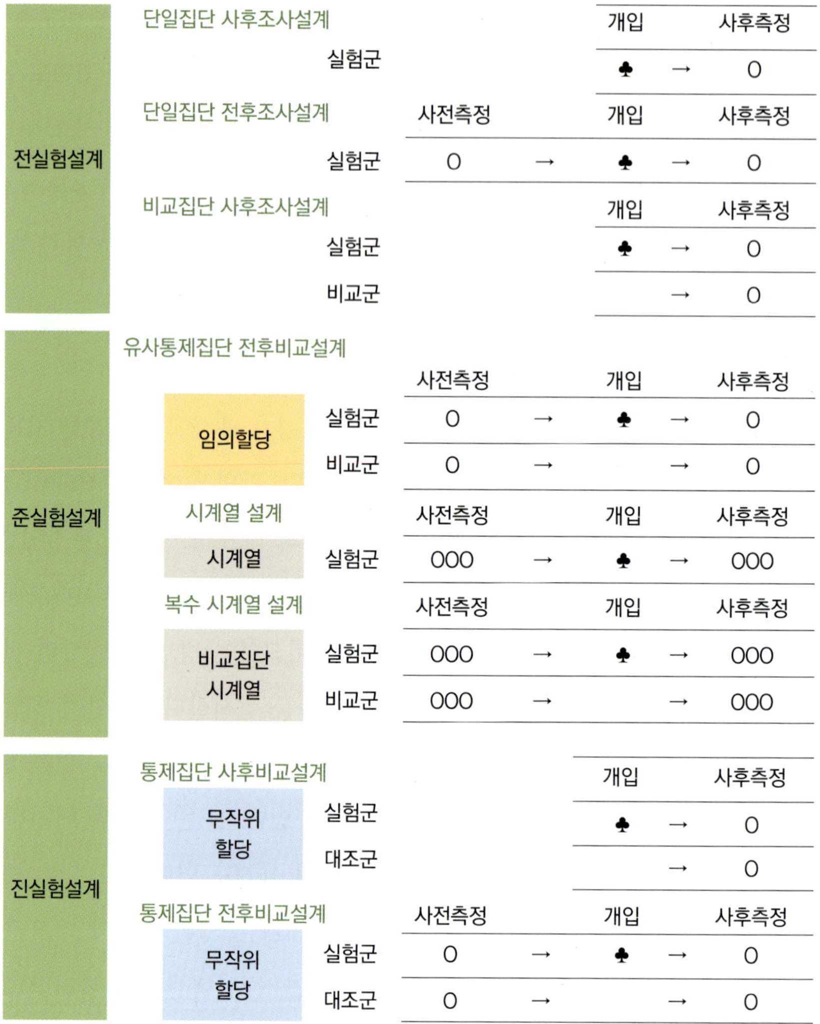

그림 8-6 평가 지표 측정을 위한 조사 설계 비교

는 사업 효과의 인과관계를 설명하기에 한계가 있으며, 인과적 추론을 위해서는 진실험설계 또는 준실험설계가 필요하다.

- 비실험설계non-experimental design : 조사자의 중재 조작이 어려운 경우 비실험설계를 통한 조사를 수행하기도 한다. 이는 역학연구 설계의 관찰연구에 해당하는 것으로 조사자의 노출 요인에 대한 개입 없이 수행되는 조사 설계이다. 역학연구 설계에서 관찰연구는 기술역학연구와 분석역학연구로 나누는데, 이

에 대한 자세한 내용은 5장의 3. 지역사회 건강 및 영양 문제 진단을 위한 연구 방법 부분을 참고한다.

- 정성적 설계 : 정성적 설계는 대상자에 대한 관찰이나 인터뷰, 포커스 그룹, 기록 등을 통해 대상자에게 나타나는 변화 및 영향을 보다 심층적으로 조사하는 방법이다.

2) 모델을 활용한 평가의 계획

영양프로그램의 평가 계획을 수립할 때 모델을 활용하면 보다 체계적이고, 효율적으로 평가를 계획하고, 실행할 수 있다.

(1) PRECEDE-PROCEED모델

PRECEDE-PROCEED모델에서 PRECEDE의 단계를 통해 요구진단을 마치면 PROCEED의 단계에서는 영양프로그램의 실행과 평가가 이루어진다. 이 모델의 5단계(과정평가), 6~8단계(단기, 중기, 장기 결과평가)가 평가 단계에 해당한다. 과정평가는 계획된 영양프로그램의 내용에 따라 프로그램이 진행되었는가에 대한 평가로, 프로그램을 통해 제공된 활동들, 그리고 대상자들의 반응을 평가할 수 있다. 결과평가는 대상자의 건강 상태에 영향을 끼칠 수 있는 행동이나 행동의 동기부여요인, 강화요인, 가능요인, 또는 식생활 및 영양 상태나 관련 있는 환경적 요인에 대한 영양프로그램의 효과를 평가한다. 또한 결과평가는 영양프로그램의 목적 및 목표와 관련된 건강 수준이나 삶의 질을 나타내는 지표들의 변화를 평가한다. 이를 통해 해당 영양프로그램의 효과성 및 효율성을 평가할 수 있다.

(2) 로직모델

로직모델은 영양프로그램의 평가를 계획하고, 그에 따라 실행하는데 유용하게 활용할 수 있다. 로직모델은 영양프로그램의 투입, 활동, 산출, 결과(단기, 중기, 장기)의 요소들을 도식적으로 기술할 수 있으며, 영양프로그램에 투입된 자원과 활동을 통한 단기, 중기, 장기적 효과를 논리적으로 설명한다. 로직모델에 기반하여 영양프로그램의 진행 시기에 따라 구조평가, 과정평가, 결과평가를 계획할 수 있다. 구조평가는 영양프로그램을 실행하기 전 자원의 투입에 대해 평가하는 것으로 인력이나 예산, 시설이나 장비의 적절성 등을 평가한다. 과정평가는 영양프로그램이 진행되는 동안 수행하는 평가로, 프로그램의 진행 정도, 대상자의 참여, 프로그램의 홍보, 프로그램 내용의 질적 수준 및 만족도 등에 대해 평가한다. 결과평가는 영양프로그램 종료 후 그 효과 및 영향을 측정하는 것으로, 대상자에게 나타나는 단기, 중기, 장기적 변화뿐만 아니라 지역사회에 미치는 파급효과까지 평가한다 그림 8-7.

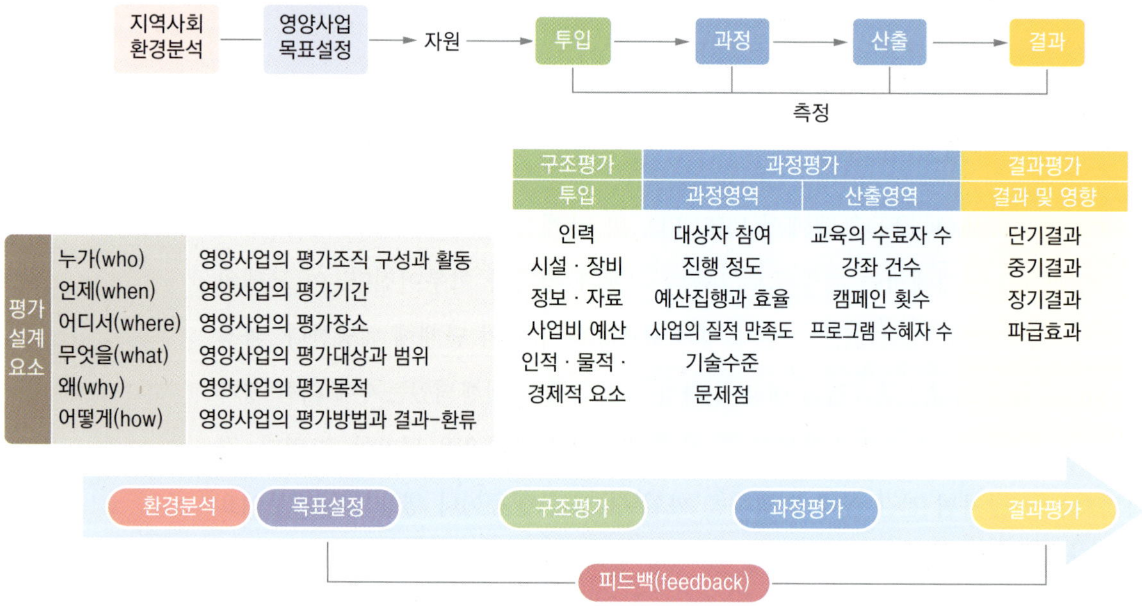

그림 8-7 로직모델을 활용한 평가의 계획

(3) 비용편익분석/비용효과분석 모델

영양프로그램의 경제성을 평가하기 위하여 비용편익분석cost-benefit analysis, CBA 모델 또는 비용효과분석cost-effectiveness analysis, CEA 모델의 활용이 가능하다.

비용편익분석은 투입된 비용과 산출된 결과를 모두 비용, 즉 화폐단위로 측정, 평가한다. 비용편익분석은 영양프로그램의 결과로 발생한 효과가 다양한 형태로 나타날 때 이를 동일한 단위인 화폐단위로 전환하여 비교하며, 또한 서로 다른 종류의 영양프로그램에 대한 효과 비교가 가능하다. 예를 들어, 만성질환 예방을 위한 영양교육, 운동 처방, 금연 프로그램 등을 실시하였을 때, 투입 비용에 대해 편익이 가장 높은 프로그램을 분석할 수 있다. 그러나 영양프로그램의 효과를 비용으로 환산하기 어려운 경우에는 제약이 있을 수 있다.

비용효과분석은 투입한 비용을 화폐단위로 계산하고, 산출 결과는 영양프로그램의 효과로 측정하여 평가한다. 경제성을 평가하는 방법 중 가장 간단하면서도 보편적으로 사용하는 방법으로, 영양프로그램의 결과를 화폐단위로 환산하지 않고 평가하며 비용의 측정이 어려울 수 있는 영양프로그램의 경제성 평가에 활용할 수 있다. 투입한 비용에 비해 효과가 큰 프로그램을 평가하기 위해 사용하며, 프로그램 간 비교 또는 우선순위를 결정할 수 있다.

4. 영양프로그램의 평가 실행

1) 평가의 실행 원칙

영양프로그램의 평가는 평가의 목적을 분명히 하며 평가 결과를 누가, 어떻게 활용할 것인지 고려하여 수행해야 한다. 또한 이해관계자의 관심 부분이 반영되도록 하며, 수집할 수 있는 자료의 종류 및 양, 평가에 활용할 수 있는 자원이나 인력, 일정 등을 고려하여 실행되어야 한다. 효과적인 평가를 실행하기 위해서는 아래와 같은 평가의 원칙을 고려해야 한다.

- 평가의 목적이 명확해야 한다.
- 사업과 관련한 이해관계자에 의해 실행되어야 한다.
- 평가는 영양프로그램의 전 과정에 걸쳐 연속적으로 실행해야 한다.
- 영양프로그램의 전 과정을 포괄적으로 평가해야 한다.
- 평가 지표 및 도구는 타당성과 신뢰성이 높아야 한다.

- 평가 지표의 측정 기준을 분명하게 명시해야 한다.
- 평가 결과는 영양프로그램의 향상 및 보완을 위해 반영되어야 한다.
- 평가 결과에 대한 보고서는 누구든지 쉽게 이해하고, 활용할 수 있도록 작성되어야 한다.

2) 평가의 실행 과정

미국 질병통제예방센터CDC에서 제시한 보건사업 프로그램 평가의 실행 과정을 영양프로그램의 평가 실행에 적용할 수 있다. 그 과정은 ① 이해관계자의 참여 → ② 영양프로그램에 대한 기술 → ③ 평가 설계 → ④ 자료 수집 및 분석 → ⑤ 결론 도출 → ⑥ 평가 결과의 활용 및 공유, 총 6단계로 구성된다 그림 8-8.

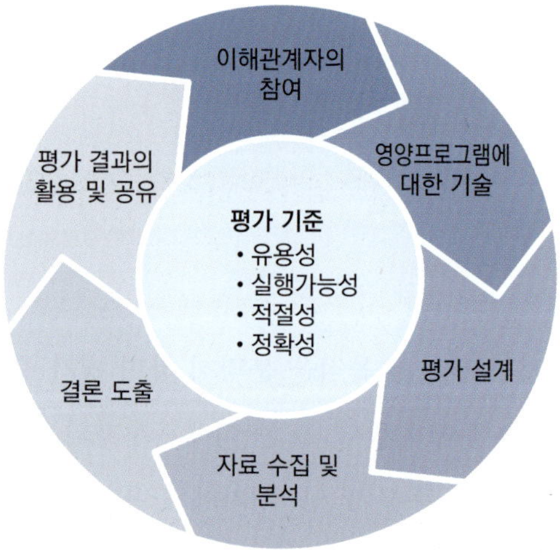

그림 8-8 미국 질병통제예방센터CDC의 보건사업 프로그램 평가 실행 과정

(1) 이해관계자의 참여

지역사회 영양사업에 직간접적으로 관련이 되어 있는 이해관계자를 중심으로 평가 과정을 실행한다. 이해관계자는 사업에 포함되어 있거나, 사업의 결과에 관심을 갖고 평가 결과를 활용하게 되므로 이해관계자의 참여를 바탕으로 영양프로그램에

대한 평가가 실행되어야 한다. 사업의 이해관계자들이 파악하고자 하는 평가 결과를 수집할 수 있도록 구체적으로 평가 유형, 내용, 지표 등을 계획하고, 이에 따라 평가를 실행한다.

(2) 영양프로그램에 대한 기술

영양프로그램에 대한 기술은 프로그램의 목표와 전략을 이해할 수 있도록 충분히 자세히 기술되어야 하며, 프로그램의 필요성, 예상 효과, 활동, 자원 등을 주로 기술한다. 영양프로그램에 대해 기술하기 위해 로직모델을 활용하여 사업의 투입, 산출, 결과에 대해 구체적으로 기술할 수 있으며, 이에 대한 구조평가, 과정평가, 결과평가를 계획할 수 있다. 또한 다른 영양프로그램이나 활동과의 관련성을 기술할 수 있다.

(3) 평가 설계

평가의 내용, 평가 지표 및 측정 방법, 평가의 주체 및 시기 등을 계획한다. 이에 대한 자세한 내용은 '3. 영양프로그램의 평가 계획'을 참고한다.

(4) 자료 수집 및 분석

앞서 계획한 자료 수집의 방법과 절차에 따라 자료를 수집하고, 분석하는 과정이다. 평가에 활용할 자료를 수집하고 분석하는 과정에서 영양프로그램의 운영자, 대상자, 지역사회 구성원, 유관기관 등으로부터 자료를 수집할 수 있으며, 자료 수집의 방법은 설문조사, 면접, 관찰, 심층 인터뷰, 포커스 그룹, 일지, 기록 자료 등을 통해 양적 자료와 질적 자료를 수집할 수 있다.

(5) 결론 도출

수집·분석된 자료를 토대로 영양프로그램과 관련된 결론을 도출하며, 자료에서 얻은 근거와 이해관계자 가치를 비교하여 결론을 정당화한다.

(6) 평가 결과의 활용 및 공유

영양프로그램의 평가 결과를 여러 가지 양식으로 다양한 경로를 통해 이해관계자들에게 공유한다. 예를 들면, 사업보고서를 작성하는 것뿐만 아니라 지역사회 구성원 대상의 보고회, 소식지 발행, 대중매체 보도 등을 활용할 수 있다. 이를 통해 영양프로그램의 성과를 홍보할 수 있으며, 이후의 영양 정책이나 사업을 수립하는 데 활용할 수 있다. 또한 비슷한 영양프로그램을 계획하고, 수행할 때 성공이나 실패 요인을 고려하여 시간과 경비를 절감할 수 있다.

더 알아보기 8-1

RE-AIM 틀RE-AIM framework을 적용한 영양프로그램 평가

RE-AIM 틀은 영양프로그램이 지역사회에 적용되어 실행, 확산되는 종합적인 과정을 체계적으로 계획하고, 평가할 수 있도록 하는 도구로, 아래 5가지 요소를 바탕으로 영양프로그램을 계획 · 평가한다. 이 틀을 적용하여 영양프로그램을 평가할 수 있다.

R. Reach : 참여
E. Efficacy 또는 Effectiveness : 효과
A. Adoption : 채택
I. Implementation : 실행
M. Maintenance : 유지

참여(R)는 해당 대상자 중 영양프로그램에 참여한 사람의 수 또는 비율을 측정하며, 효과(E)는 영양프로그램 결과의 효용, 효과를 평가하는 항목이다. 채택(A)은 기관 또는 조직 측면에서 해당 사업을 채택한 수 또는 비율을 의미하며, 실행(I)은 영양프로그램이 계획대로 수행되었는지 또는 자원이 프로그램 수행을 위해 적절히 사용되었는지를 평가한다. 유지(M) 항목은 개인 및 조직 차원에서 평가가 가능하며, 개인 수준에서 영양프로그램 종료 후 장기적인 효과가 나타났는지 또는 조직 수준에서 영양프로그램이나 정책이 제도화되거나 조직의 관행 및 정책의 일부가 되는 정도를 평가한다.

3) 지역사회 영양사업 평가의 실제

(1) 취약계층 어르신 맞춤 영양관리사업의 평가

취약계층 어르신 맞춤 영양관리사업은 서울시에 거주하는 취약계층 노인의 식품 안정성 및 영양·건강 상태 증진을 위해 지역사회 기반의 맞춤형 영양관리사업 모형을 개발하여 수행하고, 사업 수혜 대상별 영양중재 체계 마련, 관련 기관별 사업 업무 매뉴얼을 개발하는 것을 목적으로 하였다.

이 사업에서는 로직모델을 기반으로 하여 영양프로그램들의 효과평가를 위한 프레임을 그림 8-9와 같이 제시하였다. 또한 구조평가, 과정평가, 결과평가 유형별 영양프로그램들에 대한 구체적인 평가 항목은 표 8-1과 같이 제시하였으며, 영양프로그램의 결과평가를 위한 측정 지표 및 내용은 표 8-2와 같이 제시하였다. 구조 및 과정평가에서는 허약 예방과 질환 관리를 위한 영양교육과 식품 지원 서비스에 관련된 투입 자원과 활동, 사업 수혜 대상자의 참여도 등에 대하여 평가하며, 결과평가에서는 단기, 중기, 장기 결과로 나누어 영양프로그램 수혜 대상자의 식품안정성 및 영양소 섭취 개선, 만성질환과 허약의 개선, 삶의 질 향상 등을 측정하고, 그 효과를 파악한다. 본 영양프로그램들을 통해 약 4개월간 대상자에게 맞춤형 영양교육과 보충

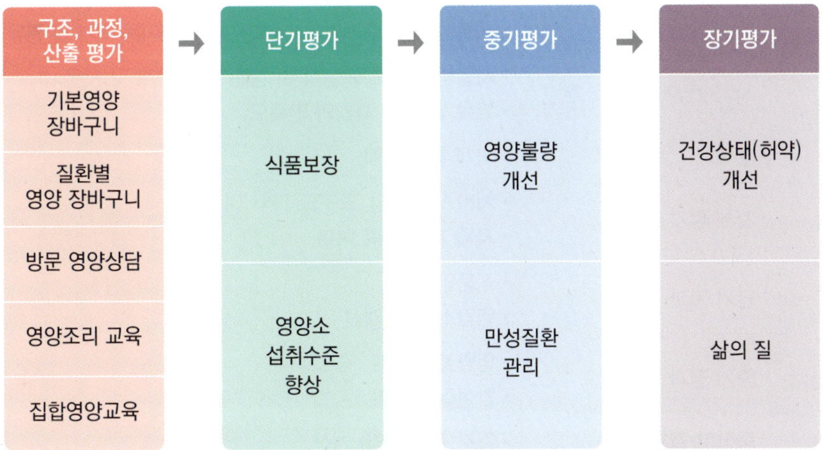

그림 8-9 취약계층 어르신 맞춤 영양관리사업의 평가 체계

출처: 이경은, 김기랑. 〈취약계층 어르신 맞춤 영양관리사업 모형 개발〉 연구 결과 보고서. 2017.

식품을 제공한 결과, 대상자의 영양소 섭취량이 증가하였으며, 식품불안정 상태가 개선되는 결과를 보였다. 또한 빈혈이나 허약 상태도 개선되는 효과가 나타났다.

표 8-1 취약계층 어르신 맞춤 영양관리사업의 평가 유형별 평가 항목 및 지표

평가 유형	평가 항목	평가 지표
구조	인력 구성	• 적절한 전문인 투입 • 인력 투입의 적정성 • 업무분장의 적절성
	공간 확보	• 공간 확보 적정성 • 배치의 적정성
	예산	• 예산 사용의 적절성
과정	서비스 운영	• 임상영양사에 의한 맞춤영양관리계획 수립 여부 • 계획의 구체성, 실천가능성 • 주기적 관리, 피드백 적정 여부
	자원 연계	• 통합건강관리팀과의 연계 정도 • 지역 자원현황 파악 제공 여부 • 보건소 자체사업 연계 정도
	대상자 교육 및 상담	• 대상자 교육 및 상담 참여도 • 대상자 교육 및 상담 횟수 • 교육 및 상담 내용의 이해도 및 실천 정도 • 교육 및 상담 사업의 만족도
	서비스 제공	• 가정방문 서비스의 횟수 • 식품지원(장바구니) 서비스의 참여도 • 식품지원(장바구니) 서비스의 횟수 • 식품지원(장바구니) 서비스의 만족도(재이용 의사 및 권유 의사)
	사업담당자의 교육 훈련	• 사업담당자 교육 실시 및 참여 정도(자체 및 서울시) • 교육 및 상담 사업의 만족도
	홍 보	• 자체 홍보 실적
	자체 평가	• 서비스 문제점, 요구도 파악 여부 • 자체 개선 노력 여부
결과	단기 결과	• 식품안정성 • 영양소 섭취 개선
	중기 결과	• 영양불량 개선 • 만성질환 관리
	중장기 결과	• 건강 상태(허약) 개선
	장기 결과	• 삶의 질

출처: 이경은, 김기랑. 〈취약계층 어르신 맞춤 영양관리사업 모형 개발〉 연구 결과 보고서. 2017.

표 8-2 취약계층 어르신 맞춤 영양관리사업의 결과평가 지표 및 내용

기간	평가 항목	평가 지표	평가 내용	영양프로그램 목표	평가 시기
장기	삶의 질	EQ-5D	EQ-5D 점수 향상		대상자 선정 시(사업 참여 전), 사업 종료 시
중장기	허약 개선	기초측정표의 허약 수준 결과	허약 수준의 개선	정상군에서 허약군으로, 허약위험군에서 허약군으로 악화되는 대상자 비율 0%	대상자 선정 시(사업 참여 전), 사업 종료 시
중기	만성질환 관리	혈압 및 혈당 수치	혈압 및 혈당 수치의 정상 기준 범위 내로 개선	정기관리군에서 집중관리군으로 악화되는 대상자 비율 0%	대상자 선정 시(사업 참여 전), 사업 종료 시
	영양불량 개선	MNA 측정 결과 및 혈중 헤모글로빈 수치	영양상태 개선 또는 혈중 헤모글로빈 수치가 기준 범위 내로 개선	영양상태 위험군에서 영양불량군으로, 정상군에서 영양상태 위험군으로 악화되는 대상자 비율 0%	대상자 선정 시(사업 참여 전), 사업 종료 시
단기	영양소 섭취 개선	24시간 회상 조사에 의한 9가지 영양소(에너지, 단백질, 칼슘, 철, 비타민 A, 리보플라빈, 니아신, 티아민, 비타민 C) 섭취의 충족 여부	에너지 섭취량이 필요추정량(EER)의 75% 이상이면서 단백질, 칼슘, 철, 비타민 A, 리보플라빈, 니아신, 티아민, 비타민 C 섭취량이 평균필요량(EAR) 이상	영양소 섭취 부족군 비율 26%(국민건강증진종합계획 영양섭취 부족 노인 인구 비율 감소 2020 목표 수치 참고)	대상자 선정 시(사업 참여 전), 정기적 중간평가(매 6개월), 사업 종료 시
	식품안정성	식품안정성	식품안정성 개선	식품안정성 확보 대상자 비율 95%(국민건강증진종합계획 식품안정성 확보 가구분율 2020 목표 수치 참고)	대상자 선정 시(사업 참여 전), 정기적 중간평가(매 6개월), 사업 종료 시
	영양관리서비스 평가	구조, 과정, 산출 평가 : 허약 예방과 질환 관리를 위한 영양교육과 식품 지원 서비스에 관련된 투입 자원과 활동, 서비스 수혜자의 참여도 및 만족도			

출처: 이경은, 김기랑. 〈취약계층 어르신 맞춤 영양관리사업 모형 개발〉 연구 결과 보고서. 2017. (일부 내용 저자 수정)

(2) 영양플러스 사업의 평가

영양플러스 사업은 미국의 Special Supplemental Nutrition Program for Women, Infants and Children WIC 사업을 벤치마킹하여, 우리나라 임신·수유부 및 영유아

의 영양상태 개선 및 건강증진을 목적으로 도입된 사업이다. 2004년 사업안을 마련한 뒤, 2005년부터 2007년까지 3년 동안 시범사업을 진행하였으며, 2008년부터 전국 단위의 본 사업을 시작하였다. 2019년 기준, 전국 17개 시·도 252개 보건소에서 사업을 수행하고 있다.

영양플러스 사업은 각 지역의 보건소를 중심으로 가구 규모별 기준 중위소득의 80% 이하 임산부(임신부, 출산부, 수유부) 및 영유아(만6세 미만) 중 영양 위험요인(빈혈, 저체중, 성장부진, 영양 섭취 불량 등)을 가진 대상자에게 영양교육 및 상담 프로그램을 실시하고, 보충식품 패키지를 제공하여 영양 위험요인 개선 및 스스로의 식생활관리 능력을 배양하고자 하는 대표적인 지역사회 영양사업이다. 영양플러스 사업의 수혜 대상자에서 빈혈 유병률 감소, 영유아의 저체중 비율 감소, 영양 섭취 상태 향상, 영양 지식과 건강행태 개선 등 긍정적인 효과가 보고되고 있다.

영양플러스 사업 내 영양프로그램의 평가는 구조평가, 과정평가, 결과평가로 이루어지며, 각 평가를 위해 조사하는 항목은 아래와 같다 표 8-3, 표 8-4.

구조평가

예산 편성액, 예산 집행액, 영양프로그램 전담 영양사 수 등

과정평가

영양프로그램별 수혜 대상자 수, 영양교육 프로그램 진행 횟수, 영양교육 프로그램 참여자 수 등

결과평가

대상자의 영양상태 평가 : 영양 및 건강 상태의 평가는 영양프로그램 참여 전과 참여 후에 동일한 방법으로 다음과 같은 내용을 측정한다.

- 신체계측조사 : 신장 및 체중 측정
- 생화학 검사 : 빈혈 판정(혈중 헤모글로빈 측정)
- 영양 섭취 조사 : 24시간 회상법
- 영양지식 및 태도 조사 : 설문조사지 활용

표 8-3 영양플러스 사업의 구조평가 및 과정평가 지표

구분	실적명	세부설명
대상자 현황	목표 대상자 수	2021년 계획서 예산상의 목표 대상자 수
	총 수혜대상자 수	(누계값) 2021년 대상자로 있었던 모든 대상자 수 *'20년도 이월대상자 + '21년도 신규등록자
	총 퇴록자 수	(누계값) 2021.1.1.부터 현재까지의 퇴록자 수
	현재 관리대상자 수	실적 작성일 기준 현재 관리중인 대상자 수 *실적 작성일 : 매월 말 *퇴록자는 제외
신청대기자 현황	현재 신청대기자 수	실적 작성일 기준 현재 관리 중인 신청대기자 수
예산 집행 현황 (2021년 보충식품비)	편성액	2021년 계획서 상 보충식품비 예산 *국비 + 시 · 도비 + 시 · 군 · 구비
	집행액	(누계값) 2021년 1월부터 해당월까지 집행된 보충식품비 *국비 + 시 · 도비 + 시 · 군 · 구비
사업담당자 현황 (전담영양사 수)	국비 인력 수	국비로 채용된 사업 전담영양사 수
	지자체 인력 수	지자체 예산으로 채용된 사업 전담영양사 수
영양교육 실시 현황	교육대상	임신부, 출산수유부, 유아, 보호자(영아, 유아, 영유아)
	교육주제	사업설명회, 조리실습(이유식, 간식 등), 식생활관리, 식품위생, 모유수유, 저체중, 빈혈, 편식, 식생활지침, 비만 등
	교육횟수	월별 실시 횟수
	참여자 수	교육대상별 참여 인원 *보호자대상 교육일 경우에는 영유아는 산출 제외
	기타교육	대면교육 외 실시하는 교육

출처: 보건복지부, 한국건강증진개발원. 2021년 지역사회 통합건강증진사업 안내 [영양]. 2021.

표 8-4 영양플러스 사업의 결과평가 항목

구분	평가시기	평가항목
사업초기 평가 (사업 참여 전)	대상자 선정 시	빈혈검사, 신체계측, 영양섭취상태조사, 영양지식 · 태도 조사
자격 재평가	대상자 등록 후 6개월 시점	빈혈검사, 신체계측, 영양섭취상태조사 *소득(재)판정 *영양 위험요인이 해소되어 퇴록하는 경우, '사업종료 평가'의 평가항목 모두 실시
사업종료 평가 (사업 참여 후)	대상자 퇴록 시	빈혈검사, 신체계측, 영양섭취상태조사 영양지식 · 태도 조사, 사업만족도 조사

출처: 보건복지부, 한국건강증진개발원. 2021년 지역사회 통합건강증진사업 안내 [영양]. 2021.

영양플러스 사업의 수행을 통해 얻어지는 효과는 그림 8-10과 같다. 2019년 영양프로그램 수혜 대상자에서 영양지식 및 영양태도 점수의 향상, 영양 섭취의 적정도가 증가하는 결과가 나타났다. 또한 빈혈 유병률도 감소하는 효과를 보였다. 대상자들은 사업에 대한 신뢰도와 만족도 측면에서 높은 평가 점수를 주었다.

그림 8-10 영양플러스 사업의 효과

출처: 보건복지부, 한국건강증진개발원. 2019 영양플러스사업 추진성과. 2019

생각해 보기

관내 대학의 청년들에게 샐러드 도시락을 원가로 제공하는 프로그램을 개발하여 시행하고자 합니다. 프로그램의 실행계획서와 추진일정표를 작성해 봅시다.

활동지 프로그램 실행계획과 추진일정 작성

실 행 계 획 서

프로그램명 :

우 선 순 위 :

책 임 자 :

최종검토일 :

단계	내용	담당자	예산	장비/시설	일정		비고
					착수일	완료일	
준비 단계							
실행 단계							
평가 단계							

추진일정표

세부계획	소요기간(월)											
	1	2	3	4	5	6	7	8	9	10	11	12

예시

실행계획서

프로그램명 : 대학생의 따뜻한 밥상

우선순위 : 1순위

책임자 : 김영양

최종검토일 : 2021. 08. 19

단계	내용	담당자	예산	장비/시설	일정		비고
					착수일	완료일	
준비	메뉴개발 자문단 구성	박기혁	3,000,000	-	210615	210630	
	메뉴개발	이맛나	5,000,000	조리실	210701	210731	
	예약 앱 개방	서제작	2,000,000	외부 제작	210701	210815	
	판매카트 제작	서제작	2,000,000	외부 제작	210715	210815	
	도시락 용기 구매	장구매	2,000,000	-	210801	210810	
	홍보물 제작	박기획	1,000,000	외부 제작	210801	210820	
	판매원 모집	박기획	300,000	온라인 구인	210801	210820	
	모의시행	박기획	1,000,000	회의실/조리실	210821	210831	

추진일정표

세부계획	소요기간(월)											
	1	2	3	4	5	6	7	8	9	10	11	12
메뉴개발 자문단 구성												
관련분야 전문가 추천 및 탐색												
연락 및 확정												
메뉴개발												
재료구입												
실험조리												
관능평가												
예약 앱 개발												
서비스요소 구성												
제작												
도시락 용기 구매												
홍보물 제작												
판매원 모집												
모의시행												

활동지 모델을 활용한 평가 계획 수립

로직모델을 활용한 평가 유형별 평가 항목 및 지표 선정

작성 예시: 표 8-1 참고

평가 유형	평가 항목	평가 지표
구조평가		
과정평가		
결과평가	(단기)	
	(중기)	
	(장기)	

국제 영양 문제와 국제기구의 영양 활동

Chapter 9

1. 국제 영양의 중요성 | 2. 국제 영양 문제 및 현황 |
3. 국제기구의 영양 활동 | 4. 민간단체의 국제 영양 활동

Chapter

9

학습목표

1. 국제 영양 문제 해결의 중요성 및 필요성을 인식할 수 있다.
2. 전 세계적으로 나타나는 국제 영양 문제를 정의하고, 그 현황을 이해할 수 있다.
3. 국제 영양 문제를 해결하기 위한 국제기구 및 민간단체의 활동을 조사하고 파악할 수 있다.

1. 국제 영양의 중요성

오늘날 전 세계적으로 다양한 영양 문제가 나타나며, 이는 인류의 건강 상태, 삶의 질, 수명 등과 직결되므로 그 개선과 해결이 매우 중요하다. 최근의 국제적인 영양 문제는 영양 부족과 영양 과잉이 공존하며 이중부담double burden 또는 다중부담multiple burdens의 형태로 나타나 그 해결이 더욱 어려우며, 이에 따라 다양한 노력을 필요로 한다 더 알아보기 9-1. 특히 영양 문제는 저개발국가의 인구집단, 그리고 영유아와 여성에 보다 큰 영향을 미침으로써 그들의 성장발달, 모자건강, 건강 및 질병 상태를 더욱 취약하게 하며, 해당 국가의 노동력과 생산성, 국가 발전의 저하에까지 영향을 미치게 된다.

따라서 건강 및 영양 상태의 증진은 국제적인 주요 보건영양 문제이며, 범국가적 노력이 필요하다. 2000년 유엔United Nations, UN은 21세기를 맞이하는 시점에 빈곤과 기아 퇴치, 양성 평등, 여성 권익 향상, 각종 질병의 퇴치 등을 목표로 하며 2015년까지 빈곤을 절반으로 줄인다는 내용의 새천년개발목표Millenium Development Goals, MDGs를 발표하였다. 이후 2015년 새천년개발목표 종결에 따라 그 후속 목표인 지속가능발전목표Sustainable Development Goals, SDGs를 발표하였다. 지속가능발전목표 역시 2030년까지 달성할 17개의 목표를 제시한 것으로, 빈곤 퇴치, 기아 종식, 건강과

그림 9-1 유엔UN의 지속가능발전목표SDGs

출처: 유니세프 한국위원회 홈페이지

더 알아보기 9-1

영양불량의 이중부담double burden of malnutrition

영양불량의 이중부담은 전 생애에 걸쳐 개인, 가구, 인구집단 내에서 영양 부족과 과잉으로 인한 저신장**stunting**, 소모증**wasting**, 미량영양소 결핍**micronutrient deficiencies**, 과체중/비만, 비감염성질환**noncommunicable diseases, NCDs** 등이 공존하는 것을 의미한다. 영양불량의 이중부담은 전 세계적인 공중보건 문제로 나타나며, 특히 저소득국가의 인구집단에 더 큰 영향을 미치고 있다.

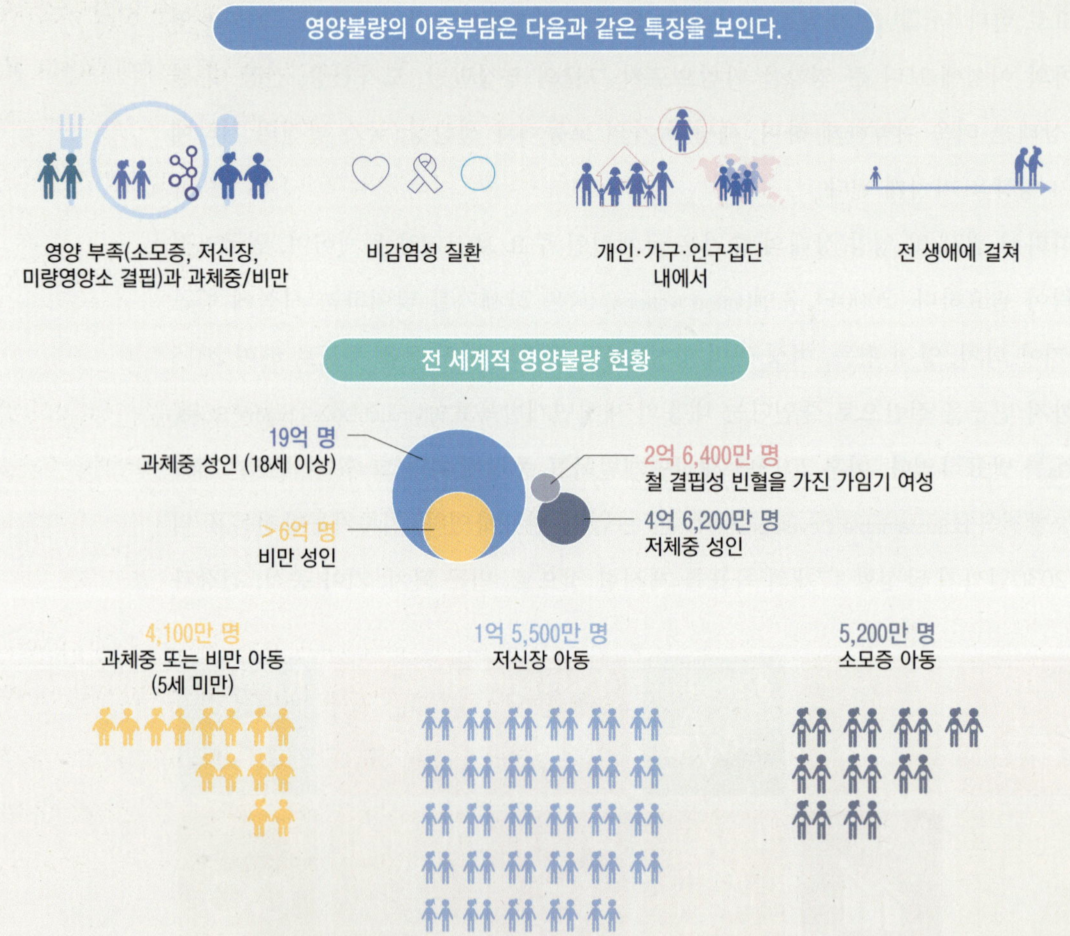

출처: WHO. The double burden of malnutrition. Policy brief. Geneva: World Health Organization; 2017.

복지 증진 등이 주요 목표로 포함되어 있다 그림 9-1.

이러한 지속가능발전목표 중 대부분의 목표가 영양과 관련이 있으며, 이를 달성하기 위해서는 전 세계를 하나의 지역사회로 인식하고 영양 상태 증진을 꾀하여야 효과적이다. 일부 국가들에서는 비만이나 당뇨와 같은 비감염성질환non-communicable diseases, NCDs이 가장 주요한 영양 문제인 반면 또 다른 국가들에서는 영양 부족과 미량영양소의 결핍이 뚜렷하다. 국제 영양 문제를 해결하기 위해 여러 국제기구와 민간단체는 지역사회 기반의 다양한 영양 개선 활동을 수행하고, 그 효과를 거두고 있다.

2. 국제 영양 문제 및 현황

1) 기아 및 식품불안정hunger and food insecurity

국제연합식량농업기구Food and Agriculture Organization of the United Nations, FAO의 세계 기아 지도는 2019~2021년 기준 국가별 전체 인구 중 영양 부족, 즉 불충분한 식품 섭취를 겪는 인구 비율을 제시하고 있다 그림 9-2. 주로 아프리카 국가들과 남아시아, 서아시아, 남아메리카 국가들에서 기아의 비율이 높게 나타났다. 2021년 전 세계 인구 열 명 중 한 명꼴(9.8%)인 7억 6,800만 명이 충분한 음식을 섭취하지 못하고 있는 기아 상태로 추정된다 그림 9-3. 또한 코로나19 이후 전 세계 기아 인구가 크게 증가하였다. 아프리카 지역의 경우 기아의 유병률이 약 20%로 나타나며(약 2억 7,800만 명), 아시아 9.1%(약 4억 2,500만 명), 남아메리카 8.6%(약 5,700만 명), 오세아니아 5.8%(약 250만 명) 순이다.

식품불안정은 기아의 가장 주요한 원인이며, 세계 식품불안정 지도는 그림 9-4와 같다. 북아메리카와 유럽 지역을 제외하면 전 세계 대부분의 지역에서 식품불안정을 겪는 인구 비율이 증가하는 추세이며, 전 세계 인구 중 약 29.3%가 식품불안정 상태인 것으로 추정된다 그림 9-5. 식품불안정을 겪는 인구 역시 코로나19 이후 증

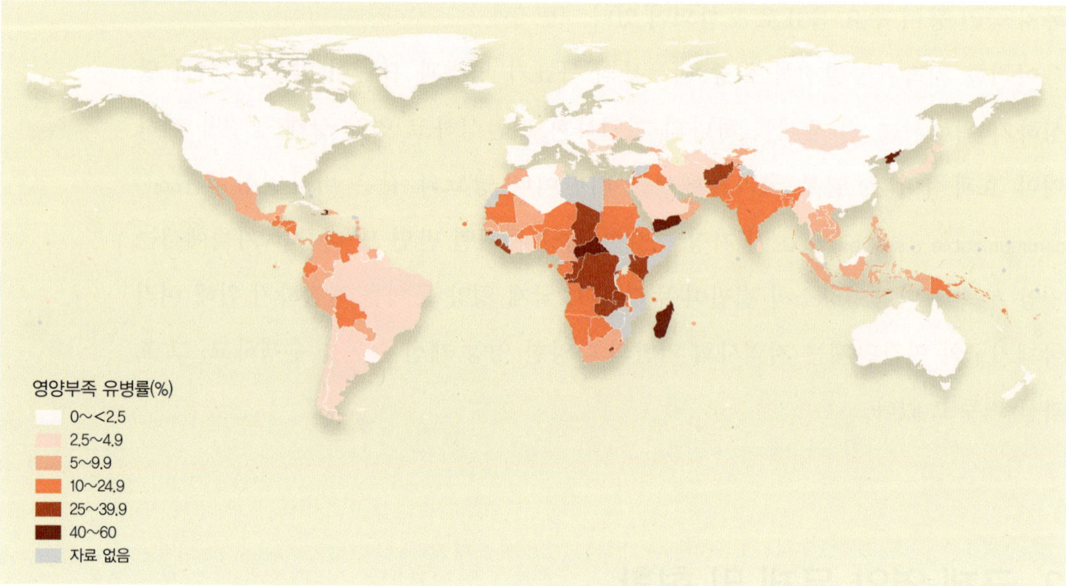

그림 9-2 세계의 기아 지도

출처: FAO, IFAD, UNICEF, WFP and WHO. 2022. The State of Food Security and Nutrition in the World 2022. Repurposing food and agricultural policies to make healthy diets more affordable. Rome, FAO.

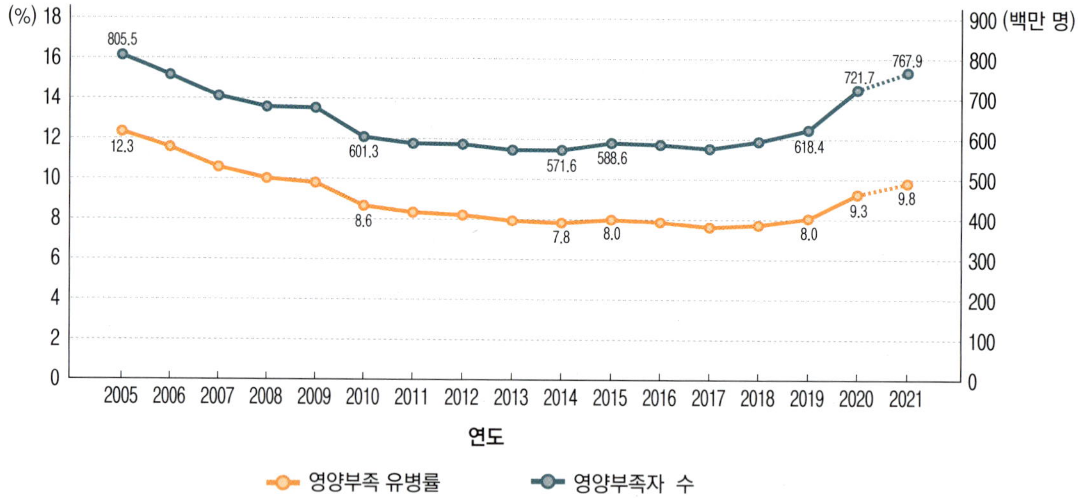

그림 9-3 세계의 기아 인구 수 및 비율 추이(2005~2021)

출처: FAO, IFAD, UNICEF, WFP and WHO. 2022. The State of Food Security and Nutrition in the World 2022. Repurposing food and agricultural policies to make healthy diets more affordable. Rome, FAO.

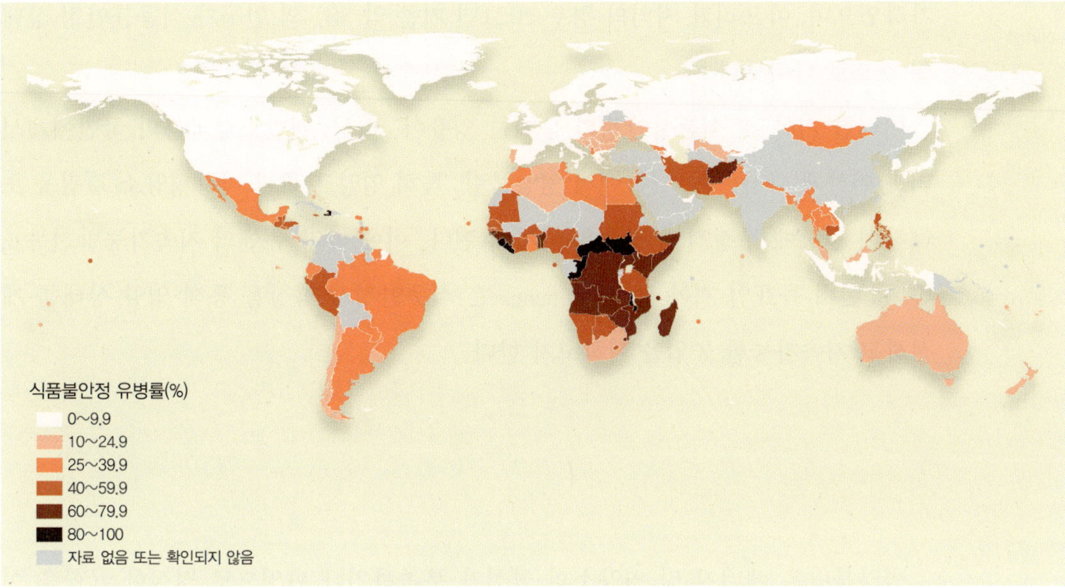

그림 9-4 세계의 식품불안정 지도

출처: FAO, IFAD, UNICEF, WFP and WHO. 2022. The State of Food Security and Nutrition in the World 2022. Repurposing food and agricultural policies to make healthy diets more affordable. Rome, FAO.

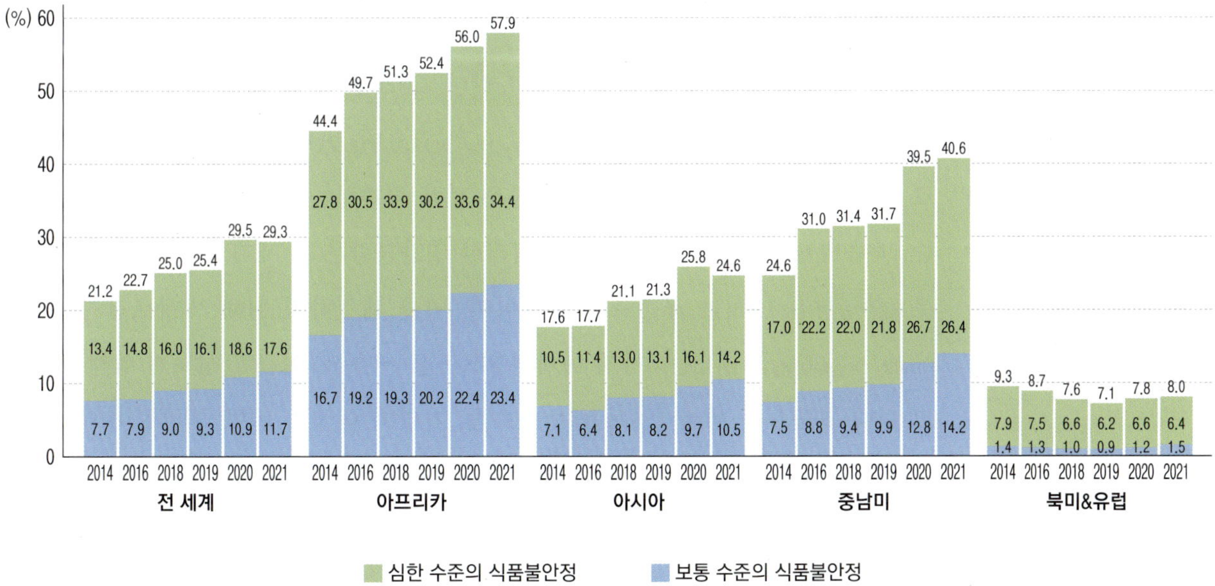

그림 9-5 세계의 식품불안정 비율 추이(2014~2021)

출처: FAO, IFAD, UNICEF, WFP and WHO. 2022. The State of Food Security and Nutrition in the World 2022. Repurposing food and agricultural policies to make healthy diets more affordable. Rome, FAO.

식품불안정(food insecurity)
개인이나 가구 수준에서 활동적이고 건강한 삶을 영위하기 위해 항상 충분하고, 안전하고, 영양이 풍부한 식품에 접근할 수 없는 상태. 이는 물리적·경제적 접근성뿐만 아니라 영양학적 요구도와 개인의 식품 선호도를 충족시키지 못하는 것도 포함한다.

가하였으며, 아프리카 지역의 경우 2021년 기준 약 58%의 인구가 식품불안정 상태인 것으로 나타났다.

이러한 기아 및 식품불안정의 문제는 영유아, 여성, 개발도상국가의 국민에게서 더 빈번하게 나타나며, 이들에서 영양불량, 특히 영양 부족과 미량영양소 결핍을 초래하여 건강에 부정적인 영향을 미치게 된다. 이에 따라 유엔의 지속가능발전목표 중 두 번째 목표인 기아 종식zero hunger은 식품안정성 향상을 통해 영양 상태를 개선하고 지속가능한 농업을 꾀하고자 한다.

2) 영양불량malnutrition

저신장(stunting)
연령에 비해 신장이 매우 작은 비정상적인 성장패턴으로 만성 영양불량 상태. WHO에서는 연령별 신장(height-for-age)이 아동 성장 기준 중위수의 -2 SD 이하인 경우로 판정한다.

소모증(wasting)
신장에 비해 체중이 매우 적은 경우로 급성 영양불량 상태. WHO에서는 신장별체중(weight-for-height)이 아동 성장 기준 중위수의 -2 SD 이하인 경우로 판정한다.

저체중(underweight)
연령에 비해 체중이 매우 적은 상태. WHO에서는 연령별 체중(weight-for-age)이 아동 성장 기준 중위수의 -2 SD 이하인 경우로 판정한다.

과체중(overweight)
신장에 비해 과도한 체중 증가 상태. WHO에서는 신장별 체중(weight-for-height)이 아동 성장 기준 중위수의 +2 SD 이상인 경우로 판정한다.

영양불량은 에너지 및 영양소의 섭취가 부족하거나 과잉으로 적절한 균형을 이루지 못하여 나타나는 건강 상태를 의미한다. 즉, 영양불량은 영양 부족undernutrition으로 인한 저신장stunting, 소모증wasting, 저체중underweight, 미량영양소 결핍micro-nutrient deficiency과 에너지 및 영양소의 과잉 섭취로 인한 과체중/비만overweight/obesity, 비감염성질환을 포함한다.

세계의 영양불량 현황은 그림 9-6과 같다. 2020년 기준 5세 미만 아동에서 저신장 및 소모증의 유병률은 각각 22.0%, 6.7%였으며, 반면 과체중의 유병률은 5.7%로 나타났다. 성인에서의 비만 유병률은 점차 증가하는 추이를 보이며, 2016년 기준 그 유병률이 13.1%로 나타났다. 이러한 영양불량은 전 세계인의 건강 상태에 매우 큰 영향을 미치는 공중보건 문제이며, 이를 해결하기 위해 세계보건기구World Health Organization, WHO는 6가지 세계영양목표를 세우고, 이를 달성하기 위해 노력하고 있다 그림 9-7. 세계영양목표는 소모증, 가임기 여성의 빈혈, 저체중아 출생, 영유아의 과체중, 완전모유수유, 저신장을 개선하기 위한 목표들로 구성되어 있다.

(1) 영양 부족

영양 부족은 식품으로부터 충분한 에너지 및 영양소를 섭취할 수 없어 건강한 삶을 영위하기 어려우며, 기능적 문제가 나타나는 상태를 가리킨다. 이러한 영양 부족은

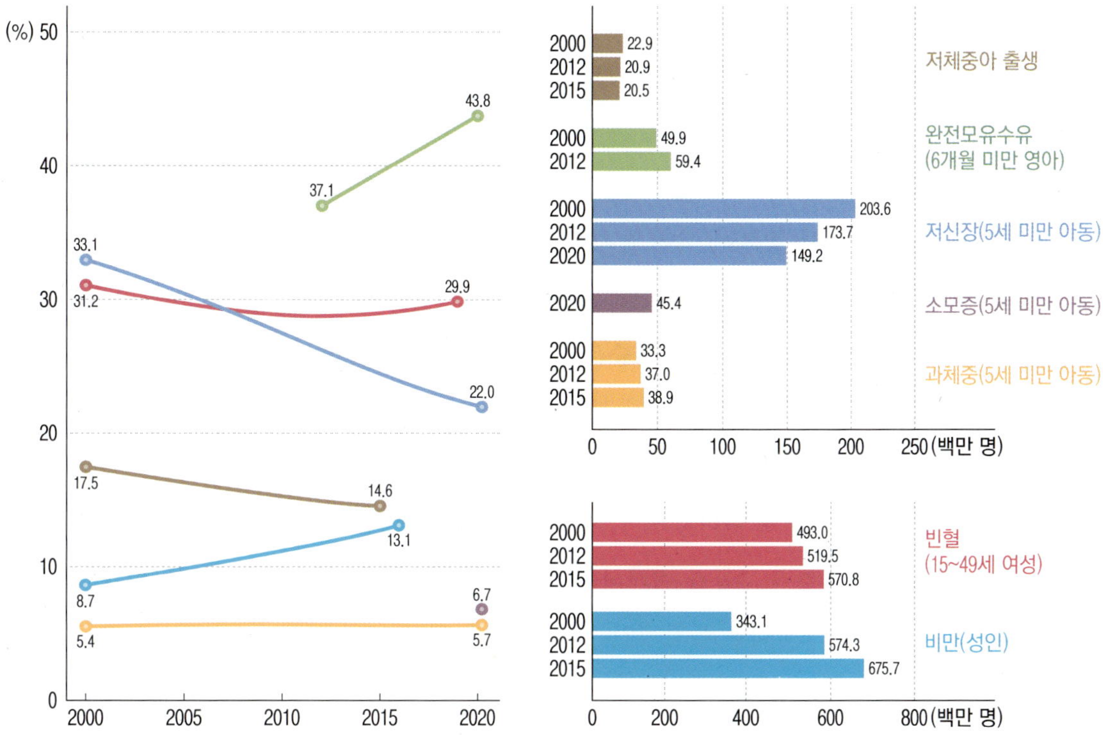

그림 9-6 세계의 영양불량 현황

출처: FAO, IFAD, UNICEF, WFP and WHO. 2022. The State of Food Security and Nutrition in the World 2022. Repurposing food and agricultural policies to make healthy diets more affordable. Rome, FAO.

1. 5세 미만 아동에서 저신장 아동 수 40% 감소
2. 가임기 여성에서의 빈혈 유병률 50% 감소
3. 출생 시 체중이 2.5 kg 미만인 저체중 출생아 30% 감소
4. 아동의 과체중이 증가하지 않도록 노력
5. 생후 6개월 완전모유수유 비율 최소 50% 이상 증가
6. 아동의 소모증 유병률 5% 미만으로 감소 및 유지

그림 9-7 세계보건기구의 세계영양목표

출처: WHO. Global Nutrition Targets 2025, Policy Brief Series. 2014.

특히 영유아의 성장발달에 심각한 영향을 미치며, 저신장, 소모증, 저체중의 결과로 나타난다. 전 세계 5세 미만 아동 사망의 약 45% 정도가 영양 부족과 관련이 있다.

저신장은 동일 연령 그룹과 비교하여 신장이 작은 경우로, 만성적인 영양 부족에 의해 나타난다. 특히 생후 1,000일 동안의 영양 부족, 반복적인 감염 등으로 인해 초래되며, 그 회복이 어려운 것이 특징이다. 2020년 기준 전 세계 5세 미만 영유아의 약 22%가 저신장에 해당하는 것으로 나타났으며, 이는 1억 4,900만 명에 해당하는 숫자이다 그림 9-6. 소모증은 신장에 비해 체중이 적게 나가는 급성 영양 부족을 의미한다. 최근의 식품 섭취 부족, 감염성질환 등에 의해 심각한 체중 손실이 나타나는 것이 특징이다. 2020년 기준 전 세계 5세 미만 영유아의 약 6.7%가 소모증에 해당하는 것으로 나타났으며, 이는 4,500만 명에 해당하는 숫자이다 그림 9-6. 저체중은 동일 연령 그룹과 비교하여 체중이 적게 나가는 경우로, 급성 및 만성 영양 부족을 모두 포함하는 복합적인 상태로 볼 수 있다.

(2) 미량영양소 결핍

미량영양소는 건강한 성장발달, 생리기능, 질병 예방 등을 위해 중요한 역할을 담당하며, 체내에서 합성되지 않으므로 반드시 식사를 통해 섭취해야 한다. 미량영양소의 결핍은 비타민이나 무기질의 섭취량이 부족하거나 체내에서 흡수가 잘 일어나지 않아 이들이 담당하는 생리기능이 저하되거나 임상 증상이 나타나는 상태를 가리킨다. 특히 전 세계적으로 비타민 A, 철, 요오드, 엽산, 아연 등의 결핍이 빈번하게 나타나며, 이는 주로 저개발국가 영유아 및 임신부의 성장발달과 건강 상태에 큰 영향을 미친다.

① 비타민 A 결핍

비타민 A는 시력 및 면역 기능을 담당하며, 비타민 A 결핍은 아동의 실명, 홍역이나 설사와 같은 감염으로 인한 사망 위험을 증가시킨다. 세계보건기구는 비타민 A 결핍을 주요한 공중보건 문제로 정의하였으며, 전 세계 6~59개월 아동의 약 1/3이 비타민 A 결핍으로 인한 건강상의 영향을 받고 있다고 보고하였다. 특히 사하라 이남 아프리카 국가들과 남아시아 국가들에서 비타민 A 결핍 유병률이 높은 것으로 나타났다. 6~59개월 아동에게 비타민 A 보충제를 제공하는 영양중재는 비타민 A 결핍 및 이로 인한 사망률을 줄이는 데 효과적인 것으로 입증되었다 더 알아보기 9-2.

더 알아보기 9-2

비타민 A 보충 프로그램

비타민 A 보충 프로그램은 비교적 저비용으로, 아동 사망 및 실명을 예방할 수 있어 그 효과가 입증된 영양중재이다. 이에 따라 유니세프는 영양불량 및 비타민 A 결핍이 심각한 국가들을 대상으로 6~59개월 아동에게 약 4~6개월의 간격을 두고 연 2회 고용량의 비타민 A 보충제를 제공하는 프로그램을 실행하고 있다. 유니세프의 자료에 의하면 2020년 기준 비타민 A 보충 프로그램이 우선적으로 필요한 국가는 총 64개국이며, 이 중 비타민 A 보충에 대한 데이터가 있는 국가들을 바탕으로 계산하였을 때 6~59개월 아동 중 연 2회 비타민 A 보충을 받은 아동의 비율은 아래 지도와 같다. 해당 국가 전체에서 약 41%의 아동이 연 2회 비타민 A 보충을 받았으며, 서부 및 중앙아프리카 지역 국가들에서는 그 비율이 29%에 그쳤다. 64개국 중 11개국에서만 80%를 넘는 아동이 연 2회 비타민 A 보충을 받은 것으로 나타났다.

6~59개월 아동 중 연 2회 비타민 A 보충을 받은 비율(2020)

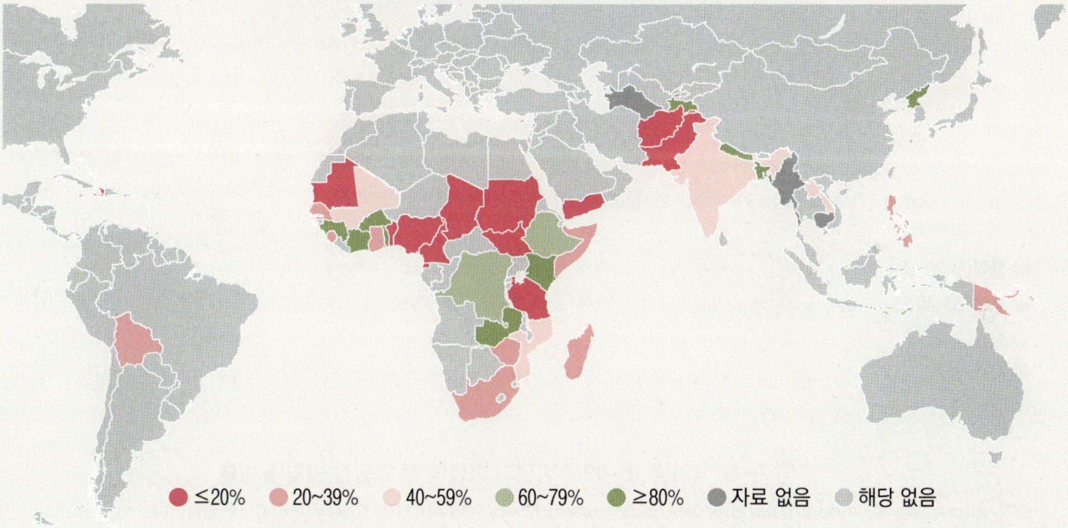

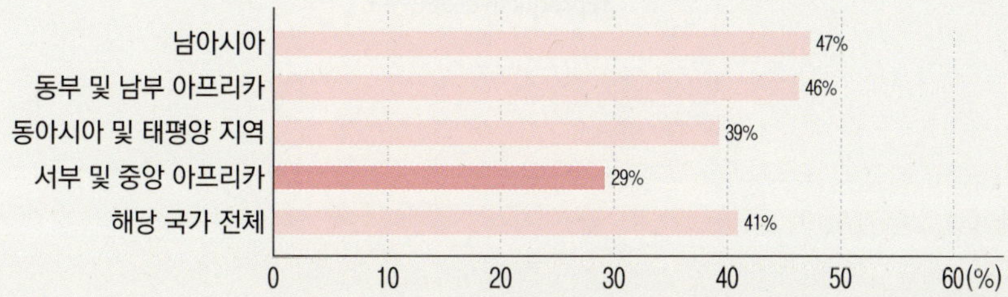

출처: https://data.unicef.org/topic/nutrition/vitamin-a-deficiency

② 철 결핍

철은 운동 및 인지 능력 발달에 중요한 역할을 하며, 특히 영유아 및 임신부는 철 결핍에 보다 취약하다. 철 결핍은 낮은 헤모글로빈 농도로 정의되는 빈혈의 주요 원인이며, 2019년 기준 철 결핍성 빈혈의 유병률은 전 세계적으로 가임기 여성 중 약 30%, 5세 미만 아동 중 약 40%로 나타났다. 특히 아프리카 및 남부 아시아의 다수 국가들에서 철 결핍성 빈혈의 유병률이 40%를 넘어서는 것으로 보고되었다 그림 9-8, 그림 9-9. 임신 중 빈혈은 산모의 사망 위험, 영아의 저체중 출생 위험을 높이며, 아동에서의 빈혈은 정상적인 성장발달, 인지 능력이나 행동발달을 저해하는 것으로 알려져 있다.

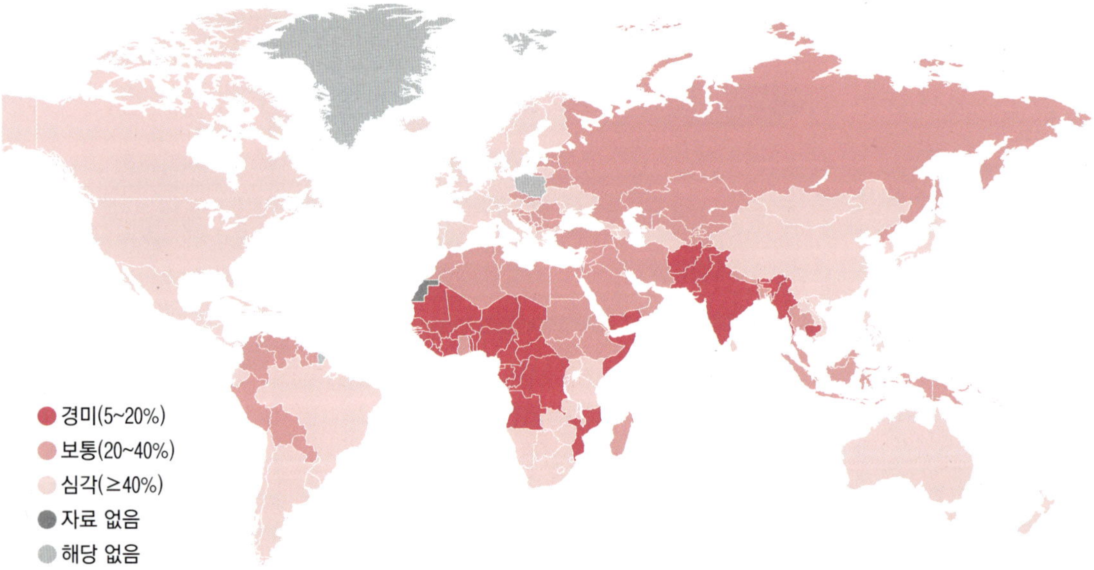

그림 9-8 국가별 15~49세 가임기 여성의 철 결핍성 빈혈 유병률

출처: https://www.who.int/data/gho/data/indicators/indicator-details/GHO/prevalence-of-anaemia-in-women-of-reproductive-age-(-)

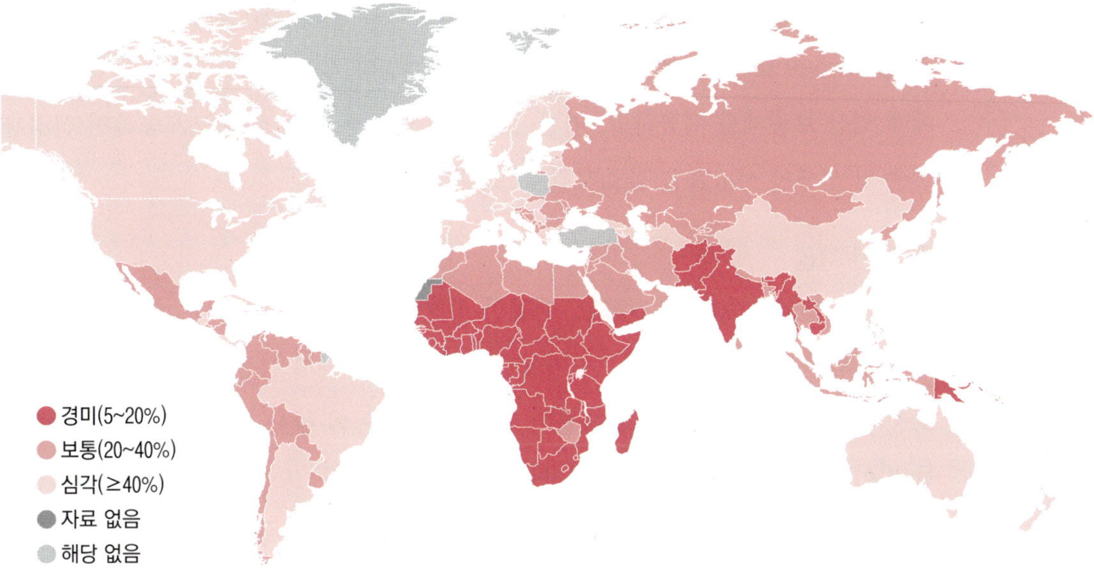

그림 9-9 국가별 6~59개월 아동의 철 결핍성 빈혈 유병률

출처: https://www.who.int/data/gho/data/indicators/indicator-details/GHO/prevalence-of-anaemia-in-children-under-5-years-(-)

③ 요오드 결핍

요오드는 영아의 건강한 성장과 인지 발달을 위해 임신기과 영아기에 필요한 무기질이며, 갑상선호르몬 합성에 필요하다. 우리나라에서는 해조류를 섭취하는 식생활로 흔하지 않으나, 전 세계적으로 약 18억 명의 사람들이 요오드 섭취가 충분하지 않은 것으로 보고되었다. 요오드 결핍을 예방하기 위한 가장 효과적인 영양중재 방법 중 하나는 요오드 강화 소금을 사용하도록 하는 것이다. 2020년 기준, 전 세계 가구의 약 89%가 요오드 강화 소금을 소비하는 것으로 보고되었다. 임신부의 요오드 결핍은 유산이나 사산, 태아의 성장 장애 등을 초래함에 따라 미국 갑상선협회American Thyroid Association는 임신을 계획 중인 여성에게 적어도 임신 3개월 전부터 매일 요오드 보충제를 섭취할 것을 권장한다.

④ 엽산 결핍

엽산은 세포 분열 및 성장발달에 필수적인 비타민으로, 특히 태아의 성장 초기에 뇌와 척수의 건강한 발달을 위하여 필요하다. 따라서 가임기 여성 및 임신부에

신경관결손 (neural tube defects, NTDs)
태아의 형성 과정에서 척수, 뇌, 또는 신경조직이 제대로 발달하지 못하여 척수나 뇌의 질환을 초래하는 선천적 기형을 의미한다.

서 엽산 섭취는 매우 중요하며, 임신 초기 엽산이 부족할 경우 신경관결손neural tube defects, NTDs으로 인한 기형아 출산 위험이 높아진다. 따라서 15~49세 가임기 여성에게 엽산 보충제를 제공하고, 엽산이 강화된 밀가루 또는 식품을 제공하면 신경관결손 및 신생아 사망률을 감소시킬 수 있다.

⑤ 아연 결핍

아연은 면역 기능을 촉진하고, 건강한 성장발달을 도우며, 설사, 폐렴 및 말라리아를 포함한 전염병에 저항하는 역할을 담당한다. 따라서 아동 및 임신부에게 아연 보충제를 제공하면 조산의 발생률이 감소하고, 아동의 설사 및 호흡기 감염이 줄어들며 이로 인한 사망 위험이 감소하는 것으로 나타났다. 또한 5세 미만 아동에서 아연 보충제 제공을 통해 성장부진을 개선하고, 신장 및 체중 증가를 도울 수 있다.

(3) 과체중 및 비만

정상적인 성장발달, 체내 대사 등에 필요한 양 이상으로 에너지 및 영양소가 과잉 공급되는 상태를 영양 과잉으로 볼 수 있으며, 이로 인한 체중 증가, 즉 과체중 및 비만이 전 세계적으로 매우 심각한 영양 문제이다. 과체중이나 비만은 비감염성질환, 예를 들면 당뇨, 고혈압, 심혈관질환 등의 이환 및 사망의 주요 원인이 된다. 2016년 기준, 전 세계 성인에서 체질량지수body mass index, BMI 30 kg/m^2 이상인 비만 인구 비율은 13.1%로 나타났으며, 이는 지속적으로 증가하는 추세를 보인다. 2020년 기준, 전 세계 5세 미만 아동에서의 과체중 유병률은 5.7%로 나타났다 그림 9-6.

3) 북한의 영양 실태

2022년 국제연합식량농업기구가 발표한 보고서에 따르면 북한의 인구 중, 약 41.6%가 불충분한 식품 섭취로 인한 영양 부족을 겪고 있는 것으로 나타났다 표 9-1. 이는 전 세계 유병률인 9.0%와 비교하여 매우 높은 수치이며, 아프리카 국가들 중에서도 기아가 심각한 수준인 국가들의 유병률과 비슷한 수준이다. 북한의 영양 상태에 대한 정보는 매우 제한적인 수준이나, 5세 미만 아동에서의 저신장, 소모증,

표 9-1 북한의 영양 문제 현황

	전체 인구 중 영양 부족을 겪는 비율 (%)		전체 인구 중 식품불안정을 겪는 비율 (%)		5세 미만 아동 소모증 유병률 (%)	5세 미만 아동 저신장 유병률 (%)		5세 미만 아동 과체중 유병률 (%)		18세 이상 성인 비만 유병률 (%)		15~49세 가임기 여성 빈혈 유병률 (%)		6개월 미만 완전모유수유 실천율(%)		저체중아 출생 비율 (%)	
	2004~2016	2019~2021	2014~2016	2019~2021	2020	2012	2020	2012	2020	2012	2016	2012	2019	2012	2020	2012	2015
전 세계	12.2	9.0	21.8	28.1	6.7	26.2	22.0	5.6	5.7	11.8	13.1	28.5	29.9	37.1	43.8	15.0	14.6
아프리카	21.1	19.1	46.5	55.5	6.0	34.5	30.7	5.0	5.3	11.5	12.8	39.2	38.9	35.5	44.4	14.1	13.7
중남미	9.3	7.8	27.6	37.3	1.3	12.8	11.3	7.3	7.5	22.2	24.2	18.2	17.2	34.1	37.3	8.7	8.7
북미 및 유럽	<2.5	<2.5	9.1	7.6	n.a.	4.4	4.0	9.3	8.6	25.0	26.9	13.1	14.6	n.a.	n.a.	7.0	7.0
오세아니아	6.7	5.6	11.1	12.9	n.a.	n.a.	n.a.	n.a.	n.a.	25.8	28.1	14.4	16.0	n.a.	n.a.	7.8	7.9
아시아	13.6	8.4	17.6	23.9	8.9	28.1	21.8	4.9	5.2	6.1	7.3	31.1	32.7	39.0	45.0	17.8	17.3
동아시아	6.9	<2.5	6.1	7.1	1.7	7.5	4.9	6.8	7.9	4.9	6.0	15.5	16.1	28.5	22.0	5.1	5.1
중국	7.0	<2.5			1.9	7.4	4.7	7.2	8.3	5.0	6.2	14.8	15.5	27.6	20.8	5.0	5.0
대만	4.3	3.5			n.a.	n.a.	n.a.	n.a.	n.a.	n.a.	n.a.	27.0	28.4	n.a.	n.a.	n.a.	n.a.
홍콩	<2.5	<2.5			n.a.	n.a.	n.a.	n.a.	n.a.	n.a.	n.a.	n.a.	n.a.	n.a.	n.a.	n.a.	n.a.
북한	**33.8**	**41.6**	**n.a.**	**n.a.**	**2.5**	**26.1**	**18.2**	**1.3**	**1.9**	**5.9**	**6.8**	**31.7**	**33.9**	**68.9**	**71.4**	**n.a.**	**n.a.**
일본	<2.5	3.2	2.6	3.8	n.a	6.6	5.5	2.0	2.4	3.6	4.3	19.7	19.0	n.a	n.a	9.6	9.5
몽골	29.6	3.6	21.0	25.7	0.9	12.6	7.1	10.2	10.1	17.9	20.6	14.3	14.5	65.7	58.0	5.5	5.4
대한민국	<2.5	<2.5	4.8	5.3	n.a	2.2	2.2	7.7	8.8	4.1	4.7	13.7	13.5	n.a	n.a	5.4	5.8

출처: FAO, IFAD, UNICEF, WFP and WHO. 2022. The State of Food Security and Nutrition in the World 2022. Repurposing food and agricultural policies to make healthy diets more affordable. Rome, FAO.

과체중 유병률은 각각 18.2%, 2.5%, 1.9%로 보고되었다. 6개월 미만 완전모유수유 실천율은 71.4%로 나타났다. 2021 세계영양보고서2021 Global Nutrition Report는 북한의 5세 미만 영유아에서 저신장, 소모증, 완전모유수유의 개선이 다소 나타났다고 보고하였으나 그림 9-10, 여전히 북한 아동의 영양 문제는 주변 국가 및 전 세계적인 수준과 비교하여 취약한 것으로 드러났다 더 알아보기 9-3.

북한 성인의 비만 유병률은 6.8%로 전 세계 유병률인 13.1%에 비해 절반에 가까운 수치이다 표 9-1. 그러나 2021 세계영양보고서 결과를 살펴보면 북한 성인 남녀 모두에서 과체중, 비만의 유병률이 증가하고 있는 추세이며, 이는 아동 및 청소년에서도 동일한 증가 추이를 보인다 그림 9-11. 따라서 북한 역시 영양 문제의 다중부담으로 인한 인구집단의 건강 및 삶의 질 저하가 예상된다. 북한의 가임기 여성에서 빈혈 유병률은 약 34%로 전 세계 유병률인 30% 보다 높은 수치이다 표 9-1. 특히 임신부에서의 빈혈 유병률이 두드러지게 높게 나타남으로써 이로 인한 산모와 영아의 건강 위험이 우려되는 수준이다 그림 9-12.

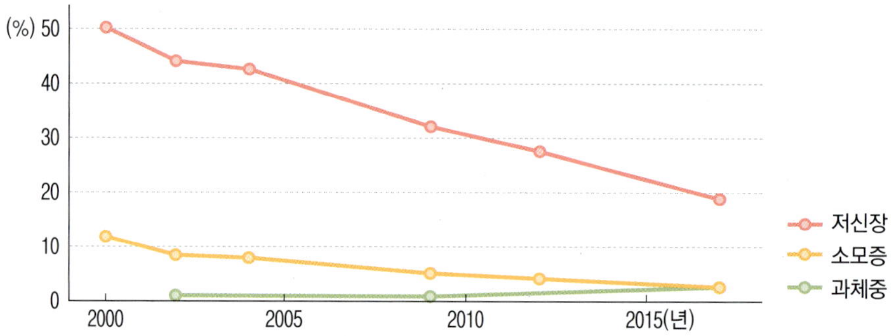

그림 9-10 북한 5세 미만 아동의 저신장, 소모증 및 과체중 유병률

출처: https://globalnutritionreport.org/resources/nutrition-profiles/asia/eastern-asia/democratic-peoples-republic-korea

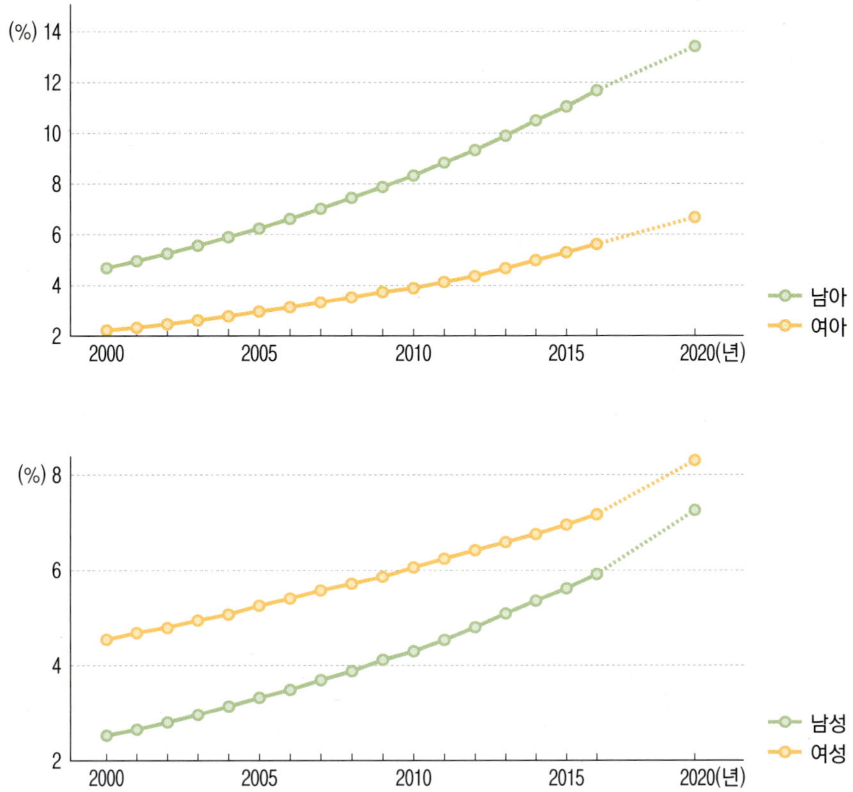

그림 9-11 북한 아동 · 청소년(위) 및 성인(아래)의 비만 유병률

출처: https://globalnutritionreport.org/resources/nutrition-profiles/asia/eastern-asia/democratic-peoples-republic-korea

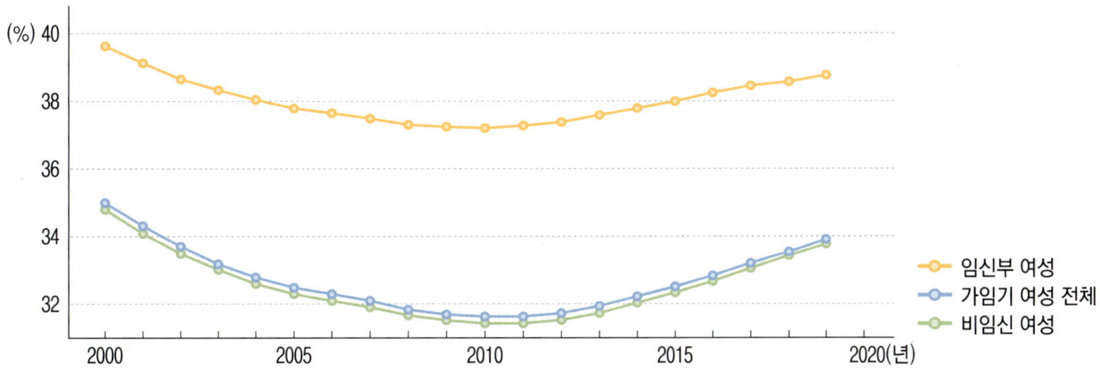

그림 9-12 북한 가임기 여성의 빈혈 유병률

출처: https://globalnutritionreport.org/resources/nutrition-profiles/asia/eastern-asia/democratic-peoples-republic-korea

더 알아보기 9-3

세계기아지수global hunger index

세계기아지수는 기아의 정도를 모니터링하기 위해 설계된 도구로, 국가 간 기아 상태를 비교하는데 용이하게 활용할 수 있다. 식품불안정, 아동의 저신장 및 소모증, 5세 미만 아동 사망률을 바탕으로 지수를 산출하며, 0에서 100까지의 수치로 나타낸다. 수치가 높을수록 기아의 정도가 심각함을 의미하며, 이에 따라 9.9 이하는 기아의 위험이 낮은 수준, 10~19.9는 보통 수준, 20~34.9는 심각 수준, 35~49.9는 위험 수준, 50 이상은 극히 위험한 수준으로 나눈다.

2022년 기준 총 121개국의 세계기아지수와 순위를 발표한 자료에 따르면, 북한의 지수는 24.9로, 2000년 39.5, 2007년 29.6, 2014년 27.5에 이어 감소하는 경향을 보였으나 121개국 중 97위에 머물러 여전히 식품불안정, 영양불량, 아동 사망이 심각한 수준임을 알 수 있다.

2022 세계기아지수

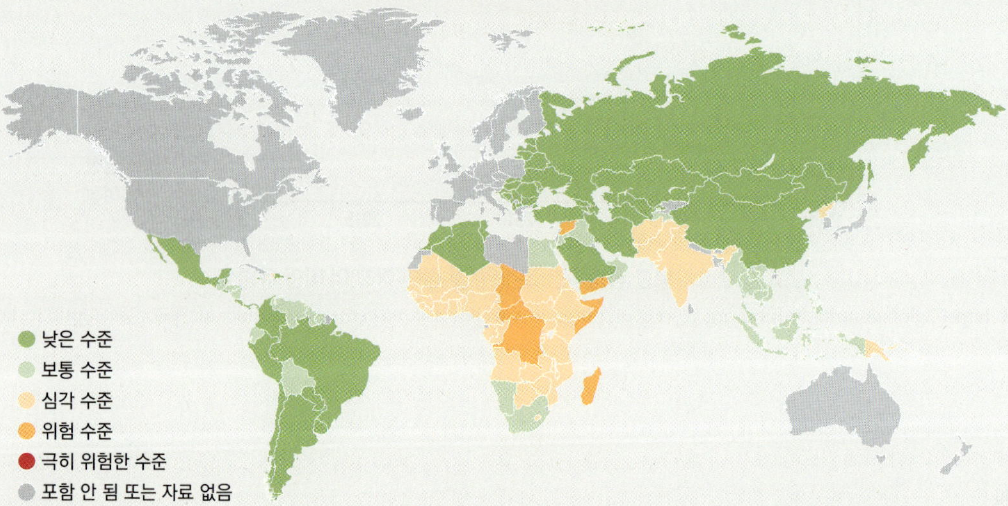

출처: https://www.globalhungerindex.org

3. 국제기구의 영양 활동

국제 영양 문제를 해결하기 위해 여러 국제기구와 관련 국가들이 영양 개선 활동을 펼치고 있다. 특히 유엔 산하의 국제기구들은 다양한 형태로 영양 활동을 수행하고 있으며, 이를 통해 저개발국가의 빈곤 퇴치, 기아 해결, 영양 상태 개선을 꾀하고 있다.

1) 세계보건기구

세계보건기구WHO는 1948년 세워진 유엔 산하 보건전문기구로, 모든 사람들이 가능한 한 최고의 건강 수준에 도달하는 것을 설립목적으로 한다. 세계보건기구 설립일인 4월 7일은 세계 보건의 날로 지정되어, 세계 여러 나라에서 기념하고 있다. 세계보건기구는 194개 회원국을 두고 있으며, 우리나라는 1949년에 회원국으로 가입하였다. 세계보건기구는 감염병 대응의 국제적 총괄 조정기구이며, 당뇨, 고혈압 등 만성질환 관리, 모자보건과 장기요양, 의약품과 식품 등의 안전성과 유효성에 관한 기준 설정, 기후변화에 대한 대응 등을 통해 전 세계 인류의 건강 증진을 위한 다양한 활동을 펼치고 있다.

세계보건기구 홈페이지
https://www.who.int

세계보건기구의 주요 역할은 다음과 같다.

- 보건 시설을 강화시키기 위하여 정부에 도움 제공
- 질병학과 통계학을 포함한 기술적 및 행정상의 서비스 제공
- 보건 분야에 대한 정보 제공, 협의 및 원조
- 유행성, 풍토성 등의 질병을 근절하도록 고무
- 영양, 주거, 위생, 직장 등의 환경에 대한 위생상태 개선 장려
- 보건 강화에 공헌하는 과학적, 전문적 모임 간 협동 장려
- 보건에 관련된 국제 협정 및 협약 건의
- 보건 분야의 연구 장려 및 지휘
- 식품 및 의약품 관련 국제적인 기준 설립
- 보건 관련 정보에 입각한 여론 조성

특히, 세계보건기구의 영양식품안전부Nutrition and Food Safety(NFS) Department는 건강하지 않은 식사, 모자 영양 불량, 과체중과 비만 등으로 인한 질병을 개선하기 위한 활동에 초점을 맞추고 있다. 과학적 근거에 기반한 국제 식품 표준 설정, 영양 활동 지원, 지속가능한 식품 생산 및 소비 촉진, 식품 환경 개선 등을 통해 안전하고 영양가 높은 식품에 대한 접근 향상 및 효과적인 영양사업을 보장하고자 한다. 영양

그림 9-13 세계보건기구 영양식품안전부의 주요 활동

출처: https://www.who.int/images/default-source/departments/nutrition/nfs-vision-and-mission.png?sfvrsn=95ad2816_7

상태 모니터링과 회원국, 유엔 파트너 기관 및 비정부기구들과의 긴밀한 협력을 위해서도 노력한다 그림 9-13.

2) 유니세프

유니세프 홈페이지
https://www.unicef.org

유니세프UNICEF는 1946년 설립된 유엔 산하기구로, 차별 없는 구호의 정신으로 모든 아동들이 행복한 세상을 만드는 것을 설립목적으로 한다. 아동권리협약 실현과 지속가능발전목표 달성을 목표로 전 세계 아동의 권리와 복지 향상을 위해 활동한다. 유니세프는 아동의 권리를 보호하고, 그들의 기본적 욕구 충족을 보장하며, 잠재력 실현 기회를 제공하기 위해 노력한다. 특히 개발도상국가의 아동이나 전쟁, 재해, 빈곤, 폭력, 착취에 시달리거나 장애를 가진 가장 취약한 아동에 대한 특별 보호를 보장한다.

유니세프의 중점 사업 중 보건 및 영양과 관련한 사업은 다음과 같다.

• 보건 : 산모·신생아 보건 서비스를 통해 사망 위험 감소. 아동의 질병 치료, 예

방 가능한 질병으로부터 보호. 아동발달, 장애아동, 희귀성질환, 정신 건강, 인유두종 바이러스 백신, 임신부 보호, 환경오염에 의한 질병, 청소년 산모 관리 등과 관련한 프로그램 제공

- 예방접종 : 예방접종 제공 및 백신 구입. 백신을 적정 온도에서 조달하기 위한 태양광 발전, 모바일 기술, 원격 측정기 등의 활용. 질병 진단 및 보건 기술 발전에 투자
- 영양 : 생후 1,000일이 되는 때까지 필수 영양소를 충분히 섭취할 수 있도록 지원 및 체계적 관리. 영양불량 판정 및 모니터링 실시. 모성 영양, 수유, 양육 행위를 지원하는 정책과 프로그램 제공
- HIV/AIDS : 모자 감염 예방과 조기 치료에 중점을 둔 에이즈 퇴치사업 수행. 에이즈 교육 실시 및 에이즈 감염 테스트 키트 보급. 에이즈 진단 환자의 치료 지원. 에이즈 모자 감염을 막기 위해 깨끗하고 안전한 출산 환경 유지. 에이즈 예방을 위한 항레트로바이러스제 보급. 아동용 치료제 개발 및 보급을 위한 협력
- 영유아 발달 : 가난, 분쟁, 영양 부족, 오염된 환경 등으로 인해 취약한 영유아의 발달 지원. 모든 국가가 1) 2년간 예비 초등 교육, 2) 유급 모유수유 휴가 6주, 3) 유급 출산 휴가 6개월, 4) 유급 육아휴직 4주를 제공할 수 있도록 각국 정부와 협력

3) 국제연합식량농업기구

국제연합식량농업기구FAO는 유엔의 전문기구로서, 식량농업 분야에서 국제협력 및 전문 지식 보급을 통해 전 세계 인류의 기아 종식 및 영양 수준 개선에 기여하는 것을 목적으로 한다. 2020년 기준 194개국이 회원국으로 가입되어 있으며, 우리나라는 1949년에 회원국으로 가입하였다. 전 세계인의 생활 및 영양 수준 개선, 식량 생산 및 분배의 효율성 개선, 농촌 지역 주민의 생활 수준 향상, 기아 퇴치 등을 위해 다양한 사업을 수행하고 있다. 국제연합식량농업기구의 주요 사업은 다음과 같다.

국제연합식량농업기구 홈페이지
https://www.fao.org

- 전문 지식 보급을 통한 지속가능한 농업 실현 지원

- 회원국의 농촌개발 및 기아퇴치 목표 달성을 위한 농업 관련 정책, 계획, 규제, 전략 수립 지원
- 농가 지원을 위해 다양한 이해관계자 간의 협력 촉진
- 다양한 현지 기술지원 프로젝트를 통한 전문 지식 제공 및 위기상황에서의 농촌 생계 보호 및 복원 지원
- 농업, 식량안보, 영양에 대한 위험 요소 모니터링을 통한 관련 정보 제공

국제연합식량농업기구는 지속가능발전목표의 달성을 위해 아래와 같은 5가지 전략적 목표를 수립하고, 기아 종식, 영양불량 개선, 빈곤 퇴치, 지속가능한 천연자원 관리 등에 기여하고 있다.

- 전략적 목표 1 : 기아, 식품불안정 및 영양불량 퇴치에 기여help eliminate hunger, food insecurity and malnutrition
- 전략적 목표 2 : 지속가능한 방식으로 농림수산분야 생산 증대 및 서비스 개선make agriculture, forestry and fisheries more productive and sustainable
- 전략적 목표 3 : 농촌 빈곤 감축reduce rural poverty
- 전략적 목표 4 : 포용적이고 효율적인 농식품시스템 마련enable inclusive and efficient agricultural and food systems
- 전략적 목표 5 : 각종 위기에 대한 농가의 복원력 강화increase the resilience of livelihoods from disasters

4) 세계식량계획

세계식량계획 홈페이지
https://www.wfp.org

세계식량계획WFP은 유엔 산하기관이며, 2020년 기준 84개국에서 1억 1,550만 명을 도운 세계 최대 규모의 인도적 지원 기관이다. 분쟁이나 재난, 기후 위기를 겪는 지역에 식량을 지원하고, 식량안보를 개선하며, 사회 기본 시설 및 생계 복구력을 높이기 위해 노력한다. 이를 통해 기아 종식의 달성을 우선적인 목표 과제로 한다. 세계식량계획의 사업은 긴급 구호, 재건 사업, 개발 사업, 그리고 특별 대응력

증대 사업에 중점을 두고 이루어진다. 사업의 많은 비중이 영양 부족 위험이 높은 분쟁 지역이나 그 인접 지역에서 이루어지고 있으며, 분쟁이나 내전, 가뭄, 홍수, 지진, 허리케인, 흉작 등의 자연재해로 인해 피해를 입은 사람들에게 식량을 제공한다. 긴급 상황이 나아지면 피해를 입은 지역이 생계를 회복할 수 있도록 돕거나, 장기화된 위기로 생계의 어려움을 겪는 사람들과 그들이 포함된 지역사회가 재해 대비 및 복구 능력을 강화할 수 있도록 노력한다.

세계식량계획은 특히 산모 또는 임신부와 아동들의 영양 상태 개선 사업에도 초점을 두고 생후 1,000일 동안 발생할 수 있는 영양 부족을 방지하고, 이후에는 학교 급식을 통해 아동들의 영양을 지원한다. 또한 수혜자들이 현지에서 직접 식품을 선택하고 구매할 수 있도록 현금이나 바우처 지원을 점차 확대해 식량 수요를 충족시키며, 식량농업기구 및 국제농업개발기금International Fund for Agricultural Development, 비정부기구들과 긴밀히 협력하여 식량을 지원하고 기아의 근본 원인을 해결하고자 노력하고 있다.

더 알아보기 9-4

국제기구 관련 동영상

WHO https://www.youtube.com/watch?v=JKNidXQSKVw

UNICEF https://www.youtube.com/watch?v=uoMrgif1YOY

FAO https://www.youtube.com/watch?v=6G6gaY-5-vI ,

WFP https://www.youtube.com/watch?v=y2Xri26MNzQ

국제기구 진출 https://www.youtube.com/watch?v=6QUUTJ-gMCo

4. 민간단체의 국제 영양 활동

국제기구뿐만 아니라 시민들의 자발적인 활동에 기반한 민간단체의 국제 영양 활동도 활발히 진행되고 있다. 민간단체는 그 설립 목적이나 규모, 목표 집단과 활동이 다양하며, 대표적인 민간단체 및 그들의 주요 국제 영양 활동은 다음과 같다.

1) 굿네이버스Good Neighbors

굿네이버스는 1991년 우리나라에서 설립된 비영리단체로, 사회복지 사업 및 공중보건 사업을 통한 아동 권리 보호를 주요 목적으로 하며, 전 세계 38개국에서 활동하고 있다. 유엔 아동권리협약과 유엔 지속가능발전목표를 기반으로 국제구호개발 사업을 수행하고 있으며, 구체적으로 지역 개발, 식수 위생, 아동 권리 옹호, 아동의 교육 보호, 보건의료 사업, 영양식 지원 사업 등이 포함된다. 국내에서는 아동복지 증진을 위한 사업으로 학대 피해 아동과 가족을 대상으로 한 상담 및 교육 프로그램, 복지 사각지대에 놓인 위기가정 아동을 지원하는 프로그램, 지역사회 내 취약계층을 위한 급식지원 프로그램 등을 수행하고 있다.

2) 세이브더칠드런Save the Children

세이브더칠드런은 우리나라를 포함하여 약 30개국, 118개 지역에서 아동 구호 활동을 수행하고 있는 국제적 비정부기구이다. 주요 활동 사업은 아동 보건의료 사업, 빈곤아동 지원 사업, 교육 사업 등이다. 특히 예방 가능한 질병으로 사망하는 5세 미만 아동이 없도록 산모와 신생아 및 영유아를 위한 보건영양 사업을 진행하며, 대표적으로 보건 및 영양 교육, 위생 환경 개선, 의료장비 및 의약품 지원, 예방접종 권장 홍보 등을 통해 전 세계 아동의 영양 상태 개선 및 성장부진 예방을 도모하고 있다.

3) 어린이어깨동무Okedongmu

어린이어깨동무는 1996년 우리나라에서 설립된 민간단체로, 북한의 아동들이 건강하게 자라날 수 있도록 보건의료 사업, 영양증진 사업, 교육환경 개선 사업, 긴급구호활동 등을 펼치고 있다. 영양증진 사업으로는 평양, 원산, 강남군, 평양 외곽 농촌 지역에 두유를 생산할 수 있는 설비를 건설하고, 두유의 원료를 지원함으로써 북한 아동에 필수적인 단백질 및 각종 영양소를 공급할 수 있도록 하였다. 또한 남포시와 평안남도, 함경남도 지역의 병원 및 보육시설을 통해 북한 아동들에게 밀가루, 설탕, 콩기름, 분유 등을 지원하였다.

4) 월드비전World Vision

월드비전은 1950년 한국 전쟁으로 인한 고아와 미망인을 돕고자 하는 구호활동으로부터 시작된 국제 구호개발 비정부기구이다. 국제 개발 및 구호 사업을 통한 아동의 보건, 의료, 영양, 교육 등에 대한 지원 사업뿐만 아니라 국내 사업으로 사랑의 도시락 지원(결식 아동, 장애인, 독거 어르신 대상), 아동 대상 공부방 및 멘토링 프로그램 운영, 위기 상황에 놓여있는 아동·청소년에 대한 생계비, 주거비, 의료비 지원, 아동의 기본권 보장을 위한 다양한 아동 중심 옹호 활동 등을 수행하고 있다. 또한 월드비전은 북한의 식량난 해결을 위한 농업 기술 전수 및 농업 교육 제공 사업, 북한 농촌 지역 아동들을 위한 교육 자재 및 서적 지원 사업 등을 펼치고 있다.

5) 위드Wholistic Interest Through Health, WITH

위드는 1986년 우리나라의 식품영양 전문가들이 모여 국내 결식 아동을 위한 도시락을 제공하는 것을 시작으로 하였으며, 국제 개발, 보건영양 중재 활동을 위해 2006년 외교부에 등록된 국제 보건영양전문 비영리기관이다. 위드에서는 식품영양 전문성을 바탕으로 현지의 영양문제를 파악하고, 이를 해결하기 위한 다양한 노력을 진행하고 있다. 구체적으로 국내외 전문인력 양성, 글로벌 파트너십 구축, 생애주기별 영양중재 및 국제개발 활동 등을 통한 지속가능한 자립 및 제도화를 도모하고 있다. 대표적인 영양사업으로 모자 보건영양 지원 사업, 영유아 영양관리 사업, 학교급식 사업, 식수 및 보건위생 환경 개선 사업, 자립 증진 교육 사업, 북한 영양지원 사업 등을 펼치고 있다 그림 9-14.

영유아 영양교육

만성질환 예방 교육

몽골영양개선연구소

지역 주민들과 함께하는 조리 시연

현지 작물을 이용한 영양 보충식

그림 9-14 민간단체 '위드'의 국제 영양 활동

출처: www.iwith.or.kr

6) 초록우산 어린이재단ChildFund Korea

초록우산 어린이재단은 1948년 전쟁 고아 구호사업을 시작으로 하여 가난 및 질병으로 고통받는 아동을 돕고, 아동 권리 옹호 활동을 수행하는 기관이다. 2002년 초록우산 어린이재단을 포함한 11개국 아동 중심 기관이 연합하여 국제어린이재단연맹ChildFund Alliance을 출범하고, 전 세계 약 70여 개 국가에서 취약한 상황에 놓여 있는 아동들의 권리를 실현하기 위한 활동을 수행하고 있다. 초록우산 어린이재단은 국내외 활동을 통해 아동의 기본 생활 보장, 아동 교육 및 보호 활동, 보건의료 활동, 식수 위생 시설 설치, 모자보건 교육 및 위생 교육, 직업훈련 등의 사업을 지원하고 있다.

활동해 보기

국제기구 또는 민간단체의 영양 개선 활동에 대해 조사해 봅시다.

부록

1. 부처별 관련 업무
2. 보건복지부 영양사업(통합건강증진사업) 추진체계
3. 식품영양정책 관련 법령 및 소관부처

부록

1. 부처별 관련 업무

보건복지부

국	과	관련 정책 및 업무
건강정책국	건강정책과	• 국민건강증진사업 종합계획 수립 조정 • 국민건강조사, 국민건강에 관한 교육 및 홍보 • 국민건강증 · 진사업 지원 · 평가 • 건강증진서비스 공급기반 조성 • 지역보건의료계획의 수립 및 운영 • 보건소 · 보건지소 · 보건진료소 구축 • 위생사 · 보건교육사 관련 제도 • 의료소비자에 대한 건강정보 제공 • 지역사회통합 건강증진사업 • 만성질환 예방 · 관리정책 수립 조정
	건강증진과	• 국민영양관리 기본계획 수립 및 평가 • 국민 식생활 · 영양 정책 수립 및 총괄 • 한국인 영양소 섭취기준 및 식생활 지침 제정 · 개정 및 보급 • 임산부 · 영유아 · 아동 · 노인 등 취약계층 영양관리사업 • 만성질환 예방을 위한 영양관리(나트륨 · 당 · 포화지방 저감화 등) 사업 • 어린이집, 유치원, 학교, 집단급식소, 의료기관 및 사회복지시설 등 시설 및 단체에 대한 영양관리사업 • 영양사 및 임상영양사 자격관리 · 교육 • 민간영양서비스 · 임상영양서비스 활성화 • 국민 식생활 건강 · 영양정책 연구사업, 기반 조성 및 지원 • 비만예방 종합대책 수립 및 제도 운영 • 비만예방 및 건강식생활 교육 · 홍보사업 • 절주를 위한 계획의 수립 및 실행 • 맞춤형 방문건강관리사업 • 영유아 건강검진, 취약계층 건강검진
보건산업정책국	보건산업정책과	• 보건산업정책 종합계획 수립 • 보건산업 융복합전문인력 양성
	의료정보정책과	• 정보통신기술 기반 보건의료사업 육성
공공보건정책관	질병정책과	• 심 · 뇌혈관질환 예방 · 관리정책 수립 • 알레르기질환의 예방 · 관리정책 수립 • 노인성 만성질환 예방 · 관리정책 수립 • 기후변화 · 환경관련 국민건강정책 수립 • 국가 암관리사업 관련 종합계획 수립
	생명윤리정책과	• 국가생명윤리심의위원회의 운영 • 생명윤리 및 안전 관련 조사 · 연구 • 기관생명윤리위원회 제도 수립 및 운영

국	과	관련 정책 및 업무
복지정책관	복지정책과	• 지역사회 통합돌봄 선도사업
	기초생활보장과	• 긴급구호식품, 양곡지원산업
인구아동정책관	출산정책과	• 임신 · 출산 및 자녀양육 지원 정책 • 모자보건 종합계획 수립 및 평가 • 여성 · 어린이 건강정책 종합 및 조정 • 모유수유 장려에 관한 사항 • 가임기 여성 건강증진에 관한 사항 • 모성건강 환경조성 지원에 관한 사항
	아동복지정책과	• 아동정책기본계획 수립 및 실행 • 빈곤아동종합대책의 수립 및 조정 • 아동복지시설, 그룹홈 등 운영 · 지원
	아동권리과	• 아동 건강관리에 관한 사항 • 결식아동 급식에 관한 사항 • 아동에 대한 맞춤형 통합서비스 제공 • 지역아동센터, 방과 후 돌봄서비스
사회서비스정책관	사회서비스정책과	• 사회서비스 관련 종합계획의 수립 • 전자바우처 통합정보시스템 구축 • 기부식품제공사업의 지원 및 육성 • 사회복지분야 자원봉사활동 지원/육성 • 의료분야 기부문화 활성화 추진 • 민간기부 활성화 지원 • 사회서비스 활성화 연계 민간자원 활용
	사회서비스사업과	• 산모 · 신생아도우미 사업수립 · 시행 • 가사 · 간병방문도우미 사업 수립 · 시행
노인정책관	노인정책과	• 노인보건복지종합계획의 수립 • 노인실태조사 • 독거노인 보호 및 노인 돌봄서비스사업 • 고령친화산업과 관련된 종합계획 수립 • 고령친화산업 관련 전문인력 양성
	노인지원과	• 한국노인인력개발원 운영 지원 • 노인 여가 · 교육 등 사회참여 활성화 • 노인주간 및 노인의 날 행사 지원
	요양보험운영과	• 장기요양기관 운영 지원 및 관리정책 • 노인의료 및 재가노인복지시설 지원 • 노인장기요양보험 관련 전문인력 양성 • 요양보호사교육기관 평가 · 관리
	치매정책과	• 치매 종합대책 수립 • 치매노인 실태조사 • 치매환자 및 그 가족 지원 • 치매의 예방 및 관리 등 노인건강증진

국	과	관련 정책 및 업무
보육정책관	보육정책과	• 영유아 정책 종합계획 수립 및 시행 • 보육정책위원회의 운영 • 보육서비스 이용권 제도(보육전자바우처) 운영 및 관리 • 어린이집연합회 등 법인 · 단체 지도 · 감독 • 어린이집의 확충 및 지원계획 수립 • 직장보육서비스의 확충 • 육아종합지원센터의 확충 · 운영 · 관리
	보육사업기획과	• 영유아 보육료의 지원 • 영유아 및 부모 지원 보육서비스 개발 • 영아 · 장애아 및 다문화가족 영유아 등 취약보육서비스 등 지원 • 부모교육 및 관련 정보 제공 • 가정양육 지원에 관한 사항
	보육기반과	• 어린이집의 설치 및 운영 지원 • 어린이집의 기능보강 등 환경개선 지원 • 어린이집의 운영비 지원 • 어린이집에 대한 지도 · 점검 • 보육아동의 건강 · 영양 · 안전 등 관리 • 어린이집 평가인증 제도 운영 • 표준보육과정, 보육프로그램 개발 · 보급 • 시간연장형, 종일형, 방과후 어린이집 등 보육 서비스 지원
장애인정책국	장애인서비스과	• 발달장애인 지원 기본계획 수립평가 • 여성장애인 관련 정책의 개발 및 지원 • 장애아동 및 장애인가족 지원 • 장애유형별 재활프로그램 개발 및 지원

보건복지부–질병관리청

국	과	관련 정책 및 업무
만성질환관리국	만성질환관리과	• 만성질환관리 종합계획 등 총괄 • 지역사회건강조사
	건강영양조사분석과	• 건강영양조사 • 영유아 신체발육조사 • 청소년건강행태조사

농림축산식품부

국	과	관련 정책 및 업무
농업정책국	농업정책과	• 농어업인 삶의 질 향상 정책
식량정책관	식량정책과	• 식량기획, 자급률, 식량안보, 쌀값통계 • FAC/WFP APTERR원조 업무 • TRQ 쌀관리 및 국제원조 등 • 정부양곡관리
	식량산업과	• 쌀 산업 육성 및 관리, 쌀 적정생산 • 식량분야 탄소중립 및 재해대책 • 맥류, 두류, RPC 활성화 관리 • 쌀소비, 잡곡소비 관리
국제협력국	국제협력총괄과	• 국제기구와의 국제농업협력사업(다자 ODA) • 식량원조사업
	농업통상과	• WTO · FTA의 TRQ 및 탄력관세 관리 • OECD, 국제기구 관련 업무
	검역정책과	• 동축산물 수출검역 및 국경검역 총괄
축산정책국	축산정책과	• 축산정책 및 유통기획 • 도축가공업체지원 축산물 등급판정 등
	축산경영과	• 한우, 양봉, 가금류, 낙농, 양돈 산업 • 축산물 이력제, 축산자조금 등
	축산환경자원과	• 유기무항생제 축산물 인증제도 • 초지법, 산지생태축산농장 조성사업 • 사료 및 가축분료 등
식품산업정책관	식품산업정책과	• 식품산업정책 및 제도 운영 • 식품외식인력양성 등 • 식품R&D • 수출 농식품 안전 및 국제식품규격 업무
	식품산업진흥과	• 김치산업 육성 지원 • 전통주 산업 진흥 • 중소식품
	외식산업진흥과	• 외식산업 기획 및 한식인프라 구축 • 한식진흥 및 음식관광활성화 사업 • 외식 창업 인큐베이팅, 식사문화개선 • 우수식재료 소비확대 기반조성 • 외식소비문화 개선 • 청년 외식 창업 공동체 공간조성 • 경영 혁신 외식서비스 지원 등 외식분야 사업
	수출진흥과	• 농식품 온라인 마케팅 • 농식품 수출 인프라구축 지원

국	과	관련 정책 및 업무
유통소비정책관	유통정책과	• 농산물 도매, 직거래, 산지유통기획 • 농산자조금제도 • 주산지제도 밭작물경영체 등 산지 육성
	식생활소비진흥과	• 소비정책, 농식품바우처, GAP • 식생활 교육 소비자 단체 협력
	원예산업과	• 농산물 수급관리 및 농업관측 • 무, 배추, 기타엽채류, 고추, 마늘, 양파 등 채소류 산업, 인삼, 조미채소류, 특용작물, 차산업 육성
	원예경영과	• 과실류 및 과채류 수급안정, 저온유통체계 구축, 식용꽃 관련 업무
농업생명정책관	농산업정책과	• 농산업정책, 스마트팜 농업
	과학기술정책과	• 농식품 R&D, 도시농업 활성화
	친환경농업과	• 친환경농산물 유통 및 소비 정책 • 친환경농산물 가공품 제도 및 인증관리 • 유기농업자재지원 • 농업환경보전 프로그램
	종자생명산업과	• 종자산업 육성, 곤충 등 미래식량
	동물복지정책과	• 복지축산인증, 개식용 업무

※식품산업정책실–국가식품클러스터추진팀 : 종자산업 기반구축, 산업단지관리, 기업지원

농림축산식품부–농촌진흥청

국	과	관련 정책 및 업무
농촌지원국	농촌자원과	농식품가공, 식생활 업무 • 치유농업 종합계획 및 확산 • 치유농업 육성 보급사업, 식문화 사업

※농림축산식품부–산림청, 한국임원진흥원(산에서 채취하는 산양삼, 나물 등 임산물)

교육부

국	과	관련 정책 및 업무
학생지원국	학생건강정책과	• 학생 건강 정책수립 및 지원 • 학교급식 위생 및 안전관리 대책 수립 • 유치원급식(학교급식법 대상) • 식품영양정보 DB구축 및 활용 • 학생건강 관리, 학교환경 위행 • 영양교육 및 급식운영, 교원 수급 등 • 연구학교 운영지원, 창의적 체험활동 지원 등

※교육부–지자체 교육청–유치원 및 학교

법무부

산하시설	관련 정책 및 업무
교도소, 구치소, 소년원, 치료감호소, 외국인보호소 등	• 교정시설 급식 및 영양사(사복교도관), 조리사 배치

국방부

국	과	관련 정책 및 업무
군수관리관	물자관리과	• 장병 급식 지원

행정안전부

국	과	관련 정책 및 업무
지방행정정책관	자치행정과	• 지방자체제도 등 (지자체–보건소 정책 및 인력)

환경부

국	과	관련 정책 및 업무
기후변화정책관	기후전략과	• 탄소중립정책
물통합정책관	물이용기획과	• 먹는물 관리, 정수기 안전관리 등
환경보건국	환경보건정책과	• 환경보건정책, 건강영향평가, 어린이 출생코호트 등

여성가족부

국	과	관련 정책 및 업무
청소년정책관	청소년정책과	• 청소년 정책 수립 및 시행 • 청소년 정책 관련 조사
가족정책관	가족정책과	• 가족정책 개발, 가족 실채조사, 돌봄공동체 등
	가족지원과	• 미혼모, 한부모가족 지원사업 등
	가족문화과	• 아이돌봄지원사업, 가족친화인증제
	다문화가족과	• 다문화가족정책 개발, 다문화가족지원센터 운영 등

부록

해양수산부

국	과	관련 정책 및 업무
수산정책관	수산정책과	• 수산정책, FTA 국내대책 등
	수출가공진흥과	• 수산물 수출가공 • 수산식품명인,수산물품질인증 • 수산물가공업통계조사 등
	유통정책과	• 수산물 유통, 이력제, 직거래 등
어업자원정책관	어업정책과	• 어업자원정책, 참다랑어 어획량 관리 등
어촌양식정책관	양식산업과	• 친환경어업 육성, 수산종자산업육성 등

문화체육관광부

국	과	관련 정책 및 업무
관광정책과	융합관광산업과	• 음식관광 활성화 및 서비스 개선에 관한 사항 • 음식문화축제 등

2. 보건복지부 영양사업(통합건강증진사업) 추진체계

보건복지부

- 사업계획수립, 지침시행 등 사업총괄조정
- 국고보조금 확보 및 평가
- 시도 및 시군구 성과관리 및 평가
- 시도 및 시군구 사업에 대한 기술지원·감독

한국건강증진개발원

- 사업 성과관리 및 평가
- 사업 모델개발 및 우수사례 보급
- 사업모니터링, 자문 및 기술지원

시 · 도

- 시군구 예산배정
- 시도 통합건강증진사업지원단 운영 및 평가
- 시군구 사업에 대한 기술지원·감독
- 시군구 사업교육 총괄

시 · 도 통합

- 시군구 예산배정
- 시도 통합건강증진사업지원단 운영 및 평가
- 시군구 사업에 대한 기술지원·감독
- 시군구 사업교육 총괄

시 · 군 · 구

- 사업계획서 작성
- 사업개발 및 우선순위 선정
- 각 사업별 예산배분, 집행관리
- 건강증진사업 수행
- 사업분야 자체 평가 실시

한국보건복지인력개발원

- 지자체 인력 교육 총괄 관리
- 시도 및 지원단 교육지원, 교육 성과관리 실시
- 통합건강증진사업 교육협의체 운영
- 보건소, 직급별, 직무별 교육 및 사이버 교육 실시

사회보장정보원

- 통합건강증진사업 효율적 수행 및 성과관리를 위한 시스템재정비

출처: 보건복지부, 2022년 지역사회통합건강증진사업 안내(영양)

3. 식품영양정책 관련 법령 및 소관부처

제정	법령	내용	담당부처
1950	양곡관리법	공공비축양곡의 비축 · 운용, 가격안정을 위한 양곡의 수급 관리	농림축산식품부
1951	기부금품의 모집 및 사용에 관한 법률(기부금품법)	보건 · 복지 증진을 위한 사업 등	행정안전부
1951	학교건강검사규칙	학생의 신체 발달상황 검사	교육부
1953	수산업법	어장이용 개발정책 수립 및 실행, 어업조정, 어구관리, 수산업 육성	해양수산부
1957	농약관리법	농약의 유통관리 등	농림축산식품부, 농촌진흥청
1961	아동복지법	아동에 대한 급식 및 건강지원(결식예방, 영양개선, 비만 방지 등)	보건복지부
1961	군인급식규정	주식과 부식 제공, 급식기준액 등	국방부
1962	식품위생법	집단급식소 급식안전관리 기준	식품의약품안전처
1962	농촌진흥법	식량자원의 안정적 확보를 위한 조사 · 연구, 농촌진흥사업 등	농촌진흥청
1962	축산물 위생관리법	축산물 기준 및 규격, 위생관리, 검사수거, 축산물 관련 영업관리	식품의약품안전처
1963	소금산업 진흥법	소금산업의 진흥정책, 소금의 품질관리, 천일염 인증제도	해양수산부
1967	학교보건법	학생건강증진사업, 학교의 환경위생 및 식품위생관리	교육부
1968	의료법	의료기관의 급식관리 기준	보건복지부
1969	먹는 물 관리법	냉 · 온수기 설치 · 관리 기준	환경부
1973	모자보건법	건강관리, 산후조리업의 급식	보건복지부
1976	농수산물 유통 및 가격안정에 관한 법률	농수산물의 생산조정 및 출하조절, 농수산물도매시장관리, 농수산물종합유통센터, 경매사 관리, 농산물가격안정기금	농림축산식품부, 해양수산부
1981	장애인복지법	장애인 가족 돌봄 지원	보건복지부
1981	노인복지법	노인시설 급식 지원 등	보건복지부
1981	학교급식법	급식관리, 영양관리, 식생활지도, 영양상담, 영양교사 배치 등	교육부
1991	유아교육법	급식지원, 영양사 배치 등	보건복지부
1991	영유아보육법	영유아의 건강 · 영양 및 안전 관리, 어린이집 급식, 위생, 건강 및 안전관리 등 운영상황 모니터링	보건복지부
1993	지하수법	지하수 조사 및 관리, 지하수 개발	환경부
1995	지역보건법	영양관리사업, 취약계층 건강증진	보건복지부

제정	법령	내용	담당부처
1995	국민건강증진법	영양교육사업, 영양개선관련 조사 및 연구사업, 국민영양조사	보건복지부
1995	사회보장기본법	출산, 양육, 실업, 노령, 장애, 질병, 빈곤 및 사망 등 필요한 사회보험, 공공부조, 사회서비스	보건복지부
1997	초 · 중등교육법	학교급식, 영양교사 등	교육부
1997	장애인 · 노인 · 임산부 등의 편의증진 보장에 관한 법률	편의시설 설치기준, 장애물 없는 생활환경 인증	보건복지부
1998	축산물가공처리법	식육의 위생관리, 축산물 가공 유통(원유, 유가공품, 알가공품 등)	농림축산식품부
1999	농수산물품질관리법	우수농산물 인증, 농수산물 안전성 평가, 수산물시설 위생관리 기준	농림축산식품부, 해양수산부, 식품의약품안전처
2000	국민기초생활보장법	수급자 및 수급품, 최저생계비, 차상위계층 등 지원	보건복지부
2002	건강기능식품에 관한 법률	건강기능식품 제조 · 가공 · 수입 · 판매, 정보제공 지도 · 관리	식품의약품안전처
2003	암관리법	암관리 종합계획 수립 및 시행, 암예방사업(예방수칙 및 실천지침 개발 보급, 교육 홍보 등), 암생존자의 건강증진사업	보건복지부
2005	저출산 · 고령사회기본법	저출산 · 고령사회정책 수립, 건강증진과 의료제공사업, 고령친화 산업 육성, 전문인력의 양성, 인구의 날(7월 11일) 행사 및 교육 · 홍보	보건복지부
2006	식품등 기부 활성화에 관한 법률(식품기부법)	기부식품 등 지원센터 지정, 기부식품 등 제공사업	보건복지부
2006	고령친화산업 진흥법	고령친화산업 정책 수립, 고령친화산업기반조성(연구개발, 전문인력양성, 지원센터 설립), 고령친화제품 품질향상 관리(우수제품 지정 등)	보건복지부
2007	해양심층수의 개발 및 관리에 관한 법률	먹는해양심층수 개발 및 수질관리, 제조업 관리	해양수산부
2008	어린이식생활안전관리특별법	어린이 식품안전보호구역, 고열량 · 저영양 식품 등의 판매금지, 어린이급식관리지원센터 설치 · 운영	식품의약품안전처
2008	식품안전기본법	식품안전정책 수립 · 조정, 위해식품 긴급 대응체계 및 조치, 신종식품 안전관리, 식품위해성 평가	식품의약품안전처
2008	건강검진기본법	건강검진 정책 및 시행, 검진자료 활용 및 연구사업	보건복지부
2009	식생활교육지원법	식생활교육정책 수립 및 평가, 사업지원, 교육기관 및 교육지원센터 지정, 학교의 식생활 교육	농림축산식품부
2010	국민영양관리법	국가영양정책 수립 · 시행, 영양 · 식생활 교육사업, 영양취약계층 영양관리사업, 영양관리를 위한 영양 및 식생활 조사, 영양소 섭취기준 및 식생활 지침의 제정 및 보급, 영양사 시험 및 면허관리 등	보건복지부

제정	법령	내용	담당부처
2010	농수산물의 원산지 표시 등에 관한 법률	농수산물 및 가공품의 원산지 표시와 유통이력 관리	농림축산식품부, 해양수산부
2011	노숙인 등의 복지 및 자립지원에 관한 법률	노숙인 급식지원, 노숙인 시설 설치 및 지원	보건복지부
2011	사회서비스 이용 및 이용권 관리에 관한 법률	사회서비스 비용부담, 제공자 등록 및 관리, 사회서비스 품질관리	보건복지부
2011	아동의 빈곤예방 및 지원 등에 관한 법률	빈곤아동의 안전 · 건강 및 복지증진사업	보건복지부
2011	장애아동 복지지원법	의료와 교육지원, 놀이와 문화예술 활동 지원, 장애영유아 어린이집	보건복지부
2011	치매관리법	치매 예방 · 관리정책 및 사업, 치매환자 치료 · 보호 및 관리, 치매환자 가족의 상담 · 교육 프로그램	보건복지부
2014	발달장애인 권리보장 및 지원에 관한 법률	발달장애인과 가족 돌봄지원, 보호자에 대한 정보제공과 교육, 발달장애인지원센터	보건복지부
2015	수산물 유통의 관리 및 지원에 관한 법률	수산물유통발전정책, 수산물 수급관리, 수산물 품질 및 위생관리, 수산물 이력제	해양수산부
2015	수입식품안전관리 특별법	수입식품 안전성 확보관리, 유통단계관리, 정보제공관리	식품의약품안전처
2015	노후준비 지원법	건강, 대인관계, 여가, 등 영역별 노후준비 지원 프로그램 개발 및 보급, 중앙 및 지자체 노후준비지원센터, 노후준비지표 관리	보건복지부
2016	심뇌혈관질환의 예방 및 관리에 관한 법률	심뇌혈관질환예방사업, 역학조사, 심뇌혈관질환센터 지정, 교육 및 홍보, 사업 인력 교육 및 훈련(영양교육 강사 등)	보건복지부
2017	장애인 건강권 및 의료접근성 보장에 관한 법률	건강보건관리, 장애인과 그 가족에 대한 건강교육	보건복지부
2018	식품 등의 표시 · 광고에 관한 법률	영양표시기준, 광고 기준 및 광고행위 관리, 소비자 교육 및 홍보, 부당한 표시 광고에 과징금 부과	식품의약품안전처
2019	양식산업발전법	양식산업발전정책 수립 및 실행, 양식업 면허관리, 양신산업 육성	해양수산부
2020	청년기본법	청년정책 수립 및 시행, 건강증진 대책마련	국무조정실
2020	치유농업 연구개발 및 육성에 관한 법률	농업 · 농촌자원을 활용한 건강 회복 및 유지 · 증진 정책, 지자체의 치유농업, 치유농업사 자격관리	농촌진흥청
2020	김산업의 육성 및 지원에 관한 법률	기술개발, 전문인력 양성, 김산업 품질 및 정보관리, 김산업진흥구역	해양수산부
2021	노인 · 장애인 등 사회복지 시설의 급식안전 지원에 관한 법률	사회복지급식관리지원센터 설치 · 운영, 급식 위생 및 영양 관리 등	식품의약품안전처

제정	법령	내용	담당부처
2021	기후위기 대응을 위한 탄소 중립 · 녹색성장 기본법	온실가스 배출 및 감축 관리, 기후위기 대응 정책, 기후변화영향평가	환경부, 국무조정실
2021	수산부산물 재활용 촉진에 관한 법률	수산부산물 재활용 정책, 통계조사 및 처리업자 관리 등	해양수산부

참고문헌

고용노동부. 2018~2028 중장기 인력수급 전망, 2019

국가공무원인재개발원 연구개발센터, 정책 및 품질관리, 2018.3.1.

국가공무원인재개발원 연구개발센터, 정책기획 이론과 실제, 2018.3.1.

국민건강보험공단. 2020년 건강보험 주요통계, 2021

김기랑, 백인경, 손정민, 심재은, 이승민, 이정은. 영양연구방법론. 한국영양교육평가원, 2017

김성아. 불평등, 지표로 보는 10년. 보건복지 ISSUE&FOCUS, 2021

김재희. 지역보건의료계획에서 우선순위선정 방법에 대한 분석과 함의. 한국콘텐츠학회논문지 15(1): 264-275, 2015

대한예방의학회. 예방의학과 공중보건학. 계축문화사, 2021

배상수. 건강증진의 이론과 접근방법. 계축문화사, 2012

배상수. 보건사업기획 제3판. 계축문화사, 2015

배용수·주선미. 민영화정책의 결정과정 분석: Zahariadis 모형의 KT 적용을 중심으로, 한국정책학회보 13(1): 1-20, 2004

보건복지부. 제5차 국민건강증진종합계획(Health Plan 2030, 2021~2030) 개정판. 한국건강증진개발원, 2022.

보건복지부, 한국건강증진개발원. 2019 영양플러스사업 추진성과, 2019

보건복지부, 한국건강증진개발원. 2021년 지역사회 통합건강증진사업 안내 [영양], 2021

역학연구회. 역학: Epidemiology. 이퍼블릭, 2009

이경은, 김기랑. 〈취약계층 어르신 맞춤 영양관리사업 모형 개발〉 연구 결과 보고서, 2017

이미숙 등. 영양판정(5판). 교문사, 2021

이시게 나오미치 저, 한복진 역. 음식의 문화를 말하다. 컬처그라퍼, 2017

이예연, 양나래, 신민정, 이경은, 유창희, 김기랑. 서울시 일부 취약계층 노인에서 맞춤형 영양중재 프로그램에 따른 식품안정성 확보 및 건강·영양상태 개선 효과. J Nutr Health 53(4): 416-430, 2020

이용모, 주운현, 홍성우, 정원희, 서인석. 쉽게 쓴 정책학. 윤성사, 2019

이정주, 이승호. 새로운 디자인 도구들. 관찰, 대화, 협력, 해석, 활용 도구의 원리, 사용법

그리고 사례. 인사이트, 2020

이종수. 행정학 사전. 대영문화사, 2009.

장남수, 강명희, 정혜경, 양은주, 이현숙, 황지윤. 새로 쓰는 지역사회영양학. 교문사, 2017

조은빈, 심재은, 유현주, 김기랑, 송수진, 김현자, 안정선, 권광일, 이혜영, 박소현. 서비스 디자인 도구의 지역사회영양학 분야 활용: 청년 식생활 가이드 개발 사례. 대한지역사회영양학회지 27(3): 177-191, 2022

질병관리청. 2020 청소년건강행태조사 통계, 2021

질병관리청. 2021 청소년건강행태조사 통계, 2022

질병관리청. 2021 국민건강통계, 2022

질병관리청. 국민건강영양조사 FACT SHEET, 국민건강영양조사 제7기(2016-2018) 자료 활용, 2020

질병관리청. 하루 과일 및 채소 500g 이상 섭취자 분율 추이, 2011~2020. 주간 건강과 질병 제15권 제5호, 2022

최혜미, 김경원, 김창임, 김희선, 손정민, 최경숙, 현태선. 지역사회영양학. 파워북, 2017

통계청. 생명표. 국가승인통계 제101035호, 2021

통계청. 2015 인구주택총조사, 2017

통계청. 2020년 사망원인통계 결과, 2021

통계청. 2020년 출생통계(확정). 국가승인통계 제10103호 출생통계, 2021

통계청. 2021년 출생통계. 국가승인통계 제10103호 출생통계, 2022

통계청. 생명표. 국가승인통계 제101035호, 2022

통계청. 장래인구추계: 2020~2070년, 2021

홍승희, 김지명. 연령대별 1인 가구 및 다인 가구의 식생활 행태 및 건강한 식생활 역량과의 관계. 대한지역사회영양학회 26(5): 337-349, 2021

Baranowski T, Davis M, Resnicow K, Baranowski J, Doyle C, Lin LS, Smith M and Wang DT. Gimme 5 Fruit, Juice, and Vegetables for Fun and Health: Outcome Evaluation. Health Educ Behav 27: 96, 2000

Boyle, MA & Holben DH. Community Nutrition in Action: An Entrepreneurial Approach 8th Edition. Cengage Learning, Boston, MA, 2021

Bronfenbrenner, U. Toward an experimental ecology of human development. American psychologist 32(7): 513, 1977

Centers for Disease Control and Prevention. Framework for program evaluation in public health. MMWR, 1999.

Chavis, DM, Lee, KS, & Acosta JD. The Sense of Community (SCI) Revised: The

Reliability and Validity of the SCI-2. Paper presented at the 2nd International Community Psychology Conference, Lisboa, Portugal, 2008

COHRED(Commission on Health Research for Development), A Manual for Research Priority Setting Using the ENHR Strategy, Council on Health Research for Development, COHRED Document No.2000.3.

Creswell JW & Creswell JD. Research Design: Qualitative, Quantitative, and Mixed Methods Approaches, 5th Edition. Sage Publications, Inc., 2017

Creswell JW & Poth CN. Qualitative Inquiry and Research Design: Choosing among five approaches, 4th Edition. Sage Publications, Inc., 2017

Davidson, WB & Cotter PR. The relationship between sense of community and subjective well-being: A first look. Journal of Community Psychology 19(3): 246-253, 1991

FAO, IFAD, UNICEF, WFP and WHO. The State of Food Security and Nutrition in the World 2022. Repurposing food and agricultural policies to make healthy diets more affordable. Rome, FAO, 2022

Glanz, K., Rimer, B.K. and Viswanath, K. eds. Health behavior: Theory, research, and practice. John Wiley & Sons, 2015

Green LW, Gielen AC, Ottoson JM, Peterson DV, Kreuter MW (eds), Health Program Planning, Implementation, and Evaluation: Creating Behavioral, Environmental and Policy Change. Baltimore: Johns Hopkins University Press, 2022.

Green LW, Kreuter MW, Deeds S, Partridge K. Health Education Planning: A Diagnostic Approach. Palo Alto, CA: Mayfield Publishing Co, 1980.

Green LW, Kreuter MW. Health Program Planning: An Educational and Ecological Approach, 4th edition. NY: McGraw-Hill Higher Education, 2005.

Green LW, Kreuter MW. Health Promotion Planning: An Educational and Environmental Approach, 2nd edition. Palo Alto: Mayfield Publishing Co, 1991.

Hammond EC, Horn D. Smoking and death rates: Report on 44 months of follow-up of 187,783 men: II. Death rates by cause. JAMA 166: 1294-1308, 1958

Klepp KI, Perez-Rodrigo C, De Bourdeaudhuij I, Due PP, Elmadfa I, Haraldsdottir J, Konig J, Sjostrom M, Thorsdottir I, Vaz de Almeida MD, Yngve A. and Brug J. Promoting fruit and vegetable consumption among European schoolchildren: rationale, conceptualization and design of the pro children project. Ann Nutr Metab 49(4): 212-20, 2005

Knai C, Pomerleau J, Lock K & McKee M. Getting children to eat more fruit and vegetables: a systematic review. Prev Med 42(2): 85-95, 2006

McLeroy, KR, Bibeau, D, Steckler, A & Glanz, K. An Ecological Perspectives on Health Promotion Program. Health Education Quarterly 15: 351-377, 1988

McMillan, DW & Chavis DM. Sense of community: A definition and theory. Journal of Community Psychology. 14(1): 6-23, 1986

Michalski CA, Diemert LM, Helliwell JF, Goel V, Rosella LC. Relationship between sense of community belonging and self-rated health across life stages. SSM Popul Health Oct 12;12:100676, 2020

Neiger BL, Thackeray R, and Fagen MC, Basic priority rating model 2.0: current applications for priority setting in health promotion practice. Health Promotional Practices 12(2): 166-171, 2011

Rogers EM. Diffusion of Innovations, 4th edition. New York, NY: Free Press, 1995

Rogers EM. Diffusion of Innovations, New York, NY: Free Press, 1962

Rogers EM. Diffusion of Innovations: modifications of a model for telecommunications. Die diffusion von innovationen in der telekommunikation. Wissenschaftliches Institut für Kommunikationsdienste GmbH, 1995

Spark, A, Dinour, LM, Obenchain, J. Nutrition in Public Health: Principles, Policies, and Practice 2nd Edition. CRC Press, NY: New York, 2016

Stamoulis K, Zezza A. A Conceptual Framework for National Agricultural, Rural Development, and Food Security Strategies and Policies. ESA Working Paper No. 03-17. Agricultural and Development Economics Division, FAO, Rome, 2003

Story, M, Kaphingst, KM, Robinson-O'Brien, R & Glanz, K. Creating healthy food and eating environments- policy and environmental approaches. Annu. Rev. Public Health 29: 253-272, 2008

WHO. Global Nutrition Targets 2025, Policy Brief Series, 2014.

WHO. The double burden of malnutrition. Policy brief. Geneva: World Health Organization, 2017

국가별 영양 프로파일, 북한 https://globalnutritionreport.org/resources/nutrition-profiles/asia/eastern-asia/democratic-peoples-republic-korea

국가통계포털(KOSIS) https://kosis.kr

국민건강통계 https://knhanes.kdca.go.kr/knhanes

국민영양통계 https://www.khidi.or.kr/nutristat

국제연합식량농업기구 www.fao.org

굿네이버스 www.goodneighbors.kr

만성질환건강통계 https://health.kdca.go.kr/healthinfo/biz/pblcVis/main.do

법제처 https://www.moleg.go.kr/

보건복지데이터포털 https://data.kihasa.re.kr

비타민 A 결핍 및 비타민 A 보충 프로그램 https://data.unicef.org/topic/nutrition/vitamin-a-deficiency

(사)대한영양사협회 https://www.dietitian.or.kr/work/introduction/ki_about.do

세계기아지수 www.globalhungerindex.org

세계보건기구 www.who.int

세계식량계획 www.wfp.org

세이브더칠드런 www.sc.or.kr

어린이어깨동무 www.okfriend.org

월드비전 www.worldvision.or.kr

위드 www.iwith.or.kr

유니세프 www.unicef.org

유니세프한국위원회 www.unicef.or.kr

전 세계 철 결핍성 빈혈 유병률 https://www.who.int/data/gho/data/themes/topics/indicator-groups/indicator-group-details/GHO/sdg-target-2.2-child-malnutrition

지역사회건강통계 https://chs.kdca.go.kr/chs

초록우산 어린이재단 www.childfund.or.kr

통계지리정보시스템(SGIS플러스) https://sgis.kostat.go.kr

환경정의 https://www.eco.or.kr/activity

CDCynergy Lite https://www.cdc.gov/healthcommunication/cdcynergylite.html

Logic Model. Division of Extension, Program Development and Evaluation, University of Wisconsin-Madison https://fyi.extension.wisc.edu/programdevelopment/logic-models/

RE-AIM Framework www.re-aim.org

USDA Forest Service. Program Development, Conservation Education https://www.fs.usda.gov/main/conservationeducation/programs/program-development

WHO Nutrition and Food Safety(NFS) Department https://www.who.int/images/default-source/departments/nutrition/nfs-vision-and-mission.png?sfvrsn=95ad2816_7

찾아보기

ㅈ

ㅊ

저자 소개

김기랑 미국 코넬대학교 이학박사
현재 단국대학교 식품영양학과 교수

김현자 한양대학교 대학원 이학박사
현재 강릉원주대학교 식품영양학과 교수

박소현 미국 존스홉킨스 보건대학원 박사
현재 한림대학교 식품영양학과 교수

송수진 서울대학교 대학원 이학박사
현재 한남대학교 식품영양학과 교수

심재은 서울대학교 대학원 이학박사
현재 대전대학교 식품영양학과 교수

유현주 한양대학교 대학원 박사과정 수료
현재 (사)식생태문화협회 이사

지역사회영양학

2023년 3월 24일 초판 인쇄
2023년 3월 30일 초판 발행

지은이 | 김기랑 · 김현자 · 박소현 · 송수진 · 심재은 · 유현주
발행인 | 유제구
발행처 | 파워북
주 소 | 경기도 고양시 일산동구 호수로 358-25
동문타워 2차 529호
전 화 | (02) 730-1412
팩 스 | (031) 908-1410
등 록 | 1997. 1. 31. 제2014-000067호

정 가 23,000원
ISBN 978-89-8160-507-0 (93590)

잘못된 책은 바꿔드립니다.